Ilka Piechowiak

JETZT BIN ICH MAL DRAN

Ilka Piechowiak

JETZT BIN ICH MAL DRAN

Wie ein selbstbestimmtes Leben gelingt

Bibliografische Information der Deutschen Nationalbibliothek
Die Deutsche Nationalbibliothek verzeichnet diese Publikation
in der Deutschen Nationalbibliografie; detaillierte bibliografische
Daten sind im Internet über *http://dnb.dnb.de* abrufbar.

metropolitan – ein Imprint des Walhalla Fachverlags

1. Auflage 2019
© Walhalla u. Praetoria Verlag GmbH & Co. KG, Regensburg
Produktion: Walhalla Fachverlag, 93042 Regensburg
Umschlaggestaltung: init Kommunikationsdesign, Bad Oeynhausen
Printed in Germany
ISBN 978-3-96186-029-6

INHALT

ES IST NIE ZU SPÄT FÜR EIN SELBSTBESTIMMTES LEBEN

Viele Menschen merken erst spät im Leben, dass sie bisher meist den Erwartungen anderer entsprochen haben, statt ihr eigenes Leben zu leben. Doch es ist nie zu spät, daran etwas zu ändern. Jeder Mensch kann selbstbestimmt leben, wenn er es nur will. Das betrifft das Berufsleben genau wie das Privatleben. Als Coach für Führungskräfte beobachte ich, dass sich Menschen um die 30 bis Mitte 30 plötzlich andere Fragen stellen als sie es mit 20 getan haben. Mit Anfang bis Mitte 40 werden die Fragen dann noch mal dringender, wenn es bis dahin keine Antworten gegeben hat. Solche Fragen lauten etwa: War das schon alles? Ist mein Leben wirklich mein Leben? Weshalb nervt mich im Alltag so vieles? Warum bin ich mit dem bisher Erreichten so wenig zufrieden? Was ist aus meinen Träumen geworden?

In Führungstrainings habe ich häufig Teilnehmer, die meinen, sich im Berufsalltag ständig mit unangenehmen Situationen abfinden zu müssen. Sie glauben, daran könnten sie nichts ändern. Sie spielen ein Spiel mit, dessen Regeln andere aufgestellt haben. Ihre eigenen Wünsche und Sehnsüchte verdrängen sie und nehmen sie nicht ernst. Das ist kein Wunder: Der Verstand und unser innerer Kritiker überschatten häufig unsere Wünsche und Sehnsüchte. Ich sage: Es geht auch anders! Jeder kann zu jedem Zeitpunkt seines Lebens mitbestimmen, wie es bei ihm innen aussieht und wie er mit den äußeren Umständen umgeht. Fast immer lassen sich auch die Umstände positiv verändern, wenn man nur will. Wir alle haben die Chance, darauf Einfluss zu nehmen, dass in Zukunft die für uns richtigen Dinge passieren.

Sich frei machen von externen Einflüssen, zufrieden und glücklich sein – ist das ein Lebenstraum, der wahr werden kann? Ja, absolut!

Dieses Buch ist für alle geeignet, die zufriedener werden und ihr Leben mehr nach ihren eigenen Vorstellungen leben möchten – egal, ob im beruflichen oder privaten Umfeld. Es gibt ohnehin nur *ein* Leben! Mein Buch ist auch für Menschen mit Führungsverantwortung geeignet, weil die eigene Grundzufriedenheit einer Führungskraft maßgeblich auf die Mitarbeiter abstrahlt. Führung wird um einiges leichter, wenn Sie als Führungskraft mit sich selbst im Reinen sind. Es ist gleichzeitig auch für alle geeignet, die unangenehme Vorgesetzte haben, die eben nicht mit sich im Reinen zu sein scheinen. Ich gebe Impulse, wie Sie als Mitarbeiter lernen, sich nicht alles gefallen zu lassen, und den Mut finden, Feedback zu geben und Ihre Wünsche und Vorstellungen von einem erfüllten Arbeitsleben offen auszusprechen.

Mein eigener Weg verlief nicht immer geradlinig und es war nicht immer alles eitel Sonnenschein. Aber ich habe immer das gemacht – und auch geschafft! –, was ich von Herzen wollte. Davon möchte ich auf den folgenden Seiten einiges mit Ihnen teilen. Sie werden dabei sicherlich auch mal die ein oder andere harte Sichtweise von mir kennenlernen. Ich nehme ungern ein Blatt vor den Mund. Vielleicht werden Sie zwischenzeitlich sogar einmal wütend auf mich werden, weil ich mir anmaße, bestimmte Dinge zu behaupten, ohne sie haarklein zu belegen. Ich schreibe über das, was nach meiner Auffassung das Leben für uns alle leichter macht. Selbstverständlich dürfen und sollen Sie das jeweils für sich kritisch hinterfragen. Möglicherweise kommen Sie dann hier und da zu anderen Schlüssen als ich. Das ist okay. Ich freue mich, wenn Sie eine eigene Meinung haben – die hat schließlich nicht jeder.

Dieses Buch gibt Ihnen auf unterhaltsame Weise Impulse, wie Sie zufriedener werden, mit mehr Leichtigkeit leben und vor allem Ihr Leben nach Ihren Wünschen und Zielen gestalten. Abhängig davon, wie intensiv Sie sich schon mit Ihrem Leben und Ihrer Persönlichkeit auseinandergesetzt haben, werden Sie mal mehr oder weniger starke Impulse bekommen. Meine Ansichten und Tipps sind wie ein Buffet, von dem Sie sich nach Herzenslust bedienen dürfen. Aber eins ist sicher: Sie werden anders über sich und Ihr Leben denken, nachdem Sie das Buch gelesen haben.

Dabei wünsche ich Ihnen ganz viel Freude!

Ihre
Ilka Piechowiak

In diesem Buch richte ich mich sowohl an Männer als auch an Frauen. Ich schreibe trotzdem so, wie ich es bei meiner Klassenlehrerin in der Grundschule gelernt habe: in der männlichen Form, wenn alle gemeint sind. Einfach, weil es kürzer und lesbarer ist.

1

ZEIT FÜR EIN SELBSTBILD:

WEISST DU, WER DU BIST?

Selbsterkenntnis ist der Anfang von allem. Wenn ich mich selbst gut kenne und über mich reflektiere, habe ich die Chance, innere und äußere Stärke zu entwickeln. Ich kann mit meinen Ängsten umgehen und handle so, wie ich es möchte, ohne mich fremdbestimmt zu fühlen. Sobald ich weiß, wer ich bin, kann ich entscheiden, was ich in meinem Leben ändern will.

Uuurlaub! Julia freut sich wie ein kleines Kind auf den Abflug in die Sonne. Nur noch drei Tage, dann ist es endlich soweit. Julia weiß auch schon ungefähr, was sie mitnehmen will. Zum Packen ist ja noch massig Zeit. Wenn Julia bei der Arbeit kurz von ihrem Computer aufblickt, sieht sie sich schon am Strand, im Wasser, an einer coolen Bar. Na, überhaupt, sie ist eigentlich schon am Urlaubsziel.

Der Tag vor dem Abflug, abends um halb sieben.

„Du, Julia, wir müssen noch mal absprechen, wann wir morgen zum Flughafen fahren."

Martin, Julias Freund.

Julia nimmt sich mehrere Sekundenbruchteile Zeit zum Nachdenken: Der Flieger geht um 14.00 Uhr, mit dem Auto zum Flughafen dauert es etwa eine Stunde.

„12.00 Uhr reicht locker."

„Das ist aber reichlich spät, du. Wir müssen zwei Stunden vorher eingecheckt haben. So steht es auf der Reservierungsbestätigung. Schau mal, ich habe das extra ausgedruckt."

„Ja, das steht da. Aber das müssen wir ja nicht so machen. Wenn wir um 13.00 Uhr da sind, ist keine Schlange mehr vor dem Check-in. Dann haben wir ratzfatz eingecheckt."

„Also, ich würde ja am liebsten um 10.00 Uhr fahren."

„Was, um 10.00 Uhr schon? So früh?"

Das geht jetzt noch eine Weile hin und her zwischen Julia und Martin. Schließlich gibt Julia nach. Die beiden einigen sich auf 10.30 Uhr.

Nächster Morgen, 10.00 Uhr. Die Sonne lacht von einem wolkenlosen Himmel. Urlaubsfeeling pur, schon Stunden vor dem Abflug.

„Bist du fertig, Julia?"

Martin. Julia denkt: Wieso fertig? Es ist doch erst 10.00 Uhr.

Da kommt Martin auch schon die Treppe runter. Er schleppt seinen schweren Hartschalenkoffer durch die mit einem kleinen Keil offen gehaltene Haustür. Das Auto hat er eigens gewendet und rückwärts in die Einfahrt gesetzt. Die Heckklappe steht offen.

„Ich schreibe gerade noch eine Mail", ruft Julia vom Sofa aus, ihr Tablet auf dem Schoß. „Dann packe ich den Rest." Es fehlen nur noch ein paar Kleinigkeiten in ihrem Koffer. Aber es ist ja auch erst 10.00 Uhr, denkt Julia.

10.20 Uhr. Julia verstaut die letzte Kleinigkeit in ihrem Koffer und fragt sich, wo ihr Freund geblieben ist. Im Haus ist kein Laut mehr zu hören. Ist er noch mal schnell zu den Nachbarn, um Tschüss zu sagen? Er wird ja wohl nicht ohne sie abgefahren sein! Julia öffnet das Fenster, steckt den Kopf raus und schaut zum Auto. Die Heckklappe steht immer noch offen. Die Beifahrertür auch. Und der Motor läuft. Da fliegt auch die Fahrertür auf, Martin springt raus und stürmt zur Haustür als ginge es um Leben und Tod.

„Kommst du jetzt endlich?", schallt es durch den Hausflur. „Wir müssen los! Sonst kommen wir zu spät zum Flughafen."

Es ist 10.28 Uhr.

Fünf Minuten später wirft Julia ihren Koffer Marke Ultralight schwungvoll in den Kofferraum des Autos, schließt die Heckklappe, hüpft gut gelaunt auf den Beifahrersitz – und steigt gleich wieder aus. Die Haustür ist noch nicht abgeschlossen. Auf Martins Stirn zeichnen sich kleine Schweißperlen ab.

Auf der Autobahn.

„Ankunft 11.44 Uhr, neun Minuten Zeitverlust", sagt Martin halb zur Windschutzscheibe, halb zu Julia. Obwohl er mehrmals im Monat zum Flughafen fährt und den Weg in- und auswendig kennt, hat er das Navi programmiert, um die Ankunft und die Staumeldungen in Echtzeit berechnet zu bekommen.

„Das schaffen wir doch locker", meint Julia, die die Fahrt bereits träumend genießt und aus dem Fenster guckt.

„Hoffentlich klappt das auch mit P7."

„P was?"

„Na, ich habe doch vor drei Wochen online in P7 reserviert. Das ist das Parkhaus mit der Fußgängerbrücke direkt zum Terminal. Da verlieren wir am wenigsten Zeit. Wir müssen mit meiner Kreditkarte einfahren, dann sollte die Reservierung erkannt werden. Hoffentlich klappt das auch alles. Ich habe gar keine Bestätigungsmail bekommen. Das macht mir gerade etwas Sorgen."

„Ich dachte, wir fahren einfach in ein Parkhaus, an dem FREI angezeigt ist."

„Das ist doch viel zu riskant. Es sind Ferien! Wir sind ja nicht die Einzigen, die hier heute abfliegen."

Abflughalle, 11.58 Uhr.

Martin sieht gestresst aus. Statt einer Stunde hat die Fahrt fast anderthalb Stunden gedauert. Zudem hat die Parkplatzreservierung per Kreditkarte natürlich nicht geklappt. Er musste über die Ruftaste mit der Aufsicht sprechen. Die hat aber ohne Diskussion die Schranke geöffnet.

Da fällt Julia ein, dass das Ladekabel für ihr Smartphone zu Hause auf dem Küchentisch liegt. Sie hat Apple, Martin Android. Also nützt ihr Martins Ladekabel nichts.

„Du, ich gehe noch mal kurz zu dem Elektroladen da hinten."

„Das ist jetzt nicht dein Ernst?" Martin wird richtig sauer. *„Willst du vielleicht auch noch umbuchen? Sollen wir lieber nach Bangkok fliegen als nach Malle? Mach nur, wie du meinst!"*

Diesmal setzt Julia sich durch, hetzt zum Elektroladen und ist nach 10 Minuten zurück. Die Schlange vor dem Check-in ist mega lang.

Mit jeder Minute in der Schlange wird Martins Laune schlechter. Julia macht drei vergebliche Anläufe, Martin zu erzählen, worauf sie sich alles schon freut. Er hört nicht zu.

Julia ist zwar Mitte 40, aber sie fühlt sich im Moment stark an die ersten Urlaube mit ihren Eltern erinnert. Da war sie 7 Jahre alt. Die Eltern standen immer so angespannt in langen Warteschlangen, während die kleine Julia die Zeit nutzen und alles erkunden wollte, was es auf einem Flughafen zu entdecken gibt.

Eingecheckt. Sicherheitskontrolle geschafft. 12.40 Uhr.

Martin geht schnurstracks zum Abfluggate und sichert sich einen Sitzplatz zum Warten. Julia verabschiedet sich für eine kleine Tour durch die Shoppingzeile.

Viel Spaß, meine Süße! – sagt Martin nicht, sondern: *„Sei bitte pünktlich zurück, ja? Um 13.30 Uhr ist Boarding."*

Das weiß Julia schon seit vier Monaten, weil Martin da nämlich den Flug gebucht hat. Mit Bestpreisgarantie.

13.25 Uhr. Julia steht im Buchladen, tief in einen Krimi versunken. Sie ist im ersten Kapitel hängen geblieben. Es ertönt die Melodie *„Don't worry, be happy"* – Julias Klingelton. Das Display zeigt Martin. Julia geht sofort ran.

Oh Gott, denkt sie. Ist was passiert?

„Alles in Ordnung, Martin?"

„Es ist kurz vor halb. Kommst du auch noch mal zurück?"

„Ja, aber es ist doch noch keine halb. Boarding ist erst um halb."

„Kommst du bitte!"

„Jaaa."

Diskutieren ist Julia jetzt zu doof. Sie schlendert zum Gate. Da ist auch schon wieder eine extrem lange Schlange und Martin steht mittendrin.

Julia denkt: *Das wird bestimmt ein super Urlaub. Wenn wir erst mal da sind.*

Wie viel Zeit ist Zeit genug?

Ist es nicht witzig, dass es am Flughafen immer dieselben sind, die zwei Stunden vor dem Abflug schon in der Schlange am Check-in stehen? Während andere – auch immer dieselben – grundsätzlich erst fünf Minuten vor dem Boarding einchecken. Weil es dann leer ist. Und weil sie wissen, dass ein Koffer, der 35 Minuten vor dem Abflug auf dem Band rollt, garantiert noch mitkommt. Meistens beginnt das Boarding ohnehin später als geplant. So wie auch kaum ein ICE pünktlich abfährt. Dass ein Flieger früher als geplant anfängt zu rollen, ist so wahrscheinlich wie eine Notlandung auf dem Hudson River – und das passiert so selten, dass Clint Eastwood anschließend einen Film darüber drehte. Das Tolle am Fliegen ist aber auch, dass man drei Mal ausgerufen wird, bevor der Flieger wirklich ohne einen abhebt. Das macht die Bahn nicht. Da gehen einfach die Türen zu, und wenn Sie Pech haben, stehen Sie auf der falschen Seite der Tür.

Aber erzählen Sie das mal einem Menschen, der grundsätzlich zwei Stunden vor Abflug am Flughafen sein will. Es interessiert ihn nicht. Und „sie" übrigens auch nicht. Denn solche Menschen finden sich nicht nur unter Männern, es können genauso gut auch Frauen sein. Dieser Typ Mensch würde niemals fünf Minuten vor Toresschluss einchecken. Genauso wenig, wie er Zeitung lesen würde, bis sich die Schlange beim Boarding aufgelöst hat und er in aller Ruhe in den Flieger spazieren kann. Und wissen Sie was? Wahrscheinlich würde er es auf die Weise tatsächlich nicht schaffen, rechtzeitig im Flieger zu sitzen. Weil er kurz vorher einen Nervenzusammenbruch erlitten hätte. Na gut, ich übertreibe. Auch die Geschichte von Julia und Martin ist übertrieben. Aber nur ganz, ganz leicht. Das versichere ich Ihnen aus eigener Erfahrung. Julia und Martin stehen für ein unterschiedliches Empfinden von Zeitdruck und dementsprechend unterschiedliche Verhaltensweisen. Das ist vom Persönlichkeitstyp abhängig.

So auch bei Julia und Martin. Julia ist leichtfüßig unterwegs. Sie denkt sich immer: Das klappt schon, das kriegen wir irgendwie hin. Wenn nur wenig Zeit ist, führt das bei Julia noch lange nicht zu einem erhöhten Ruhepuls. Nie würde sie sich von Zeitdruck stressen oder sich vom Zuspätkommen die Laune verderben lassen. Ganz anders Martin. Er hat ein hohes Sicherheitsbedürfnis und baut deshalb immer einen Zeitpuffer ein. Auch plant er gerne alles im Voraus: Dann sind wir da, dort ist unser Parkplatz, dann checken wir ein, danach haben wir noch so und so viel Zeit. Wenn es so langsam Zeit wird, aufzubrechen, wird Martin schon unruhig. Echter Zeitdruck bedeutet großen Stress für ihn. Auch wirkt er in Situationen, in denen es darauf ankommt, pünktlich zu sein, grundsätzlich angespannt. Zum Beispiel, wenn er einen Flieger oder einen Zug bekommen muss. Er kann dann nur schwer ein lockeres Gespräch führen. Das geht erst wieder, wenn wirklich alles geklappt hat und er pünktlich an Ort und Stelle ist.

Chaot trifft Kontrolletti

Sage mir, wie du mit Zeitdruck umgehst, und ich sage dir, wer du bist. Ich bin zum Beispiel genau derselbe Typ wie Julia. Das überrascht Sie jetzt sicher nicht, ich weiß. Die Flughafenstory habe ich ja auch eindeutig aus der Perspektive von Julia erzählt. Das heißt aber nicht, dass ich kein Verständnis für den Persönlichkeitstyp von Martin hätte. Ganz im Gegenteil: Die Menschen, die ich als Coach oder Trainerin dabei unterstütze, ein selbstbestimmteres Leben zu führen und im Alltag mehr Leichtigkeit und Freude zu erfahren, sind oft eher wie Martin. Es befreit sie, wenn sie sich trauen, ein bisschen mehr wie Julia zu sein. Manchmal fühlen sich solche Menschen von ihrem charakterlichen Gegenteil magisch angezogen, ohne sich das wirklich erklären zu können. Die andere Person hat etwas, das in ihnen nicht so zum Vorschein kommt, aber latent vorhanden ist. Sie können einen weiteren Schritt in ihrer Persönlichkeitsentwicklung gehen, sobald sie diesen Teil mehr integrieren. Und obwohl ich es ungern zugebe: Auch eine Julia kann sich natürlich von einem Martin etwas abschauen. Manchmal sind Planung und Struktur im Leben nämlich sehr hilfreich und wichtig.

Nach dem Persönlichkeitsmodell von Riemann und Thomann, mit dem ich gerne arbeite, unterscheidet man vier Persönlichkeitsausprägungen, von denen in diesem Beispiel zwei von Bedeutung sind: der Dauer- und der Wechsel-Typ. Wir haben zwar grundsätzlich beide Typen in uns, aber einer ist stärker ausgeprägt als der andere. Julia ist ein ausgeprägter Wechsel-Typ. Das Bedürfnis nach etwas Neuem, Spontaneität und Kreativität steht für diesen Charaktertyp im Mittelpunkt. Wechsel-Typen leben im Augenblick, im Hier und Jetzt, und lieben alles, was das Leben bunt macht. Sie lieben die Freiheit, das Abenteuer und sind neugierig. Sie denken nicht ständig an Konsequenzen und lieben Herausforderungen. Sie sind mutig. Wechsel-Typen wirken auf andere manchmal chaotisch und unstrukturiert, ein wenig wie Ernie in der Sesamstraße.

Martin dagegen ist ein Dauer-Typ, wie er im Buche steht und ist damit so ziemlich das exakte Gegenteil seiner Freundin. Martin ist eher Bert in der Sesamstraße, auch wenn er sicher Ernie-(Wechsel-Typ)-Anteile hat. Für den Dauer-Typ steht das Bedürfnis nach Struktur, Ordnung, Planung, Regelmäßigkeit und Sicherheit an erster Stelle. Er ist pünktlich, plant und organisiert und behält gern die Kontrolle, über sich und auch über andere. Er kann sich ein Leben ohne permanente Checks, ob alles richtig läuft, nur schwer vorstellen. Im Extremfall ist er pedantisch unterwegs und treibt als Oberkontrolletti und Bestimmer Familie und Kollegen in den Wahnsinn.

Wechsel-Typ kontra Dauer-Typ ist aber nur eine Dimension im Riemann-Thomann-Modell. Zu einer weiteren Dimension komme ich später im Buch. Eine Übersicht über die wichtigsten Modelle, die ich in diesem Buch verwende, finden Sie im Anhang.

Vielleicht fragen Sie sich jetzt, warum ich Ihnen mit diesem Modell komme und was das soll. Schließlich gibt es Persönlichkeitsmodelle wie Muscheln am Strand. Vielleicht kennen Sie aus Ihrem beruflichen Kontext auch bereits einige dieser Persönlichkeitsdiagnostik-Instrumente wie Insights®, DISG® oder Persolog®, um nur einige zu nennen. Mir geht es nicht darum, welche davon besser oder schlechter sind als andere. Wenn ich Sie in diesem Buch hin und wieder mit etwas „Psycho-Theorie" behellige, dann deshalb, weil ich Sie dazu anregen möchte, mehr über sich selbst zu erfahren und sich selbst besser kennenzulernen. Denn Selbsterkenntnis ist der Anfang jeder positiven Veränderung. Schauen Sie einfach, womit Sie etwas anfangen können. In den Coaching-Ausbildungen und anderen Weiterbildungen im Bereich Psychologie durfte ich psychologische Modelle und Werkzeuge kennenlernen, die ich auch heute in meiner Arbeit als Trainerin und Coach hilfreich finde und gerne einsetze. Den erhobenen Zeigefinger werden Sie in diesem Buch nirgendwo finden. Und sollten Sie sich in Julias oder Martins Verhalten – ganz oder teilweise – wiedergefunden haben, wünsche ich mir, Sie können darüber schmunzeln. Ein Besser oder Schlechter gibt es hier nicht. Alle menschlichen Charaktereigenschaften sind gut. Allerdings sind einige manchmal hilfreicher als andere, um ein selbstbestimmtes, glückliches und unbeschwertes Leben zu führen.

Warum sieht mich denn hier keiner?

Unser Alltagsverhalten bringt uns auf die Spur zu uns selbst. Wenn wir uns in alltäglichen und scheinbar banalen Situationen im Privat- und Berufsleben einmal intensiv beobachten, können wir eine Menge über uns herausfinden und unser Selbstbild schärfen. Probieren Sie es doch mal aus! Überprüfen Sie, wie Sie sich verhalten und ob Sie innerlich mit sich selbst und anderen gut unterwegs sind. Der Umgang mit Zeitdruck – aus dem Urlaubsbeispiel – ist nur ein Aspekt von vielen. Da zeigt sich der Unterschied zwischen Wechsel- und Dauer-Typ besonders deutlich. Rechtzeitig am Flughafen oder am Bahnhof sein zu müssen, ist hierfür ein gutes Beispiel. Wie sieht es mit Abgabeterminen im beruflichen Kontext aus? Fast schon ein Klassiker ist die Präsentation, die zu einem wichtigen Meeting fertig sein muss. Wie gehen Sie mit einer solchen Situation um?

Der Wechsel-Typ fängt selten lange vorher an, es gibt immer noch andere Dinge zu tun. Er denkt sich: Wenn ich am Nachmittag vorher anfange, reicht das auch noch. Schließlich habe ich dann noch die ganze Nacht. Denn meist erst wenn der Zeitdruck hoch ist, läuft der Wechsel-Typ zur Bestform auf. Die Ideen sprudeln dann nur so und konzentriertes Arbeiten ist trotz Zeitdruck möglich. Ganz anders der Dauer-Typ: Er macht sich schon Wochen vorher Gedanken über seine Präsentation, fängt mehr als rechtzeitig an und ist mit seinem dritten Korrekturdurchlauf fertig, wenn der Wechsel-Typ gerade mit seinem ersten Chart startet.

Gehen wir einmal weg vom Thema Zeit und Zeitdruck. Eine weitere Frage, mit der Sie sich sehr gut selbst besser kennenlernen können, lautet: Wie schnell beziehe ich etwas auf mich? Diese Frage zielt nicht auf unsere Charaktereigenschaften ab, sondern vielmehr auf die eigene innere Haltung.

AUS DEM ALLTAG

Sie gehen in einen Klamottenladen an der Mö in Hamburg oder auf der Kö in Düsseldorf und wollen dort nicht nur stöbern, sondern sich unbedingt eine neue Jacke kaufen. Sie glauben jetzt vielleicht, das Wort „Umsatz" müsste auf Ihrer Stirn prangen. Doch keine der Damen vom Verkauf beachtet Sie, als Sie sich hilfesuchend umgucken, obwohl alle nichts zu tun haben und nur Löcher in die Luft starren. Klingt so ein wenig nach dem bekannten Pretty-Women-Effekt, oder? Sie werden einfach nicht bedient? Die Frage ist nun: Sind Sie jetzt schon angefressen und denken sich: Unverschämt, dass die mich nicht beachten, wo ich doch mein sauer verdientes Geld hier ausgeben will! Oder denken Sie eher: Wahrscheinlich wollen die meisten Kundinnen hier eh erst mal nur durchschauen. Deshalb wird man in Ruhe gelassen. Und dann gehen Sie einfach selbst auf eine Verkäuferin zu, sprechen sie an und bitten sie, Ihnen einige Jacken zu zeigen.

Oder im Meeting: Eigentlich möchten Sie noch etwas sagen, gehören aber vielleicht eher zu den ruhigen, introvertierteren Menschen. Es gibt Menschen, die denken dann: „Nie werde ich gefragt, nie darf ich etwas sagen." Und es gibt andere, die proaktiv mit der Situation umgehen, dann doch die Stimme erheben und ansprechen, was ihnen wichtig erscheint.

Oder Sie sitzen auf einer Geschäftsreise abends alleine in einem Restaurant und wollen bestellen. Aber der Kellner kommt nicht an Ihren Tisch. Werden Sie jetzt sofort nervös? Verlassen Sie irgendwann demonstrativ das Lokal? Oder üben Sie sich in Geduld und beschäftigen sich einfach mit irgendwas? Wer weiß, warum der Kellner gerade mit den Gedanken woanders ist – irgendwann wird er Sie schon bemerken.

Ich kenne Menschen, die haben solch einen Horror vor dieser Situation, dass sie nie alleine in Restaurants gehen. Lieber bestellen sie etwas beim Zimmerservice oder holen sich an der Tanke um die Ecke ein eingepacktes Sandwich mit Gummikäse. Der ultimative Härtetest ist die Verabredung im Café oder Restaurant. Steigerungsform: das Date. Was, wenn die eine Person schon früher da ist und die andere zu spät kommt? Wäre das für Sie Horror, so lang alleine zu sitzen und zu warten? Oder halb so schlimm? Manche Menschen können damit umgehen, sie können auch mal mit sich selbst sein und sich gut beschäftigen. Wenn sie warten müssen, denken sie über etwas nach oder malen sich was Schönes aus, was sie demnächst unternehmen wollen. Sie lesen solange ein Buch oder schreiben in ihrem Tagebuch und sinnieren eben nicht darüber nach, was wohl die anderen Gäste im Restaurant denken werden. Für andere ist Leere oder ein Mit-sich-selbst-allein-Sein bedrohlich. Ohne Musik im Hintergrund, ohne Zeitschrift oder Smartphone in der Hand fühlen sie sich unwohl. Wie ist das bei Ihnen? Können Sie allein im Restaurant sitzen und schön etwas essen, Autofahren ohne Radio, Joggen ohne Musik, eine Viertelstunde in der Sonne ohne Chatpartner sitzen?

Das alles sind Anregungen für Sie. Eigentlich ist es egal, auf welchen Einstellungs- und Verhaltensebenen wir anfangen, über uns selbst zu reflektieren. Wir müssen nur daran denken, dass wir uns bewusst in unserer privaten oder beruflichen Rolle reflektieren. Denn gerade im Beruf sollten wir uns der Rolle angemessen verhalten und unser Verhalten an diese Rolle anpassen. Da ist dann jemand vielleicht in der Chefrolle und gibt sich distanziert. Oder eine Bankerin überprüft gewissenhaft jede Unterschrift drei Mal, weil sie weiß, dass das in ihrer Rolle dazugehört. Privat ist sie jedoch viel lockerer. Sich der Rolle angemessen – und manchmal anders in seiner Kern-Persönlichkeit zu zeigen – ist im beruflichen Kontext sogar wichtig und richtig. Wenn Sie also Ihren Kerncharakter und Ihre Haltung reflektieren, sollten Sie zuerst schauen: Wer sind Sie eigentlich privat? Und wie weicht das eigene Verhalten oder ggf. auch Ihre Haltung in Ihrer beruflichen Rolle unangenehm ab?

Ich habe keine Angst, ich bin der Chef

Zum Flughafen fahren, in ein Geschäft kommen, im Café auf jemanden warten – lauter alltägliche Situationen, in denen wir eine Menge über uns lernen können, wenn wir uns selbst beobachten. Und auch im Berufsleben gibt es häufig Situationen, in denen wir uns fragen können, wieso wir uns so oder so verhalten. Da trauen wir uns vielleicht nicht, dem eigenen Vorgesetzten mal ein Feedback zu geben. Was haben diese Situationen gemeinsam? Oder anders gefragt: Was macht sie überhaupt zu potenziell schwierigen Situationen? Was genau ist für mich daran herausfordernd? Meist geht es dabei um die sogenannte Sicherheit im Leben. Streng genommen geht es um Selbstsicherheit. Wie viel Halt habe ich in mir selbst? Traue ich mir zu, mit unvorhergesehenen Situationen gut umzugehen? Was befürchte ich, wenn ich wirklich einmal zu spät am Flughafen sein oder dem Chef ein Feedback geben sollte? Sich selbst gut zu kennen bedeutet auch, seine Ängste zu kennen.

Ängste verraten eine Menge über uns und unseren Charakter. Und damit letztlich auch über das, worüber wir mal nachdenken könnten und was wir eventuell bei uns selbst ändern möchten. Klar, Ängste sind immer noch ein gewisses Tabuthema, gerade im beruflichen Umfeld. Aber wir sind ja hier unter uns. Und eigentlich weiß jeder, dass es ein Riesenunterschied ist, wie sicher sich jemand nach außen gibt und was wirklich in ihm vorgeht. Der immer souveräne Chef, durch nichts aus der Ruhe zu bringen, ein Fels in der Brandung – das ist auch nur eines der vielen Bilder, denen Menschen entsprechen wollen. Ich habe in meinen Coachings schon viele Manager erlebt, die nach außen eine ganz klare, starke Haltung zeigten, im Inneren aber extrem unsicher und zweifelnd unterwegs waren. Die Psychologin Gabi Harding gehört zu den ersten, die intensiv zum Thema „Führungskräfte und Angst" geforscht haben. Angst, so sagt sie, habe immer auch etwas mit Unkontrollierbarkeit zu tun und diese sei in der Arbeitswelt nicht immer nützlich. Insbesondere das Gefühl, nicht mehr Herr oder Frau der Lage zu sein, löse bei Führungskräften große Angst aus. Erstaunlich verbreitet sei auch die Angst um den Statuserhalt, bis hin zu Existenzängsten. Das kann ich aus meiner Erfahrung nur bestätigen. Ich kenne Topmanager, die über ein sechsstelliges Einkommen verfügen und trotzdem Angst haben, eines Tages unter der Brücke schlafen zu müssen. Geld ist buchstäblich eine „Schein-Sicherheit". Denn Geld ist nichts weiter als bedrucktes Papier. Oder Zahlen auf einem Bildschirm. Noch so viele Geldscheine nützen nichts, um tiefsitzende Existenzängste aufzulösen. Zumal sich die wirklich krassen Lebensrisiken – etwa Krankheiten oder Unfälle – mit Geld gar nicht abwenden lassen.

Aber nicht nur Existenzangst plagt viele Menschen. Es gibt nach Florian Neuhaus auch die sogenannte Leistungsangst, die Angst davor, eine Aufgabe nicht zu schaffen oder ein Ziel nicht zu erreichen. Zudem gibt es die soziale Angst, zum Beispiel die Angst davor, nicht dazuzugehören. Auch diese Ängste können hinderlich sein, wenn es darum geht, bestimmte Dinge zu tun oder zu lassen. Wenn der Kollege fragt „Kommst du morgen Abend auch zum Umtrunk beim Chef?" und Sie wissen nicht, wovon die Rede ist, fühlt sich das schlecht an. Unsere Ängste haben einen großen Einfluss darauf, wie wir unsere Welt interpretieren und wie wir uns verhalten oder eben nicht verhalten. Nehme ich eine Situation als bedrohlich wahr oder gehe ich selbstsicher mit dieser Situation um? Sehe ich diese Situation als lösbar an, auch wenn ich die Lösung noch nicht vor Augen habe?

Ängste sind grundsätzlich etwas Sinnvolles. Sie sind Warnsignale, die verhindern, dass wir alle schon in jungen Jahren sterben, weil wir uns für unverwundbar halten.

Angst taucht immer dann auf, wenn wir etwas nicht kennen oder nicht können. Diese Aussage stammt von dem bekannten Neurobiologen und Hirnforscher Prof. Dr. Gerald Hüther. Spannend sind die Ängste, von denen wir eigentlich selbst wissen, dass sie übertrieben sind. Wenn ich mich selbst gut kenne – einschließlich meiner Ängste –, kann ich an mir arbeiten. Ich kann schrittweise lernen, mehr Sicherheit in mir selbst zu finden, Dinge lockerer anzugehen und unkomplizierter mit anderen umzugehen. Auch die Psychologin Gabi Harding rät Führungskräften dazu, für ein Arbeitsumfeld zu sorgen, in dem jeder „ein bisschen lockerer lässt". Ängste verraten etwas über unsere Haltung gegenüber uns selbst und gegenüber anderen. Und auch die Art, wie ich mich reflektiere, wird von unseren Ängsten beeinflusst.

Keine Socke lässt mich rein

Neulich auf der A2. Die Autobahn ist wie fast immer brechend voll. Entspannt fahre ich mit meinem Q3 auf der linken Spur und bin dort minimal schneller als die Autofahrer rechts. Da sehe ich dieses Verkehrsschild am linken Fahrbahnrand, auf dem grüne Autos auf der linken Spur und rote auf der rechten Spur abgebildet sind. Darunter steht „Einfädeln in 600 m". Bedeutet: Links erst mal bis zum Ende durchfahren und dann dort, wo die linke Spur endet, nach dem Reißverschlussprinzip einfädeln – wie man es eben in der Fahrschule lernt, sofern man mal in einer gewesen ist.

Genau auf der Höhe des Schildes steigt der Fahrer vor mir auf die Eisen und schert dann gefährlich nach rechts aus, sodass dort alle Autos hinter ihm abbremsen müssen.

Ich denke, ich bleibe einfach mal bis zum Ende auf der linken Spur.

Ende linke Spur, Blinker rechts. Ich stehe.

Und stehe.

Schulterblick bis zur Nackenstarre. Keine Socke lässt mich rein.

Dann tut sich endlich eine Lücke auf. Ich fahre an.

Doch jetzt gibt der Autofahrer rechts hinter mir plötzlich Gas und macht die Lücke wieder zu. Bis er Stoßstange an Stoßstange zum Vordermann steht und nicht mal mehr ein Blatt Papier dazwischen passt, geschweige denn mein Auto.

Während ich weiter stehe und warte, male ich mir ein paar alternative Szenarien aus.

Erstes Szenario: Ich sitze in einem froschgrünen Nissan Micra. Was passiert wohl jetzt vorne im Einfädelprozess? Da wird mir ein roter Teppich ausgerollt, da tun sich Lücken auf, von denen man sonst nur träumt. Und der Tiguan-Fahrer rechts neben mir denkt: „Ooooch, wie süß! Die ist auch schon so weit gekommen mit ihrem Autochen. Die lasse ich mal rein."

Zweites Szenario: Ich fahre einen schwarzen Porsche 911 Targa 4S mit roten Kera-mikbremsen. Das Verdeck ist offen, mein Haar weht. Wer lässt mich jetzt wohl rein? Die Uschi neben mir im Porsche Cayenne sicher nicht. Die sieht aus, als würde sie denken: „Blöde Kuh." Aber der Vertretertyp in der E-Klasse lässt mich vielleicht rein. Nein, der auch nicht. Sein Blick scheint mich zu fragen: „Naaa, hast du das Auto von deinem Mann geliehen oder von deinem Chef?" Irgendwann erbarmt sich ein Pries-ter im Toyota Prius und winkt mich mit einer einladenden Geste nach rechts. Wie göttlich ist das!

Drittes Szenario: Ich fahre einen silbernen BMW 5er Touring mit blauen Türen, blauer Motorhaube und blauer Heckklappe. Auf dem Dach flackern zwei blaue Lich-ter. Neben mir sitzt mein grimmig schauender, breitschultriger Kollege. Auf der rech-ten Spur herrscht Angststarre. Ein 3er-Coupé-Fahrer scheint sich zu fragen: „Meinen die mich? Haben die gemerkt, dass ich eben mit 140 durch die Baustelle bin?" Einer im Golf starrt stur geradeaus: „Bloß nicht hinschauen, dann fahren die bestimmt weiter!" Ein Dritter im A4 tut so, als würde er gerade zwischen den Sitzen etwas su-chen. Alle meinen, dass Totstellen jetzt das Beste sei. Niemand bewegt sein Auto einen Zentimeter. Und so komme ich auch mit Blaulicht nicht rechts rüber.

Zurück in der Realität. Ein Lastwagenfahrer lässt mich rein. Geht doch, danke schön!

Auf welcher Spur im Leben sind Sie unterwegs?

Wenn wir Deutschen mehr über unser Verhalten und das unserer Mitmenschen er-fahren wollen, brauchen wir nur die nächste Autobahnauffahrt zu nehmen. Ist das nicht praktisch? Was auf der Autobahn passiert, nenne ich den deutschen Dreisprung: vor-urteilen, ver-urteilen, be-urteilen. 100 Kilometer auf der Autobahn und wir sind gnadenlos mit unseren eigenen Klischees und denen anderer Leute konfrontiert wor-den. Unser Aussehen, unser Fahrstil und unser Automodell reichen völlig aus, um ab-schließend be- und verurteilt zu werden. Spannend ist, dass viele Menschen das Ver-halten anderer schnell bewerten und abwerten, statt den Fokus auf sich selbst zu richten. Und wenn Menschen dann den Fokus auf sich selbst richten – das erlebe ich häufig als Führungskräfte-Trainerin oder Coach – sind viele häufig mit ihren eigenen inneren Stimmen konfrontiert, die da fragen: Was sagen die anderen? Was denken die anderen? Was erwarten die anderen? Und: Bin ich richtig, darf ich das?

Sie ahnen es schon: Hilfreich wäre es, wir würden einmal mehr reflektieren, wel-che Grundhaltung wir haben. Wer bin ich, wie verhalte ich mich und welche Reaktionen provoziere ich durch mein Verhalten bei anderen? Gehe ich wertschätzend oder eher bewertend mit anderen um? Diese Grundhaltung zeigt indirekt auch auf, wie Sie mit sich selbst umgehen. Wer andere abwertet, wertet sich häufig unterbewusst selbst ab. Oder eine andere Frage, die auf Ihr Selbstbild abzielt: Traue ich mich, so zu sein, wie ich es selbst für richtig halte? Oder agiere ich eher nach dem Motto „Bloß nicht auffallen und immer im Mainstream", weil es sich so gehört? Oder haben Sie ständig Angst, etwas falsch zu machen?

Seinen eigenen Handlungen und denen anderer offen zu begegnen, drückt eine positive Grundhaltung aus – ich bin okay, du bist okay. Hier zeigen wir Wertschätzung uns selbst und anderen gegenüber. Dies hat übrigens Eric Berne zum ersten Mal beschrieben, der Begründer der *Transaktionsanalyse*. Die Transaktionsanalyse, abgekürzt TA, ist eine psychologische Theorie der menschlichen Persönlichkeitsstruktur, die ich oft im Coaching nutze, wenn ich mit meinen Klienten arbeite. Unsere Einstellung prägt unser Verhalten, ob non-verbal (also über die Körpersprache) oder verbal, über die Sprache. Ist die Einstellung gegenüber anderen Personen bewertend und vorurteilend, wirkt sich das meist auch in der Kommunikation mit anderen Menschen aus (mehr zur Transaktionsanalyse finden Sie im Anhang).

Ich finde diesen Ansatz aus der Transaktionsanalyse sehr hilfreich für die Selbstanalyse und -reflexion der eigenen Haltung. Ich werde deshalb in diesem Buch hin und wieder auf einige Aspekte daraus eingehen. Die Transaktionsanalyse beschreibt vier Grundhaltungen im Leben – es sind die vier OK-Positionen:

1. Ich bin ok (+), du bist ok (+).
2. Ich bin ok (+), du bist nicht ok (–).
3. Ich bin nicht ok (–), du bist ok (+).
4. Ich bin nicht ok (–), du bist nicht ok (–).

Wenn wir auf die Welt kommen, haben wir die Haltung „Ich bin ok, du bist ok", also die „+/+"-Haltung. Wir nehmen eine wertschätzende Grundhaltung gegenüber allen ein. Wir haben keine Vorurteile, wir bewerten nicht. Wir sind „freie Kinder".

Wenn es jedoch ungünstig läuft, werden wir bzw. unser „freies Kind" durch Erziehung und gesellschaftliche Normen schon in frühen Jahren zum sogenannten „angepassten Kind", das heißt wir werden von unseren wichtigsten Bezugspersonen zurechtgewiesen, bekommen zu hören, dass es nicht ok ist, wie wir uns verhalten oder sind. Wir versuchen deshalb, Liebe und Anerkennung zu erfahren, indem wir uns anpassen und es allen recht machen wollen. Das entspricht der Grundhaltung „Ich bin nicht ok, du bist ok", also „–/+"-Haltung. Dadurch wird unser freies Kind eingeschränkt und die Unbeschwertheit und Offenheit gehen verloren.

Manche lernen also in früher Kindheit von den eigenen Eltern oder primären Bezugspersonen (z. B. den Großeltern), zu beurteilen und zu verurteilen, das wäre die Grundhaltung „Ich bin ok, du bist nicht ok", also die „+/−"-Haltung. Wenn wir uns über den Autofahrer aufregen, der vor uns einfädeln will, obwohl er doch – Achtung, Moralkeule! – eben noch viel zu schnell gefahren ist, kommt dieses Vorurteil aus genau dieser Haltung.

Wer als Erwachsener andere Menschen schnell abwertet („Ich bin ok, du bist nicht ok", das heißt „+/−"-Haltung), ist häufig auch sich selbst gegenüber sehr kritisch und denkt, dass er ständig etwas falsch macht, gemäß „Ich bin nicht ok, du bist ok", also der „−/+"-Haltung.

Auch im Umgang mit Feedback zeigt sich unsere Grundhaltung deutlich. Wer in einer „+/+"-Haltung agiert, also „Ich bin ok, du bist ok", nimmt ein Feedback als ein Geschenk an, egal, von wem es kommt. Bei positivem Feedback sagt er meist einfach Danke. Bei negativem Feedback fragt er sich, ob da was dran sein könnte. Nehmen wir nochmal das Autobahnbeispiel: Während des Einfädelns lässt Sie niemand rein. Pöbeln Sie dann die anderen Autofahrer gleich an oder beschimpfen sie (das wäre die „Ich bin ok, du bist nicht ok"-Haltung) oder bleiben Sie gelassen und halten sich mit einer Bewertung der anderen zurück? Das wäre die „Ich bin ok, du bist ok"-Haltung.

Zurück zum Feedback: Wie geht ein Mensch mit Feedback um, der ängstlich und zweifelnd unterwegs ist, der also aus der „−/+"-Grundhaltung agiert („Ich bin nicht ok, du bist ok")? Positives Feedback wiegelt er meist ab und kann es auch nicht gut annehmen, weil er es kaum glauben kann, dass jemand etwas Positives sagt: „Ach, das hätte jeder andere auch gekonnt." Negatives Feedback ist für ihn negativ bestärkend und könnte ihn noch weiter runterziehen: „Siehste! Ich hab's wieder nicht hingekriegt."

Das Gegenteil davon ist der selbstherrliche Typ mit der „+/−"-Grundhaltung („Ich bin ok, du bist nicht ok"), der sich leicht selbst überschätzt. Das geht manchmal einher mit einer stark verzerrten Selbstwahrnehmung. Mit dem Adjektiv „beratungsresistent" ist er noch schmeichelhaft umschrieben. Das sind diese Teflon-Typen, an denen jedes Feedback abperlt, zumal in ihren Augen ohnehin kaum jemand das Recht hat, überhaupt Feedback zu geben. Schade, denn ihnen fehlt damit ein wesentliches Element in der Selbstentwicklung: Die gesunde Selbstreflexion, die manchmal erst durch Feedback von außen angekurbelt wird. Dieser Typ bewertet sogar den Feedback-Geber. Nur derjenige, der „es wert ist, Feedback geben zu können" – manchmal hierarchisch höher gestellte Personen – wird dann als eine Art Gott gesehen.

Wissen Sie, was das Schöne ist? Alle diese Charakterprägungen und Haltungen sind nicht in Stein gemeißelt. Wir können an uns arbeiten und uns verändern, insbesondere, wenn wir dazu neigen, uns selbst oder andere abzuwerten. Wir können uns entscheiden, das offene, nicht bewertende – also das freie Kind in uns neu zu entdecken und ihm Raum zu geben –, damit wir mehr Selbstbestimmung und Lebensfreude erfahren und unsere Beziehungen zu anderen Menschen positiver gestalten.

Erkenne dich selbst!

Wenn ich weiß, was meine Grundcharaktereigenschaften sind und wie meine Haltung ist, habe ich die Chance zu entscheiden, ob ich daran etwas ändern will. Umgekehrt heißt das: Solange ich unreflektiert durchs Leben renne und mir über mein Verhalten wenig oder nie Gedanken mache, weiß ich auch nicht, wo ich ansetzen kann, um mich selbstbestimmter, freier und zufriedener zu fühlen. Das ist ein bisschen so wie in den Keller gehen. Manche machen das jahrelang nicht. Sie wollen gar nicht wissen, was sich da alles angesammelt hat. Aber eines Tages entscheiden sie sich, doch mal runterzugehen, sich alles anzuschauen und zu überlegen, ob sie vielleicht mal was aussortieren wollen. Auch bei unserem Charakter können wir uns entscheiden, ob wir in der Tiefe reingucken wollen. Dafür braucht sich niemand auf die Couch zu legen oder im Sitzkreis schamanische Tierlaute zu imitieren. Es reicht, sich im Alltag selbst genauer zu beobachten und anzufangen, mehr über sich zu reflektieren. Und sollte man es doch allein nicht schaffen, gibt es sicher einen guten Coach, den Sie konsultieren können.

Vielleicht habe ich Sie mit den Storys und Beispielen in diesem Kapitel schon bei der einen oder anderen Verhaltensweise ertappt, die Sie an sich selbst gar nicht so toll finden. Das wäre super! Ja, genau. Ärgern Sie sich nicht, sondern freuen Sie sich darüber. Denn dann wissen Sie schon mal, wo Sie genauer hinschauen dürfen. Dort, wo Sie glauben, Schwierigkeiten zu haben oder wo Ihr Leben nicht so funktioniert, wie Sie sich das vorstellen, haben Sie die Chance, etwas zu tun. Warten Sie nicht, bis die Welt sich zum Besseren verändert, sondern nehmen Sie es selbst in die Hand, etwas zu ändern. Dazu ist es der erste Schritt, genauer hinzuschauen. Je mehr Sie über sich selbst herausfinden und je klarer Ihr Selbstbild ist, desto leichter können Sie entscheiden, in welche Richtung Sie sich eventuell verändern wollen. Sie finden schneller heraus, wo Sie innerlich unzufrieden sind oder worüber Sie sich ständig aufregen. Sie fühlen deutlich, welche Lebenssituationen Sie als ungünstig erleben. Sie merken, wo Sie ständig anecken. Und Sie finden vielleicht auch Antworten auf die Frage, warum Sie in manchen Bereichen auf der Stelle treten. Eine Bekannte einer Freundin erzählt seit sieben Jahren, dass sie sich auf einen neuen Job bewerben will. Was ist der Grund, dass sie es bis heute nicht getan hat?

Als einen wichtigen Wegweiser zu Ihrer Selbstentwicklung können Sie beispielsweise Ihre allerersten Schulzeugnisse sehen: Sie geben Ihnen schon Hinweise darauf, in welche Stärken und Schwächen Sie sich hinein- oder hinausentwickeln dürfen. Auch ich hatte echte Aha-Erlebnisse, als mir eines Tages beim Aufräumen mein allererstes Schulzeugnis aus der 1. Klasse in die Hände fiel. Meine damalige Lehrerin beschrieb darin Charaktereigenschaften und Stärken, die mich bis heute positiv prägen, die ich sogar noch deutlich weiterentwickelt habe und die mir bei der Verwirklichung meiner Ziele sehr nützlich waren. Genauso beschrieb sie aber auch Eigenschaften von mir, die leider nicht immer günstig waren und an denen ich zum Teil auch heute noch arbeite. Das ist nämlich wichtig für die Selbsterkenntnis und unsere Selbstentwicklung: Stärken stärken wir und in die Schwächen (oder Entwicklungsfelder) investieren wir nur, wenn es notwendig ist für unser Tun. Sonst vergessen wir sie und lassen sie links liegen. Nichts einfacher als das. Ich fand es damals tief beglückend, mein erstes Zeugnis noch einmal zu lesen. Zu wissen, was mein Kern-Charakter ist und was sich bei mir vielleicht über ein ganzes Leben hinweg entwickelt hat, macht mich stark. Die Reise zur Selbsterkenntnis ist die wertvollste Reise, auf die wir uns in unserem Leben begeben.

 ## ZEIT FÜR DEIN SELBSTBILD: WEISST DU, WER DU BIST?

- Wie lebendig, frei und unbeschwert fühlen Sie sich auf einer Skala von 0 bis 11? 0 bedeutet, dass Sie sich wie in einer Zwangsjacke fühlen. 11 heißt, Sie fühlen sich frei und selbstbestimmt.
- Welche Charaktereigenschaften von Martin und Julia kommen Ihrem Charakter am nächsten? Sind Sie eher ein Wechsel-Typ (Ernie) wie Julia oder ein Dauer-Typ (Bert) wie Martin?
- Was wertschätzen Sie selbst besonders an sich? Was wertschätzen andere besonders an Ihnen?
- Das, was wir an uns nicht mögen und an anderen nicht mögen, ist häufig das Gleiche. Was ärgert oder nervt Sie an anderen? Und was können Sie daraus für sich selbst lernen?
- Welche Einstellungsmuster und Verhaltensweisen möchten Sie gerne an sich ändern?

2

ZEIT FÜR WÜNSCHE:

WEISST DU, WAS DU WILLST?

Nur wenn ich weiß, wofür ich brenne, und das auch tue, habe ich die Chance auf tiefe Zufriedenheit im Leben. Viele Menschen trauen sich gar nicht, zu träumen und sich Großes zu wünschen. Es bedarf immer viel Mut, etwas anderes zu wollen als das, was ich schon von klein auf kenne. Sobald ich aber weiß, was ich von Herzen will, kann ich es auch erreichen. Die Welt steht allen offen.

„On a dark desert highway, cool wind in my hair …"
Die Eagles sangen mir so aus dem Herzen!
„… welcome to the Hotel California …"
Kalifornien – das war es, was ich wollte.
Ich war 18.

Wochenlang hatte ich gegrübelt. Aber dann war ich mir sicher: Ich wollte als Au-pair-Mädchen nach Kalifornien. Die Stelle war zu haben, ich musste nur noch zusagen.

Elf Monate würde ich in der Nähe von Morro Bay und dem Highway Number One leben, in der Mitte zwischen San Francisco und Los Angeles. Ich sah mich schon in den Straßen von San Francisco, auf dem Rodeo Drive in Los Angeles und im offenen Cabrio den Highway Number One nach San Diego runterfahren.

Die Handball-WM der Juniorinnen wollte ich dafür sausen lassen.

War ich bekloppt? Der Sport bedeutete mir doch alles!

Schon mit fünf Jahren wollte ich unbedingt Fußballerin werden. Mein Onkel hatte in den Sechzigern beim HSV gespielt und war mit Uwe Seeler deutscher Meister geworden. Mein Vater war ebenfalls ein talentierter Fußballer und hatte ein Angebot in Brasilien, das er für die junge Familie ablehnte.

Meine Mutter hatte bei meinem Wunsch, Fußball zu spielen, allerdings Sorge, dass aus mir ein Junge werden könnte. Sie hatte Grund genug, das zu denken. Bis zum 11. Lebensjahr trug ich – gegen den Widerstand meiner Mutter – im Urlaub am Strand kein Bikinioberteil und kleidete mich auch sonst wie ein Junge. Ich fuhr BMX-Rad und sprang damit über Hindernisse. Gebogene Sattelstange und die neueste Shimano-Schaltung waren für mich eine klare Ansage. Zwischendurch Rollerskaten, aber bitte mit abgeschraubten Stoppern. (Ich bremste wie die Profis, indem ich einen Skate quer hinter mir herzog.)

Beim Nachahmen der Fünf Freunde war ich Georg und nicht Anne. Ich liebte es, mich als Zorro zu verkleiden. Meine Knarre war aus Eisen und richtig schwer. An meinen Go-Kart hatte ich ein Autoradio mit Antenne angebaut. Und ich spielte immer mit Lennart, dem Nachbarsjungen.

Am allermeisten aber liebte ich Fußball. Ich kickte auf dem Bolzplatz mit den Jungs, hatte Adidas-Schuhe mit Schraubstollen und Schienbeinschoner mit HSV-

Stulpen. Eines Tages, ich muss ungefähr acht Jahre alt gewesen sein, fragte ich meine Mutter, ob ich im Verein Fußball spielen dürfe. Darauf sagte sie: „Nein, Illi-Maus, das ist nichts für dich. Fußball ist etwas für Jungs."

Meine Mutter, damals alleinerziehend, meinte es nur gut und schlug mir vor, ob ich nicht lieber Handball spielen wollte, so wie meine fünf Jahre ältere Schwester. Handball sei auch was für Mädchen. So begann mit neun Jahren meine Handball-karriere. Ich spielte Rechtsaußen, was für eine Rechtshänderin ungewöhnlich ist, aber gut funktionierte.

Eines Tages, ich war zehn oder elf Jahre alt und spielte bereits in der Hamburger und Norddeutschen Auswahl, kam nach einem Punktspiel in unserer Halle am Schulzentrum Süd in Norderstedt ein wildfremder Zuschauer auf mich zu. „Glückwunsch zum Sieg! Du hast super gespielt." Und ein paar Sekunden später rief er mir noch hinterher: „Du hast wirklich das Zeug, eines Tages in der Nationalmannschaft zu spielen."

Ich traute meinen Ohren kaum. Meinte der wirklich mich? Ich bedankte mich höflich, behielt dieses Feedback aber für mich. In den nächsten Monaten musste ich immer mal wieder an diesen Zuschauer und seine Einschätzung denken. Bis ich eines Tages – mit zwölf Jahren – wirklich in die B-Jugend der Nationalmannschaft berufen wurde. Mein Trainer strahlte über das ganze Gesicht, als er mir den Briefumschlag überreichte. Absender: DHB – Deutscher Handballbund.

Ich hatte immer aus Begeisterung Handball gespielt, nicht für meine Mutter, nicht für den Trainer, nicht für die Zuschauer oder für irgendwelche sportlichen Ziele. So blieb das auch in der Nationalmannschaft. Die Spiele und Turniere machten mir Spaß wie immer. Bloß dass wir jetzt nach dem Auflaufen auf das Spielfeld die Nationalhymne sangen und mir langsam bewusst wurde: Ich spiele für die Bundesrepublik Deutschland.

Entscheidung aus tiefstem Herzen

Es nahte die Weltmeisterschaft der Juniorinnen 1991 in Straßburg. Ich spielte damals bereits sieben Jahre in der Nationalmannschaft. Mittlerweile gab es zwei Linkshänderinnen aus der ehemaligen DDR auf meiner Position. Dadurch, dass sie Linkshänderinnen waren, hatten sie rein körperlich und technisch bessere Chancen auf der Rechtsaußen-Position. Ich kam allmählich durch die Rechtshand an meine Grenzen. So wurde es im Wettbewerb schwerer für mich. Und zur WM fuhren nur zwei Spielerinnen mit, wir aber waren zu dritt. Ich war also nur Ersatz, falls sich eine der beiden anderen verletzt hätte. Und dann ausgerechnet Straßburg! Ich dachte: Och, nö! Da ist Weltmeisterschaft – und dann ist das nur hinter der Grenze! Konnte die WM nicht in Sydney sein oder in Tokio?

Hinzu kam, dass ich wahrscheinlich schon mein Abitur in der Tasche haben würde, wenn die WM im September endlich losging. Was wollte ich beruflich überhaupt machen? Ich hatte noch keine Ahnung. Damals war es für Mädchen schwer angesagt, nach dem Abi erstmal als Au-pair in die USA zu gehen. Und ich hatte große Lust, die Freiheit und Grenzenlosigkeit in den USA zu spüren. Ehrlich gesagt, wusste ich auch nicht, was ich sonst hätte tun sollen. Ein Studium hätte ich mir nicht zugetraut, und nach der Schule gleich eine Lehre zu beginnen, wollte ich auch nicht. Ich wusste zudem, dass ich mein Englisch aufbessern musste, um es beruflich auch nutzen zu können.

Das erste Au-pair-Angebot für eine freie Stelle kam aus Florida. Zwei Wochen später kam ein weiteres Angebot aus Kalifornien dazu. Ich war geflasht. Kalifornien! Mein Traum. Da hatte ich immer schon hingewollt.

Aber was tat ich mit der WM?

Ich musste mich entscheiden. Was wollte ich? Der Sport war meine Leidenschaft, ja. Aber jetzt stand ein knappes Jahr Kalifornien gegen ein unsicheres Ticket zu einer einwöchigen Weltmeisterschaft in Frankreich.

Letztlich ließ ich mein Herz entscheiden. Worauf hatte ich am meisten Lust? Das war ganz klar Kalifornien! Was würde langfristig für meine berufliche Entwicklung hilfreicher sein? Auch wenn ich noch nicht genau wusste, was ich beruflich machen wollte, sollte es in jedem Fall mit einer internationalen Tätigkeit zu tun haben. Und dafür war ein Jahr Auslandserfahrung und Englischsprechen hilfreich und würde auch meiner persönlichen Entwicklung guttun.

Ich entschied mich also für Kalifornien und sagte dem DHB ab. Mein Trainer war, milde formuliert, sehr überrascht. Er ging davon aus, dass jede Spielerin, die auch nur eine minimale Chance hatte, mit zu einer WM zu fahren, nach diesem Strohhalm griff. Bei mir war es anders. Ich freute mich wahnsinnig auf die USA und war neugierig auf die Weite des amerikanischen Westens. Ich ließ die mögliche WM-Teilnahme also sausen und erntete dafür viel Unverständnis aus meinem Umfeld.

Zwei Wochen vor meinem Abflug klingelte das Telefon. Damals hatten die Telefone noch eine Schnur und standen im Hausflur. Ich hörte, wie meine Mutter sagte: „Ja, sie ist da. Warten Sie bitte einen Moment, ich hole sie." Dann hielt sie die Hand auf die Muschel, wie man das zu der Zeit machte, und rief mich. Wer konnte das sein? Meine Freunde siezte meine Mutter nicht. Lehrer hatte ich keine mehr, denn ich hatte mein Abi bestanden. Wer war das? War das etwa der DHB? Sofort schoss mir ein Gedanke durch den Kopf: Eine der Linkshänderinnen ist ausgefallen, ich bin jetzt die Nummer zwei auf meiner Position und sie wollen, dass ich es mir mit der WM noch einmal überlege.

Ich ging ans Telefon. Am anderen Ende der Leitung meldete sich ein Manager des Handball-Erstbundesligisten Walle Bremen. Da musste ich mich erst mal setzen.

Walle Bremen kannte ich nur allzu gut. Ein Topverein mit Abo auf die oberen Tabellenränge. Wir hatten im Verein öfter gegen Walle Bremen gespielt und als Erste-Bundesliga-Aufsteiger immer verloren.

Walle Bremen suchte Nachwuchsspielerinnen für die erste Bundesliga und der Manager fragte mich, ob ich Lust hätte, ab September für den Verein zu spielen.

„Oh, wow, das ist ja toll", sagte ich, fragte den Manager aber sofort, ob er wisse, dass ich keine Stammposition im Kader der Nationalmannschaft hätte und auch nicht mit zur WM fahren würde.

„Ja, aber das macht nichts", antwortete er. „Wir kennen Sie als Spielerin und wissen um Ihre Fähigkeiten."

Walle Bremen.

Bundesliga.

Flugtickets lassen sich stornieren.

Mein Unterbewusstsein schickte mir eine Botschaft nach der anderen. Was ich jedoch antwortete, war: „Das ist ein sehr verlockendes Angebot, vielen Dank. Aber ich fliege in zwei Wochen in die USA, um dort für elf Monate als Au-pair-Mädchen zu arbeiten. Vielleicht nächstes Jahr? Ich bin im Juli wieder da."

Oh, mein Gott, was hatte ich da gerade gesagt? Bildete ich mir ein, Walle Bremen würde ein Jahr lang auf mich warten? Anscheinend gingen die Pferde mit mir durch.

„Das ist wirklich schade, Frau Piechowiak. Dann wünsche ich Ihnen viel Spaß in den USA. Wenn's passt, melden wir uns nächstes Jahr wieder bei Ihnen."

Ich brauchte noch ein bisschen, um den Anruf zu verdauen.

Zwei Wochen später stieg ich in den Flieger nach Kalifornien. Ich hütete Kinder, spielte Racquetball, fuhr stundenlang Mountainbike und erlag vollständig dem kalifornischen Fitnesswahn. Meine freie Zeit nutzte ich, um Kalifornien von Norden nach Süden, von Westen nach Osten zu erkunden. Life is good and even gets better, dachte ich. Der Handballsport war vergessen, die Neugier auf die Welt entfacht.

Nach einem knappen Jahr in den USA hatte sich meine Einstellung zum Leben und zum Profisport völlig verändert. Die Ankündigung des Managers von Walle Bremen, mich nach einem Jahr eventuell noch einmal anzurufen, hatte ich nicht ganz ernst genommen und schließlich vergessen.

Als ich gerade vier Wochen aus den USA zurück war, mich wieder an das deutsche Essen gewöhnt, meine Familie und Freunde reichlich genossen und mir den ein oder anderen Gedanken über einen Ausbildungsplatz gemacht hatte, klingelte das Telefon. Es war tatsächlich noch einmal der Manager von Walle Bremen.

Er erneuerte sein Angebot vom Jahr zuvor und legte sogar noch nach: Ich könne nebenbei eine Ausbildung zur Industriekauffrau machen. Mir einen Ausbildungs-

platz zu besorgen, sei kein Problem. Außerdem stünde allen Spielerinnen kostenlos ein Auto zur Verfügung, dafür sorge ein Sponsor. Und eine Wohnung würde ich auch bekommen.

Ich war genauso sprachlos wie im Jahr zuvor. In meinem Kopf drehte sich alles. Ich wusste gar nichts mehr. Eigentlich wollte ich mich doch zügig bewerben. Oder vorher doch noch nach Frankreich?

Ich war gerade dabei, mich in einem Leben jenseits von Big Sur, unendlichen Weiten am Highway Number One und Frozen Yogurt zu sortieren. Was ich wollte und in welche Richtung ich mich beruflich wenden würde, war mir zu diesem Zeitpunkt alles andere als klar. Aber eines wusste ich: Dieses Leben würde nichts mehr mit Handball zu tun haben.

Ich dachte an einen Ausflug mit meiner amerikanischen Freundin Jennifer. Ich erinnerte mich, wie wir in der Nähe von Wrights Lake auf Plastiktüten die noch schneebedeckten Berge hinuntergesaust waren. In Shorts und mit lautem Geschrei. Und wie wir uns um Weihnachten herum abends bei Jennifer zu Hause kleine Weihnachtsmänner in die Haare gesteckt und uns über unsere tolle Freundschaft gefreut hatten. Und jetzt wieder Handballprofi? Sechs Mal die Woche trainieren, keine Freiheit, keine Reisen, reglementierte Urlaube? Nicht mehr das tun können, was ich will?

Wieder ließ ich mein Herz sprechen. Ich wusste zwar noch nicht, was ich nun mit meinem Leben anfangen wollte. Aber ich wusste, was ich nicht mehr machen wollte. Und auch das hilft bei einer Entscheidung. Zu wissen, was man nicht mehr will.

Ich sagte Walle Bremen endgültig ab.

Auf dem Silbertablett kann das Falsche liegen

Man könnte vermuten, dass einem in Anbetracht eines solchen Angebots fast der Atem stockt. Und mit Sicherheit war dies ein großzügiges und sehr verlockendes Angebot: Spitzenverein, erste Bundesliga, Topbetreuung, sicherer Ausbildungsplatz und dann auch noch gleich ein eigenes Auto – mit 19! Man hatte mir alles auf dem Silbertablett serviert, für einen nahtlosen Übergang nach dem Auslandsjahr gesorgt, ganz ohne Bruch im Lebenslauf. Wer könnte da Nein sagen? Es gab nur ein Problem: Von der ersten Handball-Bundesliga hatte ich eigentlich nie geträumt. Überhaupt hatte ich mir über eine Profikarriere im Sport wenig Gedanken gemacht. Kalifornien, ja, das war mein Traum gewesen. Diesen Traum hatte ich mir dann auch erfüllt. Aber Bundesliga? Als es nach einem knappen Jahr mit der Sonne Kaliforniens vorbei war, hatte mich das USA-Erlebnis so sehr verändert, dass ich vieles infrage stellte. Auch den Profisport.

Ich wusste jetzt viel besser als kurz nach dem Abi, was mir Spaß machte und was mir in meinem Leben wichtig war. Umgekehrt wusste ich aber auch, wozu ich keine Lust mehr hatte oder worin ich keinen Sinn mehr sah. Der lockere Lifestyle der US-Westküste hatte bei mir seine Spuren hinterlassen. Meine Prioritäten hatten sich verschoben. Ich spürte, dass es für mich wichtigere Dinge gab als die Musterkarriere und den lückenlosen Lebenslauf. Auch entsprach es nicht so wirklich meinem Lebensziel, mit fünfzig das Eigenheim abbezahlt zu haben und mich anschließend auf den Rentenbescheid zu freuen. Mit dem Jahr in Kalifornien hatte ich mir einen Herzenswunsch erfüllt. Warum sollte es mir nicht gelingen, mir im Leben noch weitere Herzenswünsche zu erfüllen? Denn auf dem Silbertablett kann auch das Falsche liegen. Nur weil etwas erst mal großartig klingt und andere vielleicht sofort zugreifen würden, muss es für einen selbst noch lange nicht das Richtige sein.

Wünschen und Wollen haben stets zwei Seiten: Was will ich und was will ich nicht? Wenn ich etwas unbedingt will, ist es meist so, dass ich dafür auf etwas anderes verzichten muss. Die meisten Entscheidungen haben ihren Preis, was nicht unbedingt heißt, dass der Preis hoch sein muss. Manchmal ist uns etwas gefühlt viel wert, dennoch ist der ideelle oder monetäre Preis, den wir zahlen müssen, gar nicht so wild. Wenn ich umgekehrt etwas nicht will, heißt das noch lange nicht, dass ich auch schon weiß, was ich stattdessen will. Mein Herzenswunsch hieß Kalifornien. Dafür musste ich auf ein Ticket zur WM genauso verzichten wie auf das erste Angebot von Walle Bremen. Ich hatte mir das gut überlegt und die Entscheidung war letztlich gar nicht so schwer. Denn es war klar, wofür ich brannte. Das zweite Angebot von Walle Bremen auszuschlagen, war da schon wesentlich schwieriger. Nicht nur wegen des Ausbildungsplatzes und des neuen Autos. Sondern auch, weil ich jetzt zwar sagen konnte: Das will ich nicht mehr. Aber auf der anderen Seite nicht sicher war, was ich stattdessen wollte. Im Coaching spricht man dabei auch von zwei Arten der Motivation: Wir können „hin-zu" oder „weg-von" motiviert sein.

Zu wissen, was ich will (also „hin-zu"), ist normalerweise wichtiger als zu wissen, was ich nicht will („weg-von"). Die stärkste Hin-zu-Motivation bilden die Dinge, die wir mit positiven Gefühlen untermauern können, was uns begeistert, wozu wir Lust verspüren. Manchmal sind das auch unsere Lebensträume. Bei der Weg-von-Motivation sind dagegen meist negative Gefühle im Spiel, zum Beispiel Angst oder Frust. Es kann allerdings auch der Beginn für eine positive Veränderung sein, wenigstens zu wissen, was ich nicht (mehr) will. Denn wenn ich für mich geklärt habe, was ich nicht mehr will, habe ich die Chance, meine Träume neu zu entdecken. Ich kann mich dann zum Beispiel nach dem Ausschlussprinzip zu meinem geheimen

Herzenswunsch vorarbeiten. Wünsche und Träume haben nämlich die unangenehme Eigenschaft, im täglichen Klein-Klein aus dem Blick zu geraten. Und die gute Eigenschaft, dass sie sich – meist nach langer Zeit – immer wieder bemerkbar machen und an die Oberfläche kommen. Wie auch immer: Wenn wir selbstbestimmt und zufrieden leben wollen, müssen wir uns alle so entscheiden, dass es für uns passt. Das Leben steckt voller Entscheidungen: Links oder rechts? Oder doch geradeaus? Oder einfach mal stehen bleiben? Bevor wir uns für eine Richtung entscheiden, sollten wir uns vor Augen führen, ob wir diesen oder jenen Preis zahlen wollen und was uns das Ganze überhaupt wert ist.

Die WM in Straßburg war es mir nicht wert, auf meinen Traum von Kalifornien zu verzichten. Bei einer WM in Australien hätte ich vielleicht schon etwas länger überlegt. Erste Bundesliga zu spielen und mich mehrmals die Woche zum Training zu verpflichten, war es mir auch nicht wert, auf meine Freiheit zu verzichten. Ich war bereit, den Preis zu bezahlen. Ich konnte loslassen. Und letztlich habe ich meine Entscheidung nie bereut. Nach der zweiten Absage an die Bundesliga spielte ich noch ein paar Jahre Handball in der Regionalliga und dann wieder Oberliga. Ich war in meinem alten Verein, der sich mittlerweile aus mehreren Vereinen zur Handballgemeinschaft Norderstedt (HGN) entwickelt hatte, lernte tolle neue Leute kennen, traf alte Bekannte und hatte viel Spaß. Nur Bundesliga spielte ich eben nicht mehr, das war alles.

Worum geht es also bei den eigenen Wünschen, Zielen und Träumen? Es geht darum, dass wir uns zunächst einmal die Frage stellen, wovon wir träumen und was unser Herzenswunsch ist. Bevor wir anschließend gleich losrennen, sollten wir uns fragen: Ist das, was ich mir wünsche, für mich sinnvoll? Was habe ich langfristig davon und bringt es mir etwas für mein Leben? Wenn mein Gefühl und mein Verstand beide ja sagen, kann ich mich von Herzen für etwas entscheiden. Und dann loslaufen und Gas geben!

Wenn Wünschen so einfach wäre ...

Haben Sie gerade einen Wunsch, den Sie sich gerne erfüllen würden? Eine Woche Urlaub an einem besonderen Ort? Das neueste Smartphone oder ein neues Auto oder eine andere Wohnung? Den meisten Menschen fallen spontan Dinge ein, die sie sich wünschen und sich eventuell auch selbst kaufen oder sich zumindest schenken lassen können. Das haben wir uns vielleicht auch aus der Kindheit bewahrt, in der Erwachsene uns oft gefragt haben, was wir uns zum Geburtstag, zu Weihnachten oder einfach so wünschen.

Wünsche sind häufig etwas, das wir gerne „hätten". Wünschen hat aber auch damit zu tun, was eintreten soll. Der Wunsch, zufrieden und selbstbestimmt zu sein zum Beispiel. Ist das noch ein Wunsch oder ist es schon ein Traum?

Von unseren Träumen sprechen wir, wenn es sich entweder um so große Wünsche handelt, dass es nicht einfach ist, sie sich zu erfüllen. Oder um Wünsche, bei denen es nicht allein in unserer Macht steht, ob sie in Erfüllung gehen. Manche träumen zum Beispiel davon, für ein Jahr aus allem auszusteigen und um die ganze Welt zu reisen. Machbar ist das für die meisten, klar, aber es ist ein ziemlicher Akt und hat seinen Preis, etwa weil man unter anderem seinen aktuellen Job dafür kündigen und seine Wohnung untervermieten müsste. Andere träumen von einer glücklichen und erfüllten Beziehung. Das ist ein Wunsch, von dem wir glauben, ihn uns nicht allein mit unserer Willenskraft erfüllen zu können, weil er an einen anderen Menschen und sein Handeln gebunden ist. Die Liebe lässt sich nicht erzwingen. Deshalb ist so etwas eben mehr ein Traum als ein Wunsch. Aber sollten wir aufhören zu träumen, bloß weil wir etwas nicht sofort haben oder uns erfüllen können? Oder weil die Erfüllung eines Herzenswunsches nicht allein in unserer Macht steht? Vielleicht steht doch alles in unserer Macht?

Eine knifflige Frage ist, wo unsere Wünsche überhaupt herkommen. Haben Sie schon einmal darüber nachgedacht, ob ein bestimmter Wunsch wirklich aus Ihrem Herzen kommt oder ob Sie vielleicht nur den Erwartungen anderer entsprechen wollen, indem Sie etwas Bestimmtes besitzen oder etwas Besonderes tun wollen? Vielleicht kennen Sie das Gefühl, dass Sie sich mit der Erfüllung eines Wunsches eigentlich nur über einen schmerzlichen Verlust hinwegtrösten wollen. Möglicherweise haben Sie sich auch schon einmal gedrängt gefühlt, etwas Bestimmtes zu wollen, weil „man das eben hat oder macht", ohne dass der Wunsches wirklich aus Ihrem Inneren kam.

Die Frage, warum wir wollen, was wir wollen, ist alles andere als trivial. Es gibt eine Autoindustrie, die uns Traumautos verkaufen will, eine Reisebranche, die uns mit Bildern von Traumzielen füttert, und Dating-Apps, die uns den Traumpartner versprechen. Das alles ist völlig okay, denn es sorgt schließlich dafür, dass unsere Wirtschaft brummt. Dennoch sollte ich mich fragen, was von alledem ich denn wirklich will. Will ich etwas, weil es mir mein Umfeld subtil einflößt, weil das Web, die sozialen oder klassischen Medien es spiegeln, oder will ich etwas, weil es für mein Leben wichtig ist? Was ist eigentlich mein Leben? Was will ich für mein Leben? Wie will ich leben? Indem ich mir das wünsche, was sich alle anderen auch wünschen? Oder will ich mehr vom Leben, will ich mein eigenes Lebensdrehbuch schreiben und mir meine eigenen Träume und Wünsche erfüllen?

Die reinste und ursprünglichste Quelle für unsere Wünsche und Träume ist das bereits erwähnte freie Kind in uns. Es gehört – neben dem Eltern-Ich und dem

Erwachsenen-Ich – zu den drei Ich-Zuständen unserer Persönlichkeit. Dieser Begriff kommt aus der schon im ersten Kapitel erwähnten Transaktionsanalyse, die von Eric Berne begründet wurde. Dieses freie oder auch natürliche Kind in uns will sich entfalten, Neues entdecken, Spaß haben, kreativ sein und sich mit Gleichgesinnten zusammentun. Es hat keine Angst vor Konsequenzen, es ist generell mutig. Es lebt im Hier und Jetzt. Es ist voller Begeisterung, Liebe und Neugier. Es kann sich an Dingen erfreuen und sich auf Dinge freuen.

Das Gegenteil vom freien Kind in uns ist das angepasste Kind. Die Unterform des angepassten Kindes ist das rebellische Kind. Das angepasste Kind traut sich gar nicht mehr so recht, seine Wünsche überhaupt zuzulassen und zu äußern, geschweige denn zu träumen. Es will gefallen, daher passt es sich an. Das rebellische Kind bekommt Aufmerksamkeit über die Rebellion und ist auch mehr darauf aus, von anderen geliebt zu werden.

Als Kind haben wir natürlich generell den Wunsch, unseren Eltern oder primären Bezugspersonen zu gefallen. Aber wenn wir als freies, natürliches Kind nicht geliebt werden, gehen wir in die Anpassung oder Rebellion, um Aufmerksamkeit zu bekommen. Wenn unser freies Kind in der Kindheit zu sehr gedeckelt und klein gehalten wird, wird das angepasste Kind also größer. Und das heißt, wenn unser Leben das Ergebnis von Anpassung ist und wir vor allem danach streben, die Erwartungen anderer zu erfüllen, liegen unsere Träume und Herzenswünsche oft wie unter einer dicken Schicht aus Asche begraben. Sie kommen einfach nicht so recht an die Oberfläche. Aber es gibt sie noch! Jeder Mensch hat ein freies – auch natürliches Kind genannt – in sich und jeder Mensch hat Träume, Begeisterung und Leidenschaft in sich – für irgendetwas. Wenn wir uns wieder mehr mit unserem freien Kind verbinden, kommen wir unseren Herzenswünschen und unserer Begeisterung auf die Spur.

Fragen Sie sich einmal, was Ihnen als Kind Freude gemacht hat. Bei welcher Gelegenheit waren Sie als junger Mensch ganz aus dem Häuschen? Worauf haben Sie sich schon wochenlang gefreut? Was haben Sie gern gespielt, womit haben Sie sich Ihre Freizeit vertrieben? Was konnten Sie gut? Natürlich haben Erwachsene andere Wünsche und Träume als Kinder. Im Coaching stelle ich aber immer wieder fest, dass Menschen ihre Lebensträume sehr weit in ihrer Biografie zurückverfolgen können. Oft reicht das bis in die Kindheit. Denn viele Lebensträume sind latent präsent, manchmal ein Leben lang. Eine weitere spannende Phase ist das Teenageralter. In dieser Zeit entstehen viele Lebensträume, insbesondere im Hinblick auf das, was unsere Berufung sein könnte. Wovon haben Sie als Teenager geträumt?

Mir war als Teenager klar, dass ich nach Kalifornien will. Am besten, um dort einige Zeit zu leben. Natürlich hatte ich Bilder von Kalifornien im Fernsehen gesehen. Trotzdem wäre es Quatsch, wenn jemand behaupten würde, die Medien oder die Reisebranche hätten mir diesen Wunsch eingepflanzt. Da hat etwas Klick gemacht. Der Gedanke, in Kalifornien zu sein, hat mich ganz tief berührt. Ich verband diese Idee mit der Art von Freiheit, die ich wollte. Ich war mir sicher, dass ich das wirklich will. Wie bei allen Herzenswünschen gab es zwei Dinge, die mich bestätigten: Erstens malte ich mir ständig aus, wie es wäre, wenn mein Wunsch in Erfüllung gehen würde. Ich sah mich auf dem Highway Number One, dem weiten Beach von Santa Barbara. Und zweitens empfand ich eine unbändige Vorfreude, als sich dann die Chance ergab, den Wunsch Wirklichkeit werden zu lassen. Wie in einem schönen Film sah ich mich immer wieder in den Straßen von San Francisco umherstreifen. Das fühlte sich einfach gut an. Wir müssen in Gedanken manchmal schon den Traum erleben, ihn uns vor unserem inneren Auge ausmalen, um dieses Szenario vorzuführen. Und als der Tag des Abflugs nahte, war ich völlig aus dem Häuschen. Nie war es mein Antrieb zu sagen: Es wäre gut für den Lebenslauf, mal im Ausland gewesen zu sein. Das war nur das Häkchen, das mein Verstand am Schluss noch hinter die gefühlte Sache gesetzt hatte.

Auf den Hund gekommen

Schon als Kind wollte ich einen Hund. Meine Mutter war jedoch der Ansicht – und damit hatte sie damals sicher Recht –, ich würde neben der Schule und dem Handball nicht genug Zeit für den Hund haben. Auch hatte sie keine Lust, am Ende diejenige zu sein, die sich um den Hund kümmern musste. Also hatte ich keinen Hund, jedenfalls keinen eigenen. In der Nachbarschaft suchte ich jedoch ständig nach Hunden und fragte die Besitzer, ob ich ihre Vierbeiner ausführen durfte. Somit verbrachte ich die wenige Zeit, die mir neben dem Handballspielen, der Schule und dem Bolzen blieb, damit, Hunde auszuführen.

Es begann mit Bobby, einem Dackel. Da war ich ungefähr sieben Jahre alt. Ich liebte es, mit ihm über die Wiesen zu flitzen und unter Zäunen durchzukriechen. Immer stellte ich mir vor, Bobby sei mein eigener Hund. Und jedes Mal war ich traurig, wenn ich ihn wieder abgeben musste.

Später wagte ich mich an größere Hunde heran. Ein Junge, den ich vom Fußball kannte, hatte einen gelb-farbenen Labrador. Den durfte ich auch ab und zu ausführen. Das Tolle an den großen Hunden war, dass man mit ihnen auch mal im Vollsprint rennen oder über Baumstämme springen konnte.

Eines Tages entdeckte ich in der Nähe unseres Bolzplatzes einen umzäunten Garten mit einem schwarzen Hovawart. War das ein schönes Tier! Ich ging immer wieder zum Zaun und freundete mich durch die Maschen mit dem Hund an. Erst ließ ich mich nur beschnuppern, dann sprach ich ihn an, später rief ich ihn einfach mal mit einem Pfiff. – und er kam! Ach, das war ein schönes Gefühl.

Nach zwei Wochen strategischer Annäherung klingelte ich bei den Besitzern und fragte, ob ich den Hund ausführen dürfe. Die Besitzerin starrte mich überrascht an und fragte, ob ich denn Erfahrung mit Hunden hätte, schließlich sei ihrer doch ziemlich groß. Plötzlich kam der Hund zu mir und schleckte mich ab, was ja klar war, da er mich schon einige Zeit kannte. Da sagte ich: „Ja, ich kann auch mit großen Hunden umgehen. Ich führe sonst Labradore aus. Darf ich es mit Ihrem Hund auch mal probieren?"

Und – schwupps – führte ich auch den großen Hovawart aus. Ein schwarzer Hund! Mein Traum.

Mein Leben lang hatte ich im Kopf, eines Tages einen eigenen Hund zu haben, natürlich einen schwarzen. Doch es war immer das gleiche: Es schien einfach unvernünftig. Ich hatte zu wenig Zeit und war zu oft unterwegs. Außerdem entwickelte ich als Teenager eine Allergie gegen Tierhaare! Das schien meinen Traum endgültig zum Platzen zu bringen.

Als ich mich mit Ende 30 selbstständig machte, kam trotzdem wieder der Gedanke auf: Wie wäre das mit einem Hund? Wenn bloß die doofe Allergie nicht wäre! Und da passierte es: Durch eine Ernährungsumstellung, zu der ich aufgrund diverser Darm-Probleme gezwungen war, löste sich meine Tierhaar-Allergie und übrigens auch alle anderen Allergien in Luft auf. Plötzlich konnte ich auf dem Sofa meiner besten Freundin mit dem Kopf neben ihrer Katze einschlafen. Meine Gedanken kreisten nun jedoch nicht um Katzen, sondern um Hunde. Kein Schniefen, kein Jucken, kein Husten und keine Quaddeln mehr – der Freifahrtschein für meinen Hundetraum. Jipieee!

Dummerweise lebte ich zu der Zeit in einer Mietwohnung, in der keine Haustiere erlaubt waren. Auch fand mein Verstand schon wieder das nächste Gegenargument: Du musst erst deine Selbstständigkeit aufbauen! Du hast jetzt keine Zeit für einen Hund.

So blieb es noch einmal vier Jahre lang beim Träumen. Träume darf man aufschieben.

Bis ich mir dann im September 2016 ein Herz fasste und den Plan schmiedete, mir im nächsten Jahr einen Hund zuzulegen. Inzwischen wohnte ich in einer größeren Wohnung in Hamburg-Winterhude, in der Haustiere erlaubt waren. Ich studierte Hundebücher und suchte nach Rassen, die mich ansprachen und die zu meinem reiseintensiven Leben als Trainerin, Coach und Rednerin passen würden. Ich recherchierte Züchter und ließ mir Geburtstermine von Welpen nennen. Ich sprach mit meinen Kunden über meinen Traum und wie es wäre, wenn ich den Hund in Trainings mitnehmen würde.

Im Frühjahr 2017 war es dann endlich so weit. Ich hatte meine Züchter gefunden, der Welpe wurde geboren und acht Wochen später war Welpen-Abgabetermin. Seitdem ist Cupido bei mir, ein Flat Coated Retriever. Mein kleiner, süßer, schwarzer Cupido! Cupido steht im Lateinischen für das Wort Begierde und passte hervorragend zu meinem Firmennamen heartworker.

Alle möglichen Menschen in meinem Umfeld waren zwar der Meinung, ein Hund passe doch nun wirklich nicht in mein Leben. Aber wer weiß schon, was in mein Leben passt? Das bin doch wohl in allererster Linie ich selbst! Deshalb schuf ich die Voraussetzungen dafür, dass auch ein schwarzer Rüde in mein Leben passt. Zum Beispiel lehne ich Aufträge ab, wenn ich merke, dass ich sonst zu wenig Zeit für Cupido hätte. Ich kaufte mir auch ein anderes Auto, mit einem geräumigen Heckabteil, das ganz für Cupido und seine Autobox reserviert ist. Mein eigenes Gepäck kommt auf die heruntergeklappte Rückbank und – wenn es große Reisen sind – in eine Dachbox. Es geht alles, wenn man nur will!

Ich reise jetzt auch anders als früher. Mit dem Auto, statt per Flugzeug oder Bahn, und immer zu Cupido-freundlichen An- und Abreisezeiten. Ich stehe früher auf und gehe morgens mit Cupido raus, statt schon früh vor dem Rechner zu sitzen. Cupido ist entweder mit im Führungstraining dabei oder – wenn meine Teilnehmer dies nicht möchten – bleibt er im Hotel auf dem Zimmer. Beim Coaching ist er immer anwesend, wenn die Kunden es mögen. Die meisten erfreuen sich an ihm, außerdem schläft er die meiste Zeit sowieso. Ich habe mir eine gute Work-Dogtime-Life-Balance geschaffen.

Es ist herrlich. Ich genieße es. Mein Kindheitstraum ist wahr geworden und mein Leben viel reicher durch Cupido. Es ist alles möglich, wenn man es nur will, richtig plant und bereit ist, auf andere Dinge zu verzichten. Es ist immer dasselbe Prinzip. Nichts ist unmöglich. Oder besser: Alles ist möglich.

Dream big: Träumen Sie groß!

Das einzig Blöde an Träumen ist, dass wir Träume meistens viel zu schnell aufgeben. Als ich eine Allergie gegen Tierhaare entwickelt hatte, sah es so aus, als ob ich meinen Kindheitstraum von einem Hund endgültig begraben müsste. Man sollte meinen, es hätte schon eines Wunders bedurft, um so eine Allergie wieder loszuwerden. Wie viele Menschen laborieren ewig an Allergien und behalten sie doch? Hinzu kam meine Lebenssituation, in die ein Hund ungefähr so gut passte wie ein Baby in die Raumstation ISS. Das ging scheinbar gar nicht! Und in meiner damaligen Wohnung waren Haustiere verboten. Außerdem bringt es mein Job mit sich, dass meine Kunden nicht zu mir, sondern ich zu ihnen fahre. Da Trainings oft mehrere Tage dauern, verbringe ich manchmal zwei bis vier Tage die Woche in Hotels. Wie sollte das gehen mit einem Hund?

Ich hätte also immer wieder Grund genug gehabt, den Traum von einem Hund abzuhaken und die Sache einfach zu vergessen. Aber das tat ich nicht. Im Gegenteil. Ich stellte mir bei jedem Spaziergang vor, wie es wäre, jetzt einen Hund dabeizuhaben. Andere erklärten mich für verrückt, aber ich sagte immer wieder: Eines Tages werde ich einen Hund haben. Gerade zu Beginn meiner Selbstständigkeit, als es besonders schwierig gewesen wäre, einen Hund zu haben, beschäftigte ich mich intensiv mit dem Thema. Klar war ich realistisch genug, um zu wissen, dass ich nicht einfach nächste Woche einen Hund haben könnte. Ich bin auch nicht so gestrickt, dass ich kopflos in ein Tierheim renne, einen Hund raushole und mir erst anschließend überlege, wie das alles funktionieren soll.

Aber ich hielt an meinem Wunsch fest. Ich parkte ihn gedanklich. Das ist etwas anderes als abhaken und vergessen. Ich wusste, dass ich einen Hund will – später … eines Tages! Und ich machte es weder von äußeren Umständen noch von den Meinungen anderer abhängig, was aus meinem Traum wird. Daraus leitet sich etwas ab, das ich fürs Leben gelernt habe: Wir müssen uns und unseren Träumen treu bleiben. Wir dürfen unsere Herzenswünsche auf gar keinen Fall aufgeben und sollten uns nicht davon irritieren lassen, wenn es zwischenzeitlich mal so aussieht, als könnten sie nie in Erfüllung gehen. Ich kenne leider viel zu viele Menschen, die genau das machen. Sie geben ihren Traum auf. Wenn man näher hinschaut, besteht das Problem oft schon darin, nicht den Mut zu haben, groß zu träumen und sich außergewöhnliche Wünsche zuzugestehen.

Nach meiner Erfahrung gibt es bei diesem Thema zwei Sorten von Menschen: Die einen trauen sich zu träumen. Ihre Träume können gar nicht groß oder verrückt genug sein. Ständig fallen ihnen Sachen ein, die ihnen gefallen könnten. Aber es gibt auch Dinge, von denen sie schon sehr lange träumen und bei denen sie nur auf den geeigneten Moment warten, in dem aus einem Traum ein konkretes Ziel und dann ein Plan werden könnte. Die andere Sorte von Mensch beschränkt sich – häufig unbewusst – bereits in ihren Träumen. Diese Menschen können manchmal aus Angst oder aufgrund innerer Hürden nicht die innere Freiheit erlangen, sich Dinge einfach wertfrei vorzustellen und auszumalen, die sie glücklich machen könnten. Sie haben einen inneren Zensor, einen Kritiker, der in ihrem Kopfkino alle schönen Stellen rausschneidet. Der Grund ist meist, dass sie die Ängste, die Begrenztheit, die Vorurteile, Normen und Regeln, die sie von klein auf in ihrem sozialen Umfeld erleben mussten, unbewusst zu ihrem eigenen Maßstab gemacht haben. Sie können nichts dafür, denn sie hatten meistens keine Wahl. Als Kinder haben wir noch nicht die innere Stärke, uns jedem Druck von außen zu widersetzen. Aber als Erwachsene können wir das korrigieren. Wir können uns selbst neu erfinden und wieder mehr Freigeist und Freiheit erlangen. Dazu gehört, dass wir wieder lernen zu träumen.

Ich kann nur sagen: Träumen Sie groß! Dream big! Und was groß ist, bestimmen Sie selbst! Lassen Sie sich keine Maßstäbe von außen aufzwingen. Was für den einen ein großer Traum oder ein verwegener Wunsch ist, ist für den anderen das Mindeste, was er vom Leben erwartet. Wenn in Ihrer Familie alle Arbeiter oder Angestellte sind, ist es für Sie vielleicht ein großer Traum, eines Tages selbstständig zu sein. Wenn Sie aus einer Unternehmerfamilie stammen, wird vielleicht sogar von Ihnen erwartet, dass Sie den Betrieb übernehmen oder weitere Firmen gründen. In diesem Fall könnte es Ihr großer Traum sein, Künstler zu werden. Oder Ärztin. Oder Tänzer. Etwas, wofür Ihre Unternehmereltern niemals Verständnis hätten. Lassen Sie die Träume zu, die für Sie große Träume sind. Wenn Ihnen die Vorstellung, dieses oder jenes zu erreichen, zumindest ein bisschen Angst macht, Sie aber gleichzeitig davon fasziniert sind und es Sie einfach nicht loslässt, ist es wahrscheinlich ein großer Traum. Trauen Sie sich, ihn zu träumen! Positive Veränderungen beginnen oft mit einem Traum, der Begeisterung in uns entfacht.

Das Leben ist keine Zielvereinbarung

Wenn Sie wie ich in der Businesswelt als Angestellter, Führungskraft, Mitarbeiter oder auch als Selbstständiger unterwegs sind, werden Sie immer wieder hören und lesen, Ziele seien so ziemlich das Wichtigste im Management. Unternehmen brauchen Ziele, Teams brauchen Ziele und wenn ich in irgendeinem Beruf Karriere machen will, ist es günstig und sinnvoll, wenn ich mich intensiv mit meinen Zielen beschäftige. Den Nutzen und die Bedeutung von Zielen im Businesskontext stelle ich gar nicht infrage. Jedoch: Das Leben selbst ist keine Zielvereinbarung! Wenn ich alles in meinem Leben im Voraus als Ziel formuliert hätte, womöglich noch mit einem konkreten Datum, bis wann ich das Ziel erreicht haben wollte, wäre es schwierig geworden. Ich habe immer nur drei bis fünf Jahre nach vorne geguckt.

Jemand kann alle Ziele erreicht haben und gleichzeitig feststellen, dass das jetzt doch nicht das ist, was ihm ein Lächeln ins Gesicht zaubert. Wenn sich ein großer Traum erfüllt hat, fühlen wir pure Zufriedenheit, auch Glück. Wenn wir ein großes Ziel erreicht haben, kann es aber auch sein, dass wir statt Freude eine innere Leere spüren. Dass wir merken: Eigentlich war der Weg das Ziel. Es stellt sich – trotz erreichtem Ziel – keine Zufriedenheit ein. Vielleicht kennen Sie dieses Gefühl?

Ziele sind eben nicht dasselbe wie Herzenswünsche. Bei vielen Menschen sind Ziele stark von inneren Zensoren oder durch die Erwartungen anderer von außen bestimmt, aber eben nicht von unseren tiefsten Sehnsüchten. Mit Zielen werden in Unternehmen Mitarbeiter geführt, Projekte gemanagt, da geht es um Kennzahlen (Umsatz, Kosten, Marge), es geht um Termine, Meilensteine und Ressourcen. Und dort gehören Ziele auch hin. Als Menschen haben wir privat aber auch Träume, die wir nicht mit einem konkreten Ziel verknüpfen müssen. Wir dürfen einfach nur träumen, uns Dinge vorstellen und den Gedanken genießen, was wäre, wenn …

Mal sind unsere Träume präsenter in unseren Köpfen und mal bleiben sie für Monate oder Jahre im Hintergrund. So wie eine schöne Filmmusik, die wir manchmal gar nicht bewusst wahrnehmen, wenn wir einen Film schauen. So war das auch mit meinem Traum von einem Hund. Immer, wenn ich Hunde sah, fragte ich die Besitzer, ob ich sie streicheln durfte. Selbst als Erwachsene. Irgendwann tat sich ein Fenster auf und die Gelegenheit war da. Jetzt musste ich mutig sein und zugreifen. Ich brauchte einen Plan. Vorher war das nicht möglich und auch nicht nötig.

Ich muss also nicht jedem Wunsch ein Ziel verpassen, was mich stresst und nach Erreichen verlangt. Nein, ein Traum darf jahrelang ein Traum bleiben. Ich kann auch einfach eine Art Vorrat an Wünschen haben: Dinge, die ich noch gerne machen würde, wenn mir das Leben die Chance dazu gibt. Ich nehme mir das vor, aber ich warte geduldig auf den richtigen Zeitpunkt und bin nicht unglücklich, wenn es länger dauert. Ich will zum Beispiel schon lange mal auf die Galapagos-Inseln, aber es stresst mich null, dass ich dazu keinen konkreten Plan habe und es sich im Augenblick auch nicht wirklich anbietet, diese Reise zu anzutreten. Wenn ich aber irgendwo zufällig eine Reisezeitschrift über die Galapagos-Inseln sähe, würde ich sie wahrscheinlich kaufen und mich mit meinem Wunsch wieder ein bisschen mehr beschäftigen.

Überhaupt sind es ja nicht nur die ganz großen Wünsche und Träume, sondern die vielen kleinen Wünsche, die im Alltag die Würze ausmachen. Wenn ich mich selbst gut kenne und weiß, was ich will, dann habe ich ständig Dinge im Kopf, die mir guttun würden, ohne dass ich das unbedingt machen muss. Oder zumindest, ohne dass ich das jeden Tag brauche. Ich schaue einfach, was der Tag so bringt und welche Gelegenheiten sich ergeben, mich selbst ein wenig zu beschenken. Klingt das easy? Leider kenne ich Menschen, denen bereits das verdammt schwerfällt. Da hat zum Beispiel jemand, der im Angestelltenverhältnis arbeitet, am Freitagnachmittag noch einen Termin und der fällt kurzfristig aus. Draußen scheint die Sonne und es sind 28 Grad. Viele Menschen schaffen es dann nicht, einfach Feierabend und den geschenkten Nachmittag zu einem Erlebnis zu machen. Oder sich einfach nur auf die Gartenliege zu legen oder wenigstens ein Eis zu essen. Oder rumzuliegen und nichts zu tun.

Bei Führungskräften, Topmanagern oder Selbstständigen ist es teils noch extremer. Viele dieser Menschen, die ich kenne, würden bei geplatzten Terminen denken: Okay, was kann ich jetzt noch in dieser Zeit schaffen, das ich eigentlich für die nächste Woche geplant hatte? Und wenn sich in der folgenden Woche eine Lücke ergibt, findet sich auch wieder etwas, das scheinbar unbedingt noch erledigt werden muss. Hauptsache immer arbeiten und dabei sich selbst hinten anstellen. Als ich mich selbstständig machte, nahm ich mir eine Sache fest vor: Ich wollte häufig die Freiheit im Kleinen nutzen, die Selbstständigkeit auch bedeuten kann. Ich hatte damals kein konkretes Ziel, wann ich diese Freiheit erreicht haben wollte. Aber inzwischen ist es so weit. Wochen im Voraus markiere ich in meinem Kalender ganze Tage farbig, die ich für mich da sein will und nicht für andere. An diesen Tagen erfülle ich mir kleine Wünsche, fahre spontan mit Cupido in die Natur oder lasse einfach die Seele baumeln.

ZEIT FÜR DEINE WÜNSCHE:
WEISST DU, WAS DU WILLST?

- Wovon haben Sie als Teenager geträumt?
- Welche Wünsche oder Träume haben Sie, die Sie immer wieder einholen, an die Sie in unregelmäßigen Abständen denken müssen?
- Was sind die Barrieren, die bislang verhindert haben, dass Sie sich diese Wünsche oder Träume erfüllt haben?
- Was wollen Sie in Ihrem Leben überhaupt nicht mehr?
- Wenn Sie nur noch ein Jahr zu leben hätten: Was würden Sie auf jeden Fall noch tun?
- Welcher Ihrer Wünsche oder Träume löst in Ihnen Respekt, vielleicht sogar ein wenig Angst aus?
- Wenn Sie sich vorstellen, einen bestimmten Wunsch oder Traum noch in diesem Jahr zu realisieren, welchen Effekt hätte das auf Ihr Leben? Welche Gefühle kommen auf bei diesem Gedanken, welche Energie fühlen Sie?

3

ZEIT FÜR EIN NEIN:
WEISS ICH,
WAS ICH NICHT WILL?

Erst wenn ich mich gegenüber den Erwartungen anderer abgrenzen kann, werde ich frei. Ja-Sager führen kein selbstbestimmtes Leben. Niemand kann es allen recht machen. Doch vielen Menschen fällt es schwer, Nein zu sagen. Dazu braucht es innere Klarheit sowie den Mut, auch mal anzuecken und andere zu enttäuschen.

Mehr, mehr, mehr.
Mehr Mitarbeiter.
Mehr Budget.
Mehr Gehalt auch, na klar.

Die Karotte baumelt vor meiner Nase und sieht prall, saftig und vitaminreich aus.

Ich bin Mitte 30 und sitze mit dem Leiter der Personalentwicklung meines Arbeitgebers bei einem sogenannten Vorgespräch für die weitere Karriereplanung.

Der Personalentwickler ist ein umgänglicher, angenehmer Gesprächspartner, ich mag ihn. Mit so einem kann man offen reden. Was meine Persönlichkeit und bisherigen Leistungen im Konzern angeht, spiegelt er mir viel Wertschätzung. Ich spüre, dass er mir noch viel mehr zutraut. Das macht es mir aber andererseits nicht gerade leicht, sein Angebot kritisch zu hinterfragen. Will ich wirklich noch mehr Karriere und noch weiter aufsteigen?

Auf meinen damaligen Arbeitgeber lasse ich nichts kommen: ein Global Player aus Ostwestfalen mit einem spitzenmäßigen Image und einer tollen Unternehmenskultur. Seit dreieinhalb Jahren bin ich Leiterin des internationalen Key-Account-Managements im B2B-Bereich. Mein Metier sind professionelle Waschmaschinen und Trockner für den gewerblichen Einsatz sowie Reinigungs- und Desinfektionsgeräte für den medizinischen Bereich. Hier geht es nicht um die Tante, die alle Waschmaschinen kannte, sondern um langfristige Investitionsgüter. Zudem verantworte ich noch einen Teil des Eigenmarkengeschäfts und betreue einen Großkunden in Hamburg.

Mein Job macht mir riesig Spaß. Ich mag es, mit unseren internationalen Vertriebsgesellschaften Strategien zu entwickeln, wie wir weiter den Markt und damit Großkunden bearbeiten. Dafür fliege ich häufig innerhalb Europas zu Gesprächen oder Kundenbesuchen.

Vor kurzem hat mir mein Chef mitgeteilt, dass er glaubt, ich könne noch mehr Verantwortung übernehmen als nur das Key Account Management. Er hat mich auf die Liste der „High Potentials" gesetzt. High Potentials sind Mitarbeiter, denen das Management Führungs- oder Expertenpositionen zutraut. Die meisten Nachwuchstalente in einer Firma würden gerne auf dieser Liste erscheinen. Seine High Potentials möchte ein Unternehmen unbedingt halten, was aus meiner heutigen Sicht als Führungskräftetrainerin wichtig und clever ist, da es nicht so viele davon gibt. So werden High Potentials zunächst von ihrer Führungskraft als solche erkannt, um sie dann mit einer entsprechenden Karriereplanung oder Personalentwicklungsmaßnahme für den nächsten Schritt fit zu machen. Begleitet wird dies durch Personalentwicklungsgespräche, die die Führungskraft mit der Personalentwicklungsabteilung initiiert.

Mein Chef hat schon eine konkrete Vorstellung von meinem nächsten Karriereschritt. Als er in unserem Gespräch merkte, dass ich – entgegen seiner Erwartung – keine Luftsprünge machte, war er ziemlich überrascht. Deshalb schlug er vor, dass ich auf jeden Fall nochmal ein Gespräch mit dem Leiter der Personalentwicklung führen sollte.

Jetzt sitze ich hier und weiß genau: Als High Potential sagst du eigentlich nicht Nein, wenn sie dich auf der nächsten Stufe der Karriereleiter sehen. Da musst du schon gewichtige Gründe haben. Aber selbst dann kann es sein, dass du nach einem Nein nie mehr gefragt wirst. Schließlich ist es eine Ehre, dass sie dir so viel zutrauen.

Dem verweigert man sich nicht.

Die glauben an dich.

Andere würden dich darum beneiden, dass du hier sitzen darfst.

Der Personalentwickler reflektiert mit mir erst einmal meinen bisherigen beruflichen Lebensweg, meine Zeit im Unternehmen, meine Stärken und meine Entwicklungsfelder. Er gibt mir das Gefühl, alle Zeit der Welt für mich zu haben.

„Frau Piechowiak", holt er schließlich aus, „Sie wissen ja, dass wir uns für Sie mehr Verantwortung vorstellen können. Das ist wirklich eine sehr spannende Position, die wir für Sie im Auge haben. Sie würden noch mehr Gesamt- und Umsatzverantwortung bekommen als in Ihrer jetzigen Position."

Ich schaue freundlich, sage aber nichts. Ich höre zu.

„Selbstverständlich werden Sie auch mehr Mitarbeiter als heute haben", fährt der Personalentwickler fort. Seine Tonlage erinnert jetzt irgendwie an die Moderatoren von Homeshopping-Kanälen: eine ruhige, angenehme Stimme.

Ich sage immer noch nichts, nicke auch nicht, höre aber zu. Vor meinem inneren Auge setzt ein irrwitziger Film ein: Ich sehe mich in diversen Meetings Zahlen präsentieren, Mails ploppen im Sekundentakt in meinem Posteingang auf. Ich sehe eine so lange Liste mit verpassten Anrufen auf meinem Handy, dass ich scrollen muss. Ich sehe mich im Flieger auf meinen Sitz hechten, meinen Laptop rausholen und auf der Tastatur rumhacken, während andere es sich erst einmal gemütlich machen.

„Natürlich hätte die neue Funktion noch weitere reizvolle Aspekte", sagt der Personalentwickler und klingt, als käme der Homeshopping-Moderator jetzt zum Knaller-Angebot des Tages. „Es gibt diese Position nicht häufig zu besetzen."

Der Film in meinem Kopf geht weiter: Ich sehe mich mit meinem Freund tele-
fonieren, höre mich sagen, dass am nächsten Wochenende – wieder mal – keine Zeit
für Zweisamkeit ist. Ich sehe mich einen Urlaub in letzter Minute stornieren, weil
ich dringend nach Asien muss. Ich sehe mich an einem lauen Sommerabend so lange
im Büro sitzen, bis es draußen stockdunkel ist. All diese Bilder stehen glasklar vor
meinem inneren Auge. Denn ich kenne den Job als Führungskraft aus meiner vorhe-
rigen Tätigkeit. OK, es war nicht der Flug nach Asien, aber es waren viele Abende, an
denen ich mit dem Werkschutz oder der polnischen Putzfrau kurze Gespräche führte,
weil sonst keiner mehr da war.

In meinem Kopf bildet sich nur ein einziger Gedanke: Nein. Ich will das nicht.

Ich setze mich ganz aufrecht hin und atme tief ein. Dann sage ich: „Ganz ehrlich,
ich finde es schön, dass Sie mir zutrauen, so eine Position in Zukunft zu bekleiden.
Das habe ich meinem Vorgesetzten auch schon gesagt. Darüber freue ich mich wirk-
lich sehr. Mich reizt es nur leider nicht, noch mehr Mitarbeiter zu haben, noch mehr
Verantwortung zu übernehmen, noch mehr zu reisen und noch mehr zu verdienen.
Ich möchte diesen Schritt nicht machen. Trotzdem vielen Dank für das Angebot.“

Gegen alle Erwartungen

Wenn es hart auf hart kommt und ich nur die Wahl habe, den Erwartungen anderer gerecht zu werden oder zu tun, was mir selbst guttut, dann wähle ich mich selbst. Denn mein wichtigster Auftrag im Leben ist, jederzeit gut für mich selbst zu sorgen. Ich möchte frei sein und mir selbst treu bleiben. Bei der Karriereplanung wird das besonders deutlich. Nur wenige gehen von Anfang an unbeirrt ihren eigenen Weg, durch alle Höhen und Tiefen. Die meisten Menschen sind zunächst mehr oder weniger von Erwartungen anderer geprägt. Sie schlagen häufig einen Weg ein, weil irgendjemand es für sie als richtig befand oder sie aufgrund eines inneren Normenwerks meinen, das zu wollen.

Da ist zum einen die Gesellschaft, in der immer noch gilt: Mehr ist mehr. Mehr Geld, mehr Ansehen, mehr zu sagen haben – das wollen fast alle, auch wenn es einige nicht zugeben. Da sind dann aber auch die Eltern, der Partner oder die Vorgesetzten. Sie alle haben so ihre Vorstellungen, wie es mit einem beruflich weitergehen sollte, wo sie einen gerne sehen würden und wo nicht. Gerade mit den Eltern ist es oft nicht leicht, über seine eigenen beruflichen Vorstellungen zu sprechen. Viele Eltern haben hohe Erwartungen an ihre Kinder, vielleicht auch, weil sie selbst in ihrem Leben nicht alles erreicht haben, was sie sich gewünscht hätten. Die zentrale Frage ist: Kann ich mich von all diesen Erwartungen lösen? Kann ich Nein sagen ohne Furcht, jemanden zu enttäuschen? Nein sagen ohne Angst, Anerkennung zu verlieren und auf mich selbst zurückgeworfen zu sein?

Mir wurde mit Mitte 30 von meinem damaligen Arbeitgeber im Prinzip der rote Teppich ausgerollt, von einem Unternehmen, das nach wie vor zu Recht als Vorzeigeunternehmen gilt und dessen Personalentwicklung über jeden Zweifel erhaben ist. Ich wollte aber nicht über den roten Teppich laufen. Ich habe Nein gesagt. Es war meine Entscheidung und sicher gegen die Vorstellung meines Vorgesetzten und der Personalentwicklung, die mich schon als künftige Topführungskraft sahen. Der Status als „High Potential" bedeutete, dass mir sämtliche Türen offenstanden. Und ist es nicht das, was alle in einer vergleichbaren Situation wollen? Auserwählt sein für den nächsten Schritt, mehr Mitarbeiter haben und mehr Budget, mehr verdienen und noch mehr Chef sein?

Ich bin überhaupt nicht gegen Karrieren, gegen Beförderungen oder dagegen, für hohe Leistung gutes Geld zu verdienen. Und natürlich kann es sein, dass das Topmanagement für jemanden genau der richtige Weg ist. Und auch der selbst gewählte Weg. Sicher gibt es Menschen, die als Führungskräfte ganz nach oben müssen, um ihr volles Potenzial zu entfalten. Aber dann sollte es eine reflektierte Entscheidung für genau diesen Karriereweg sein und nicht ein „Aus-Versehen-nach-oben-Plumpsen" oder „Weil-mein-Chef-mich-da-gesehen-hat-Hochfallen". Als Coach begegne ich heute vielen Menschen, die ihre eigene Mitte, ihre Wünsche und vor allem ihr wahres Selbst nicht kennen und im Außen nach etwas suchen, das sich noch besser anhört, noch toller anfühlt und noch mehr Anerkennung verspricht. Wenn ich mir die Karrieren dieser Menschen genauer anschaue, würde ich die Vermutung wagen, dass dies nicht immer der Herzensweg dieser Menschen ist.

Ich wusste mit Mitte 30, dass zumindest für mich eine Karriere bis hinauf ins Topmanagement nicht das Richtige war. Ich fand es zwar wertschätzend, auf dieser High-Potential-Liste zu stehen, aber das vernebelte mir nicht den Blick auf das, was mir in meinem Leben wirklich guttat. Ich wollte nicht ins Hamsterrad steigen, sondern meinen Job immer mit Begeisterung tun und mein Bestes geben. Dazu gehörte, genügend Zeit für mich zu haben, um zwischendurch aufzutanken und frei zu sein für neue Interessen. So führte mich mein Weg in die Selbstständigkeit. Doch warum gerade Trainerin und Coach?

Seit ich mit Ende 20 als junge Führungskraft zum ersten Mal mit einem Coach gearbeitet habe, war ich fasziniert vom Thema Coaching. Als ich da so als Coachee saß und die tollen Fragen meines Coaches beantwortete, dachte ich: „So ein Job würde mir auch gefallen." Ein paar Jahre später startete ich aus Neugier eine einjährige Coaching-Ausbildung, die an den Wochenenden stattfand und die ich selbst finanzierte. Meine Leidenschaft für die Arbeit mit Menschen und für psychologische Themen war geweckt. Diese bestimmte von nun an meine Freizeit, die angesichts meiner vielen Dienstreisen nicht eben üppig war. Viele weitere Ausbildungen folgten in den nächsten Jahren. Zunächst konnte ich meine neu erworbenen Fähigkeiten bei meinem Arbeitgeber einbringen, doch stand für mich irgendwann die Frage im Raum, ob ich mich selbstständig machen will. Sich allein als Coach selbstständig zu machen, funktioniert allerdings nicht. Das weiß jeder in der Branche, und das lernte ich auch sehr schnell. Der Einstieg in den Markt läuft erst mal über Trainings. Nebenbei kann man dann auch Coaching anbieten und sich hierfür einen Ruf erarbeiten.

Es wissen und es auch sagen

So ging meine Karriere also nicht weiter, obwohl andere sich diesen Weg vielleicht für mich gewünscht hatten. Sich gegen die Wünsche oder Erwartungen anderer zu stellen und Nein zu sagen, braucht jedoch immer eine Portion Mut. Das hat erst einmal schlicht damit zu tun, dass wir Menschen „Rudelwesen" und auf Gemeinschaft und sozialen Kontakt gepolt sind. Wir sind keine Einzelgänger, die gut alleine leben. Wir brauchen das Gefühl von Zugehörigkeit zu einer Gruppe und deren Zustimmung. Je näher uns andere Menschen stehen, desto mehr wünschen wir uns unbewusst und bewusst, dass diese uns mögen, uns als zu sich gehörig annehmen und einverstanden sind mit dem, was wir tun. Mit anderen auf einer Wellenlänge zu sein, aktiviert das Belohnungszentrum in unserem Gehirn. Umgekehrt nehmen wir häufig ein gewisses Unbehagen bei uns selbst und anderen wahr, wenn wir uns abgrenzen und gegen andere stellen. Es fällt uns grundsätzlich leichter, Ja zu sagen als Nein. Okay, wenn Sie plötzlich jemand mit einem Messer bedroht, schreien Sie vielleicht ganz automatisch „Neiiin!". Aber in den meisten Situationen müssen wir erst innerlich einen Schalter umlegen, um uns dem entgegenzustellen, was andere mit uns vorhaben.

Nicht immer geht es beim Neinsagen um die ganz großen Lebensentscheidungen, wie die Kündigung eines Jobs, der uns nicht mehr gefällt oder krank macht, oder um die Trennung von einem Partner. Mit vielen Kleinigkeiten fängt es an. Etwa, wenn der Chef am Freitagnachmittag mit seiner neuesten Idee zu Ihnen kommt und Sie fragt, ob er sich darüber mit Ihnen kurz vor Feierabend, wenn Ruhe ist, nochmal austauschen könnte. Sie haben jedoch den Freitagabend Ihrer Familie versprochen. Oder Ihr Partner fragt: „Kannst du nicht für mich dort anrufen, du kannst so was viel besser?" In Wirklichkeit haben Sie erstens keine Lust dazu und ahnen zweitens, dass Ihr Partner nur zu bequem ist, ein schwieriges Telefonat zu führen. Schon bei diesen

Kleinigkeiten geht uns ein „Ja, okay" oder „Na, gut" meist leichter über die Lippen als ein freundliches, aber bestimmtes Nein.

Je mehr Konventionen, soziale Erwartungen und berufliche Hierarchien ins Spiel kommen, desto schwieriger wird es oftmals mit dem Neinsagen. In traditionellen Gesellschaften und bei manchen Nationalitäten ist Widerspruch überhaupt nicht vorgesehen. Die Kinder haben den Eltern zu gehorchen, die Frauen den Männern und alle miteinander den politischen oder religiösen Autoritäten, deren Meinungen Gesetz sind. Doch wer meint, in unserer freiheitlichen Gesellschaft gäbe es keine Zwänge und keinen sozialen Erwartungsdruck mehr, der irrt sich. Der Druck ist vielfach nur subtiler geworden. Es droht vielleicht keine Strafe mehr für Aufsässigkeit, aber es droht das schlechte Gewissen, wenn wir jemanden enttäuschen. So nach dem Muster: Wie konntest du mir das antun? Außerdem gibt es auch den Erwartungsdruck innerhalb von Gruppen aus Gleichgesinnten. Da guckt der eine Business-Unit-Leiter zum anderen und fragt sich, was der wohl jetzt verdient. Eigentlich müsste er doch schon längst dasselbe Gehalt haben wie sein Kollege. Oder das Lästern, über jemanden Herziehen in Führungsetagen. Wer traut sich da schon zu sagen: „Nein, ich beteilige mich nicht mehr länger an dieser Lästerstunde!" Abgesehen davon ist es eh keine schöne Grundhaltung, ständig andere schlechtreden zu müssen, um sich selbst besser zu fühlen. Aber dazu mehr im Kapitel Selbstwertschätzung.

Egal, ob es um große oder kleine Entscheidungen zum Nein geht – am Ende sind es immer zwei Stufen, auf die es ankommt: Ich brauche zum einen Bewusstheit über mein inneres Nein und ich brauche das Aussprechen, die klare Ansage des Neins gegenüber dem Gesprächspartner. Im ersten Step muss ich mir bewusstmachen, dass ich mich abgrenzen möchte, um bei mir zu bleiben. Ich muss die Erwartungen anderer als solche erkennen und für mich eine Grenze ziehen: Bis hierher bin ich für andere da, und zwar gerne, aber nicht darüber hinaus. Ab diesem Punkt geht es mir an die emotionale, mentale oder körperliche Substanz und das lasse ich nicht zu. Im zweiten Step muss ich meinen Gedanken Taten folgen lassen. Nicht Jein sagen, sondern Nein. Für mich selbst einstehen. Das ist der schwierigere Teil, weil dabei unsere Ängste ganz gerne zur Tür hereinmarschieren wie ungebetene Gäste. Und wenn Angst im Spiel ist, fällt es vielen Menschen schwer, das Nein klar zu kommunizieren. Wer kennt sie nicht, die lieben Kollegen, die abends beim Chillen ablästern, welchen Müll ihr Chef heute wieder geredet habe. Im Meeting oder im Einzelgespräch hatte sich aber keiner getraut, dem Chef zu widersprechen oder ihm mal ein Feedback zu geben. Erst nach dem zweiten Bier haben alle viel dazu zu sagen. Doch wer keinen Mut hat, Nein zu sagen, der hat auch kein Recht, hinterher zu nörgeln. Dabei ist eines völlig klar: Im Job ist Neinsagen immer ein Drahtseilakt. In der beruflichen Rolle kann ich nicht immer nur das tun, was ich will. Ich muss manchmal Dinge tun, die zu meinem Job gehören, wenn ich diese Rolle ernst nehme. Trotzdem schließt die berufliche Rolle nicht aus, Grenzen zu setzen. Oft hilft nur ausprobieren. Tasten Sie sich vor und loten Sie Ihre Grenze aus. Wie Sie das schaffen, werden Sie im weiteren Verlauf dieses Buches erfahren.

Ich lass mich nicht unter Druck setzen

Neulich an der Supermarktkasse. Vielleicht kennen Sie eine ähnliche Situation. Ich habe gerade bezahlt und das Wechselgeld eingesteckt. Meine Einkäufe liegen noch zum größten Teil um meine Einkaufstasche verstreut.

Aus einer ellenlangen Schlange vor der Kassiererin starren mich Augenpaare bohrend an. Sämtliche Hirne hinter den Augenpaaren scheinen dasselbe zu denken: Kann die nicht schneller einpacken?

Es ist eine dieser neuen Kassen, Marke „Platz gespart". Kennen Sie die?

Da läuft erst ein langes Kassenband bis zum Scanner, auf das die Kunden ihre Einkäufe legen. Schön säuberlich mit Warentrennern abgeteilt, die aussehen wie eine Tafel Toblerone.

Hinter dem Scanner kommt dann noch mal ein zweites, kürzeres Kassenband. Das befördert die bezahlten Einkäufe am Ende in eine Vertiefung aus Edelstahl, die an das Innere einer Schubkarre erinnert. Hier soll man seine Einkäufe einpacken – und zwar dalli.

Denn der nächste Kunde ist schon dran, und auch seine Einkäufe befördert das zweite Band schnurstracks in die metallische Vertiefung am Ende der Kasse. Wenn man noch nicht fertig ist mit Einpacken, mischen sich die Einkäufe des nächsten Kunden lustig unter die eigenen. Die Toblerone-Dinger sind als Abtrennung der Eigen- und Fremdeinkäufe nur für das erste, längere Kassenband vorgesehen.

Es gibt selten Platz am Ende der Kasse, so dass zwei Kunden nebeneinander einpacken könnten, wie früher bei den alten Kassen. Wenn ich als Kundin nach dem Bezahlen also nicht schnell genug einpacke, verursache ich entweder Stau oder Chaos. Oder beides.

Hinzu kommt, dass ich hinten an dem Schubkarren-Teil zu weit weg von der Kassiererin stehe, um beim Einpacken zwischendurch bezahlen zu können. Ich renne also meinen ersten Einkäufen hinterher, die das Band in die Metallkule befördert (Flaschen übrigens laut klirrend, ein Wunder, dass die Kronkorken draufbleiben) und fange schon mal an mit dem Einpacken.

Wenn die Kassiererin dann sagt, was sie an Geld bekommt, unterbreche ich das Einpacken, lasse meine Einkaufstasche hinten stehen und gehe zurück zu ihr, um zu zahlen.

„Haben Sie eine Kundenkarte?"

Nach der Kundenkarte, sofern vorhanden, kann ich jetzt auch noch suchen. Währenddessen läuft das zweite Band die ganze Zeit weiter. Längst hat es alle meine Einkäufe am Ende zu einem wilden Haufen zusammengestaucht, alles liegt drunter und drüber. Aber das Band läuft und läuft und läuft, so als wollte es jetzt noch versuchen, meine Einkäufe zu einem handlichen Paket zusammenzupressen.

Neulich habe ich eine Kassiererin gefragt, ob sie dieses zweite Band nicht einfach für mich anhalten könne. Denn das wäre ja die Lösung. Ich könnte meine Einkaufstasche auf das Band stellen und sofort einpacken, was die Kassiererin gerade gescannt hat. Zwischendurch könnte ich bezahlen, weil ich ja so nicht drei Meter von der Kassiererin entfernt stehe.

Sie ahnen, was die Kassiererin geantwortet hat.

„Das Band können wir nicht anhalten, das läuft automatisch."

Also liegen meine Einkäufe jetzt hinten auf einem Haufen und ich versuche, alles zu entwirren und einzupacken.

Dabei starren mich die Leute in der Schlange an.

Weil ihnen das zu lange dauert.

Weil ich mich nicht genug beeile.

Weil ich mich nicht in Luft auflösen kann.

Weil ich noch die Frechheit besessen habe, passendes Kleingeld in aller Ruhe aus meinem viel zu kleinen Portemonnaie herauszufummeln.

Lasse ich mich jetzt unter Druck setzen? Nein, lasse ich mich nicht. Ich lasse mich grundsätzlich nicht unter Druck setzen. Ich bin schließlich kein Autoreifen.

Aber ich spüre sehr wohl, was hier abgeht. Ich soll mich verantwortlich dafür fühlen, dass es nicht schneller weitergeht.

Doch liegt das wirklich an mir? Nein, es liegt an dieser bescheuerten Fehlkonstruktion von Kasse. Und deshalb packe ich jetzt in Ruhe ein, egal wie die Leute gucken. Das ist mein Nein beim Einpack- und Bezahl-Erwartungsdruck von Mitmenschen.

Die vielen Formen des Neins

Ein Nein muss nicht immer wörtlich ausgesprochen werden. Es gibt viele Formen des Neins. Überall dort, wo ich mich von Erwartungen anderer innerlich abgrenze, sage ich innerlich Nein und verhalte mich entsprechend. Ich nehme mir das Recht, mein Ding zu machen und lasse mich nicht beirren. Sei es, dass ich an der Supermarktkasse in Ruhe einpacke, obwohl andere mir mit Blicken, durch lautes Stöhnen oder mit Kommentaren signalisieren, dass es ihnen nicht schnell genug geht. Sei es, dass ich in Ruhe nach einer freien Parklücke suche, obwohl der Hintermann schon anfängt zu hupen. Oder sei es, dass ich eine langweilige Geburtstagsparty verlasse, obwohl alle anderen aus Höflichkeit ausharren.

In anderen Situationen ist verbaler Widerspruch eine Form des Neins. Da ist jemand vielleicht in seinem Unternehmen der größte Experte auf seinem Gebiet, aber eher introvertiert. Sein Kollege hat weniger Ahnung, ist aber extrovertiert und textet in einem Meeting alle zu. Hat der Experte jetzt den Mut, zu widersprechen und die Dinge zurechtzurücken? Das kostet Überwindung. Aber wenn der Experte nichts sagt und seinen Frust runterschluckt, wird er sich hinterher vielleicht schlecht fühlen. In manchen Unternehmen habe ich den Eindruck, dass viele Führungskräfte ihren Chefs als Jasager und Abnicker gegenübertreten. Ich finde es erschreckend, wie wenige Mitarbeiter ihren Chefs widersprechen oder mal ein Feedback geben mögen.

In vielen Fällen heißt die angemessene Form des Nein aber auch einfach Nein: Nein, das möchte ich jetzt nicht. Nein, das schaffe ich leider nicht mehr. Nein, das geht nicht bis morgen, dafür brauche ich länger. Auch bei Selbstständigen erlebe ich einen hohen Widerwillen, auch nur einen einzigen Auftrag abzulehnen. Da wird auch dann noch zugesagt, wenn schon alle Abende und Wochenenden verplant sind. Als ob das Schicksal ihnen nie wieder einen Auftrag bescheren würde, wenn sie nur einmal Nein sagen. Purer Aberglaube. Es gibt ein Leben nach dem Nein. Wenn die eine Tür sich schließt, öffnet sich die nächste. Ich muss nur die Augen offenhalten. Worauf es vor dem Neinsagen wirklich ankommt, ist, die möglichen Konsequenzen für sich abzuschätzen und damit umzugehen. Kann ich damit leben, dass ich auch mal böse Blicke ernte? Dass ich mal nicht Chefs Liebling bin? Oder dass ich mir einen neuen Auftrag suchen muss, wenn ich einen anderen mal nicht schaffe? Sofern ich es mir selbst wert bin und mir meine Freiheit wichtig ist, geht das.

Aber Achtung: Neinsagen ist nicht unter allen Umständen ein Zeichen innerer Stärke. Es kommt auf die positive Grundhaltung dabei an. Notorische Verweigerer und Querulanten meine ich hier nicht. Und auch ein Panik-Nein von Menschen, die sich ständig überfordert fühlen, hat nichts mit Selbstbestimmung und innerer Freiheit zum Neinsagen zu tun. Kennen Sie auch solche Menschen, die permanent stöhnen und jammern und sofort die Mundwinkel nach unten ziehen, wenn man sie einmal um etwas bittet? Solche „Psycho-Spielchen" – wie sie umgangssprachlich auch genannt werden – kommen aus dem „angepassten inneren Kind", das sich schlecht fühlt, seine schlechten Gefühle aber nicht angemessen äußern kann und deshalb seine Mitmenschen in kleine Dramen verstrickt. Oft steckt ein heimliches Bedürfnis nach Beachtung oder ein Wunsch nach Zuwendung dahinter. Das Psychospiel „ständig überlastet", wie es die Transaktionsanalyse nennt, ist ein Spielchen aus der Opferrolle heraus: „Nein, jetzt nicht auch das noch! Seht ihr denn nicht, wie viel ich schon am Hals habe? Es bleibt ja auch alles immer an mir hängen! Keiner hilft mir mal!" Dass sowas nur ein Spielchen ist, merken Sie unter anderem daran, dass der Betreffende ernst gemeinte Unterstützungsangebote häufig zurückweist. Er will oftmals gar keine Hilfe, sondern Aufmerksamkeit. Aber das nur am Rande.

Einen anderen Typen von Neinsager nenne ich gerne die „Axt im Wald". Dieser Charakter handelt ohne Rücksicht auf Verluste. Er glaubt zwar zu wissen, was er für sich will, aber er sieht die anderen Menschen nicht. Er ist rücksichtslos und verletzend. So wird Neinsagen zu einer Haltung, die eine Schneise der Verwüstung hinterlässt. Und in diesem Extrem hat das dann für mich nichts mehr mit einem selbstbestimmten Leben zu tun. Zum Neinsagen gehört auch die wertschätzende Grundhaltung und Achtung vor anderen Menschen. Wir sind nicht allein auf der Welt. Wir sind soziale Wesen und brauchen andere Menschen. Menschen, die mit ihrer inneren Mitte verbunden sind, können Rücksichtslosigkeit gegenüber anderen und berechtigte Sorge für sich selbst gut auseinanderhalten.

Warum traut sich denn keiner?

Es gibt Menschen, die haben nicht nur Angst davor, Nein zu sagen, sondern überhaupt ihre Stimme zu erheben, für sich selbst einzustehen oder einen eigenen Standpunkt zu vertreten. Man kann es in der Businesswelt weit bringen, wenn man sich dem System stets anpasst, seinen Chefs nach dem Mund redet, fleißig seine Arbeit erledigt, nie irgendetwas ablehnt, was andere von einem wollen und keine Grenzen setzt. Bloß könnte an solchen Menschen irgendwann eine große Unzufriedenheit oder innere Belastung nagen. Sie fühlen sich vielleicht wie innerlich ausgehöhlt. Der Punkt ist, dass sie nie ihre Angst durchschritten haben. Sie scheinen zu glauben, ihr Leben hänge davon ab, dass sie immer mit allem einverstanden sind. Und je länger und häufiger diese Menschen in der Anpassung leben, desto anstrengender wird es für sie selbst. Denn der innere Frust oder die Überforderung, die sich dann breitmachen können, kämpfen gegen das Außen, die Anpassung an. Der Weg zur positiven Veränderung führt für diese Menschen immer durch Konfrontation mit ihrer Angst.

Besonders zwei Ängste spielen hierbei eine große Rolle: die Leistungsangst und die soziale Angst, also die Angst vor Ausgrenzung oder davor, nicht dazuzugehören. Dass es eine Urangst des Menschen ist, aus einer Gruppe ausgeschlossen zu werden, habe ich bereits erwähnt. Menschen können schon große Angst davor haben, in einer

Gruppe am Rand zu stehen, nicht (mehr) zum „inneren Zirkel" zu gehören, nicht alle Informationen zu bekommen oder im Extremfall von anderen ungerecht behandelt zu werden. Sowohl die Erwartungsangst als auch die soziale Angst führen unter Umständen zu einem übertrieben angepassten Verhalten. Menschen mit solchen Ängsten tun oft komische Dinge oder sie agieren eben gar nicht. Zum Beispiel verhalten sie sich in heiklen Situationen so, als hätten sie nichts gehört oder nichts bemerkt, obwohl sie eigentlich widersprechen müssten, um eine innere und äußere Klärung herbeizuführen.

Bei ängstlichen Menschen meldet sich schnell die kritische innere Stimme und parallel springt das Kopfkino an. Sie malen sich aus, was alles Schlimmes passieren könnte, wenn sie jetzt Nein sagen, um damit ihre Grenze zu setzen. Wer unter bestimmten Ängsten leidet, der braucht dringend positive Erfahrungen. Denn es ist ja so: Fast alles, was wir befürchten, tritt niemals ein. Im Rahmen eines Coachings gibt es die Möglichkeit, mit eigenen Ängsten anders umgehen zu lernen oder sie sogar aufzulösen. Es kann aber auch jeder selbst etwas dafür tun, um Ängste abzubauen, also mehr Selbstsicherheit zu erlangen. Eine Möglichkeit ist, sich zu erinnern und zu vergegenwärtigen, wie oft man schon mit Erfolg Nein gesagt oder Grenzen gesetzt hat im Leben. Und danach zu prüfen, wie die erinnerte Situation ausgegangen ist, was tatsächlich passiert ist, nachdem man Nein gesagt oder Grenzen gezogen hatte. An je mehr positive Erfahrungen man sich erinnert, desto hilfreicher ist es für die Selbstentwicklung. Es kann auch nützlich sein, diese einmal aufzuschreiben.

In einem weiteren Schritt können sich alle an schwierige Situationen herantasten und üben, Nein zu sagen, zu widersprechen oder sich nicht unter Druck setzen zu lassen. Der Tipp ist, nicht gleich beim Chef oder beim Partner anzufangen, sondern es eher bei einem fremden Menschen zu üben. Nehmen wir mal eine Situation, die bei vielen Menschen unangenehme Gefühle auslöst:

TIPP

Ein Bettler bittet Sie aufdringlich um Geld. Er sitzt also nicht mit seinem Hut an der Mauer, sondern stellt sich Ihnen in den Weg oder spricht Sie von der Seite an, während Sie vorbeilaufen. Viele schauen da einfach weg, tun so, als hätten sie nichts gehört und gehen weiter. Nutzen Sie solche Situationen und üben Sie! Fragen Sie sich zuerst: Will ich dem Bettler etwas geben oder nicht? Was sagt mein Herz? Wenn ja, dann geben Sie etwas. Wenn nein, schauen Sie den Bettler an und sagen Sie ihm wertschätzend zum Beispiel: „Nein, ich möchte jetzt nichts geben. Vielleicht beim nächsten Mal."

Nach solch einem klaren Nein haben Sie vielleicht eine positive Erfahrung gemacht.

Der Bullshit-Filter

Kennen Sie das? Sie sitzen irgendwo und bekommen zufällig ein Gespräch mit. Obwohl Sie eigentlich gar nicht hinhören wollen, können Sie auch nicht weghören.

Mir ging das neulich so, als ich in Hamburg beim Italiener saß und beim Essen noch kreativ arbeiten wollte. Im Büro am Schreibtisch gelingt mir kreative Arbeit nicht so gut, daher wechsle ich dafür auch schon mal die Umgebung. Am Nebentisch saß ein Pärchen, das sich mittlerweile eine Stunde lang über einen Bewegungsmelder unterhielt, den sie demnächst vor ihrem Haus installieren wollten. Welches Licht wo angehen soll, wann der Bewegungsmelder anspringt, wie empfindlich man so ein Teil einstellen muss, wie man verhindert, dass es von Tieren ausgelöst wird, wie man die Kabel am besten verlegt – das alles diskutierten die beiden lang und breit. Fehlen durfte auch nicht ein ausführlicher Erfahrungsbericht der Frau, welche Abenteuer deren Eltern in ihrer Villa mit Bewegungsmeldern schon erlebt hatten. Obwohl mich das alles nicht die Bohne interessierte, schaffte ich es einfach nicht, wegzuhören. Immer wieder war ich mit einem Ohr bei diesem Paar, das da gerade über die wirklich wichtigen Dinge im Leben sprach. Ich konnte mich schließlich nur noch dadurch retten, dass ich die EarPods meines Smartphones hervorholte, sie mir in die Ohren schob und Musik hörte. Immer noch besser, Musik lenkt mich weniger von meiner Arbeit ab als ein Gespräch über Bewegungsmelder!

Dieses Erlebnis hat mich wieder einmal daran erinnert, wie wichtig es ist, selbst zu entscheiden, was wir als Input in unseren Kopf lassen und was nicht. Für mich ist auch das eine Form des Neinsagens: Nein, damit beschäftige ich mich jetzt nicht. Da höre ich jetzt nicht zu. Davon lasse ich mich nicht berieseln. Bullshit-Filter on.

Wir können doch auch sonst alles filtern. Bei der Suche im Web begrenzen wir uns durch sogenannte Einstellungsfilter auf die Informationen, die für uns relevant sind. Warum also ist ein inneres Nein für manche so schwierig? Die Antwort lautet wie so oft: Weil wir nun mal Menschen sind. Menschen sind neugierige Wesen. Unser Gehirn ist seit Jahrtausenden so gepolt, dass es Neues und möglicherweise Interessantes aufsaugt wie ein Schwamm. Dass wir irgendwann einmal in einer Mediengesellschaft leben würden, in der wir ständig aus allen Kanälen mit Informationen überhäuft werden, konnte die Evolution leider nicht ahnen. Also müssen Sie sich selbst einen Ruck geben und sich gegen äußere Reize abgrenzen. Auch das ist für mich Selbstbestimmung. Wir können unseren Bullshit-Filter aktivieren und beim Input von außen öfter mal innerlich Nein sagen. Das betrifft sowohl persönliche Gespräche als auch den Umgang mit Medien.

Wenn mir jemand zum Beispiel die Ohren volljammert und aus seiner negativen Schleife gar nicht mehr rauskommt, kann ich zum Beispiel sagen: „Stopp, sorry, mir reicht das jetzt, mit dem Thema möchte ich mich nicht länger befassen." Natürlich sollte ich dieses Feedback empathisch und wertschätzend geben. Trotzdem hat niemand das Recht, seine negativen Gedanken – ohne Erlaubnis – bei mir abzuladen wie auf einer Müllkippe. Da darf ich mich abgrenzen. Auch negativen Input aus den Medien muss ich nicht unbegrenzt aufnehmen. Ich zum Beispiel besitze keinen Fernseher. Die ganzen Serien und Sendungen interessieren mich nicht und zur Entspannung brauche ich mich nicht von irgendwelchen Krimis berieseln zu lassen. Es ist meine Entscheidung, dass ich das alles draußen lasse. Genau wie ich auch nicht Stunden am Stück auf Facebook verbringe. Ich frage mich bei allen diesen Medien lieber, ob ich das wirklich brauche und will. Ich muss nicht alles mitmachen und überall dabei sein. Ich kann auch Nein sagen oder diese Medien in dem Maße nutzen, wie ich es für mein Business für wichtig erachte.

Neinsagen betrifft also nicht nur das Außen, sondern auch das Innen. Ich werde mental frei, sobald ich entscheide, was ich in meinen Kopf reinlasse und was nicht. Jeder Mensch nimmt ohnehin nur einen winzigen Teil der Welt wahr. Aber die wenigsten Menschen machen sich klar, wie sehr sie es in der Hand haben, in welcher inneren Welt sie leben. Ich kann mir meine innere Welt so bauen, dass es mir gut geht und ich zufrieden bin. Heißt das, die rosa Brille aufzusetzen? Nein, das heißt es nicht. Das Leben schenkt uns allen immer noch genug Probleme, die wir lösen dürfen. Aber ich muss mich nicht ständig mit den Problemen aller Menschen auf der Welt befassen. Niemand kann allen 7,5 Milliarden Menschen auf der Welt ihre Last abnehmen, und wer es trotzdem versucht, der macht sich am Ende nur selbst kaputt. Eine chinesische Weisheit lautet:

Würden die Menschen danach streben, sich selbst zu vervollkommnen, statt die ganze Welt zu retten, würden sie versuchen, selbst innerlich frei zu werden, statt die ganze Menschheit zu befreien – wie viel mehr hätten sie getan zur wahrhaften Befreiung der ganzen Menschheit.

Keine Ahnung, ob das wirklich aus China stammt oder wer genau das gesagt hat. Aber für mich stimmt es. Und auch deshalb ist ein Nein manchmal wichtiger als ein Ja.

ZEIT FÜR DEIN NEIN: WEISST DU, WAS DU NICHT WILLST?

- In welchen Situationen gelingt es Ihnen bereits ganz gut, Nein zu sagen und sich abzugrenzen? Was ist Ihrer Meinung nach der Grund, warum Ihnen ein Nein in diesen Situationen leichtfällt?
- Wie häufig schaffen Sie es, im beruflichen Kontext auf einer Skala von 0 bis 11 Nein zu sagen? Wobei 0 bedeutet, Sie schaffen es nie, und 11, Sie sagen immer Nein, wenn Sie es für angemessen halten.
- Wann haben Sie sich zuletzt in seiner Situation ertappt – beruflich oder privat –, bei der Sie am liebsten etwas gesagt hätten, es sich aber dann doch nicht getraut haben? Was war der Grund, dass Sie nicht den Mut dazu hatten?
- Welche Themen würden Sie gerne aus Ihrem Leben ausgrenzen? Wobei müssten Sie Neinsagen lernen?
- Wie oft tun Sie im privaten Leben Dinge, die Sie eigentlich gar nicht mehr tun wollen? Und in welchem Zusammenhang?
- Welche Menschen in Ihrem Umfeld empfinden Sie als anstrengend? Und was müssten Sie tun, damit es Ihnen gelingt, sich Schritt für Schritt abzugrenzen?

4

ZEIT FÜR SELBSTWERT-SCHÄTZUNG:

WEISST DU, WAS DU DIR WERT BIST?

Den eigenen Wert zu kennen, ist wie ein Kompass fürs Leben. Wenn ich weiß, dass ich wertvoll bin und sein darf, wie ich bin, sorge ich dafür, dass es mir in jeder Situation gut geht. Das bedeutet mehr, als ab und zu mal frei zu machen und auszuspannen. Es bedeutet, in Kontakt mit mir zu sein, auf die innere Stimme zu hören und nicht dauernd Bestätigung von anderen zu suchen oder sich nur anzupassen.

„Ich freu mich schon total. Nur noch eine Woche!"

„Was ist dann?"

„Och Martin … Dann habe ich Geburtstag!"

„Ach so, ja, richtig."

„Sag jetzt bitte nicht, du hättest meinen Geburtstag vergessen."

„Natürlich hätte ich deinen Geburtstag nicht vergessen, Julia. Mach dir da mal keine Sorgen. Der Termin steht in meinem Kalender und ich werde automatisch daran erinnert. Ich kann den gar nicht vergessen."

„Das ist jetzt nicht dein Ernst, dass du dir meinen Geburtstag eintragen musst? Jetzt sag nur noch, du weißt auch nicht, wie alt ich werde."

Längeres Schweigen.

Es ist Viertel vor zehn am Abend. Julia lümmelt auf dem Sofa und schreibt in ihrem Tagebuch. Sie hat eine Flasche Weißwein entkorkt und sich ein halbes Glas eingeschenkt. Martin sitzt am Esstisch vor seinem aufgeklappten Laptop. Er trägt immer noch seine Büroklamotten, hat nur das Jackett abgelegt und die Krawatte gelockert. Neben dem Laptop steht ein ausgetrunkenes Wasserglas.

„Du, Martin … Wenn nächste Woche mein Geburtstag ist, dann weißt du ja, was das für dich bedeutet."

„Nämlich?"

„Na, dass du dann auch bald Geburtstag hast!"

„Stimmt."

„Freust du dich denn gar nicht auf deinen Geburtstag? Wollen wir da nicht an meinem und deinem Geburtstag etwas Schönes unternehmen, Schnuffel?"

„Ich muss arbeiten."

„Och Martin, das kann doch nicht sein, dass du an deinem Geburtstag immer arbeiten musst! Warum machst du nicht auch mal frei, so wie ich an meinem Geburtstag? Das ist doch ein besonderer Tag im Jahr. Zumindest den Nachmittag an deinem Geburtstag könntest du freimachen. Also, ich werde mir an deinem Geburtstag auch wieder frei nehmen. Ich hätte auch schon eine tolle Idee, was wir an beiden Tagen gemeinsam unternehmen könnten. Soll ich sie dir verraten?"

Martin blickt von seinem Laptop auf und schaut seine Freundin an. „Julia, ich mache schon an deinem Geburtstag ab Mittag frei, weil du mir seit Jahren in den

Ohren damit liegst. Da kann ich schlecht ein paar Wochen später wegen meines Geburtstags schon wieder nachmittags freimachen. Was sollen die Kollegen denken? Außerdem waren wir gerade erst 14 Tage im Urlaub, falls du dich erinnerst. Ich habe immer noch nicht alles an Arbeit aufgeholt, was in diesen zwei Wochen liegengeblieben ist."

„Martin, sag es gern direkt, wenn du an meinem Geburtstag auch lieber arbeiten möchtest …"

„So habe ich das nicht gemeint! Ich habe schon lange geplant, dass ich an deinem Geburtstag ab Mittag freimache. Mit guter Planung klappt sowas auch. Das garantiere ich dir! Außerdem kommen ja nachmittags meine und deine Eltern. Da will ich natürlich dabei sein. Nur mit meinem Geburtstag kann ich halt nichts anfangen. Das weißt du doch inzwischen. Aber ich freue mich für dich, wenn du Geburtstag hast. Ehrlich."

„Das ist lieb, dass du das sagst. Und wie ich mich erst auf meinen Geburtstag freue! Der Tag wird wieder sooo schön werden. Am Tag davor und danach habe ich übrigens auch frei genommen. Du hast bestimmt auch wieder ganz viele Geschenke zum Auspacken, ne? Oh, kann ich eines eventuell schon mal angucken, so mit Geschenkpapier drum rum? Das steigert die Spannung. Und Mama und Rüdiger haben sicher auch wieder tausend kleine Überraschungen. Ich liebe es, Geschenke auszupacken. Das war bei mir schon als Kind so. Weißt du, einmal – das ist so witzig –, da war ich drei oder vier Jahre alt und Mama hatte am Abend vorher lauter so kleine Spielsachen …"

„Shit! Oh nein!"

„Was ist los?"

Martin starrt auf den Bildschirm seinen Laptops, als hätte er gerade versehentlich die Festplatte gelöscht.

„Ich habe heute Nachmittag bei einer Besprechungsanfrage für den Neunzehnten, 15 Uhr, auf ‚Zusagen' geklickt. Oh Gott! Da habe ich in dem Moment einfach nicht nachgedacht. Dabei hätte ich doch wissen müssen, dass der Neunzehnte …"

„… mein Geburtstag ist. Das glaube ich jetzt nicht. Kannst du wieder absagen?"

„Schlecht."

„Weißt du was? Ich finde das eigentlich schon fast lustig. Geburtstage sind dir sowas von wurscht. Da geschieht es dir vielleicht ganz recht, dass dir das jetzt passiert ist und du zu dieser Besprechung musst."

„Du meinst, es wäre okay für dich, wenn ich zu der Besprechung ginge? Das würde mich total freuen. Absagen mag ich jetzt irgendwie auch nicht mehr, wie sieht das denn aus?"

„Ach, Martin … neee ehrlich, ich sag da jetzt nichts mehr zu!"

Geburtstagsfeierer und Geburtstagsmuffel

Ist Ihnen auch schon aufgefallen, wie unterschiedlich erwachsene Menschen mit ihren Geburtstagen umgehen? Es gibt zwei Typen:

Die einen freuen sich jedes Jahr schon Wochen vorher auf ihren Geburtstag, und das wahrscheinlich auch dann noch, wenn sie achtzig werden. Der Geburtstag fühlt sich für sie so an, als lägen Weihnachten und Silvester an einem Tag. Sie wissen, dass es ein besonderer Tag ist. Dabei ist es ganz egal, ob sie eine wilde Party schmeißen, mit ihrem Partner an einen Lieblingsort fahren und sich dort in einem Wellnesshotel verwöhnen lassen oder ob sie diesen Tag allein verbringen, bewusst ohne Freunde. Es gibt unendlich viele Möglichkeiten, seinen Geburtstag zu genießen – allein, zu zweit oder in Gemeinschaft, laut oder leise, mehr auf der Bling-Bling-Schiene oder bescheiden wie ein Schuhkarton. Entscheidend ist: An seinem Geburtstag kann sich dieser Typ Mensch einfach freuen, dass es ihn gibt. Nicht nur den Geburtstag, sondern er freut sich auch, dass er selbst auf der Welt und ein einzigartiger Mensch ist. Dieser Typ singt beim Geburtstagsständchen im Refrain "Happy Birthday to *me*". Sein Freudenpegel steigt noch mehr, wenn andere ihn überraschen und ihm mit Worten und Gesten zeigen, wie sehr sie sich mit ihm oder ihr über diesen Tag freuen. Dagegen finden echte Geburtstagsfeierer allerdings Gratulationen über die Social-Media-Netzwerke unpersönlich.

Der zweite Typ ist der Geburtstagsmuffel. Er kann mit seinem Geburtstag absolut nichts anfangen. Der ideale Geburtstag ist für ihn ein Arbeitstag wie jeder andere. Am liebsten ist es ihm, wenn möglichst wenig Bekannte und Freunde wissen, wann er überhaupt Geburtstag hat. Er würde nie öffentlich sagen: „Ich habe heute Geburtstag.", geschweige denn, ein Geburtstagsständchen zu seinen Ehren mitsingen. Auch würde er sich eben nie oder selten an seinem Geburtstag frei nehmen.

Jetzt können Sie sagen: Na und? Jeder hat doch das Recht, mit dem Thema Geburtstag umzugehen, wie er will. Wenn einer mit seinem Geburtstag partout nichts anfangen kann, bitte sehr! Das ist im Prinzip richtig. Aber nehmen wir uns nicht viel, wenn wir uns schon am Jahrestag unserer Geburt nicht erfreuen können? Mir fallen bei vielen – nicht allen – Geburtstagsmuffeln ein paar Verhaltensweisen auf, mit denen sich diese Menschen in ihrer Zufriedenheit selbst bremsen. Zum Beispiel, dass sie oft patzig, pampig, irgendwie brummig und beleidigt reagieren, wenn man sie auf ihren Geburtstag anspricht. Oder dass sie sich nicht freuen können, wenn man ihnen zum Geburtstag etwas schenkt. Diesen Menschen ist es eher unangenehm, gefeiert zu werden. Aber auch mit lieben Worten, die ausdrücken, wie sehr man diesen Menschen mag, scheint man dem Geburtstagsmuffel an seinem Ehrentag nicht kommen zu dürfen. Julia und Martin geben sich in ihrer Beziehung alle Mühe. Sie wollen den jeweils anderen so nehmen, wie er ist. Auch beim Thema Geburtstag. Aber sie kriegen es nicht richtig hin. Julia freut sich wie ein kleines Kind auf ihren Geburtstag – und ist dann eben doch enttäuscht, dass das für Martin nur ein Pflichttermin ist, an den er sich von seinem digitalen Kalender erinnern lässt. Julia fände es außerdem toll, wenn Martin auch seinen Geburtstag feiern würde. Gleich zwei Geburtstage innerhalb von einigen Wochen. Aber schon mit ihren Versuchen, Martin wenigstens dazu zu animieren, an seinem Geburtstag frei zu machen, stößt sie auf taube Ohren. Umgekehrt nimmt Martin sich fest vor, Julias Geburtstag mitzufeiern. Aber nicht wirklich aus freien Stücken. Er kann einfach nicht über seinen Schatten springen. Unbewusst knallt er sich einen Termin in den Kalender, den er ohne Gesichtsverlust nicht mehr absagen kann.

Während ihrer Kindheit haben Julia und Martin an ihren Geburtstagen unterschiedliche Erfahrungen gemacht. Julia wurde von ihren Eltern dafür gefeiert, dass sie auf der Welt ist. Ohne Wenn und Aber. Sie sah ein Strahlen im Gesicht ihrer Mutter, das ihr sagte: Du bist großartig so, wie du bist. Wir wollen dich genau so. Heute ist ein besonderer Tag. Als kleines Mädchen bekam Julia immer einen Geburtstagstisch, mit bunten Servietten dekoriert, auf denen die Geschenke lagen, einen Geburtstagskuchen mit einer Kerze drauf, liebevoll eingepackte Geschenke, viele Teelichter drum herum. Sie bekam ihr Lieblingsessen und durfte nachmittags alle ihre Freunde einladen. Das war für ihre Mutter zwar anstrengend, aber sie machte es gerne. Bei Martin war das anders. Der Geburtstag war mehr eine Konvention. Er wurde auch gefeiert, aber er spürte keine richtige Freude bei seinen Eltern. Zwar gab es auch Geschenke, aber sie wurden nicht so liebevoll drapiert. Bei den Geldgeschenken der Verwandten war den Eltern vor allem wichtig, dass Martin sich anständig bedankte. Innerlich war der kleine Martin meist froh, wenn sein Geburtstag vorbei war.

Das Gefühl für unseren Selbstwert

In den ersten sechs Lebensjahren wird nach Aussage von Heinz-Peter Röhr im Leben das Fundament für unser Selbstwertgefühl gelegt. Das Selbstwertgefühl entscheidet darüber, wie gut wir mit uns selbst umgehen können. Ob wir also im Alltag gut für uns sorgen oder uns selbst ausbeuten. Ob wir uns von Herzen freuen können oder nie mit etwas zufrieden sind. Ob wir auch an uns denken und uns etwas gönnen können. Oder ob wir immer nur versuchen, es anderen recht zu machen und unter dem Radar segeln. Der Geburtstag ist dafür ein Lackmustest – nicht immer zu hundert Prozent aussagekräftig, aber doch oft sehr aufschlussreich. Der Umgang mit dem Thema Geburtstag zeigt bei vielen, was sie als Kinder geprägt hat und wie es eventuell auch um ihre Selbstwertschätzung bestellt ist. Martin zum Beispiel ist nicht nur ein Geburtstagsmuffel, sondern er kann auch schlecht mit Komplimenten umgehen. Komplimente sind auch eine Art von Geschenk. Und über Geschenke kann sich Martin nicht richtig freuen, sie sind eher unangenehm für ihn, weil er dann im Mittelpunkt steht. Er reagiert auch misstrauisch oder gar schroff, wenn er zu sehr gelobt wird. Manchmal denkt er sich dann: Was will der von mir, dass der mich jetzt so lobt? Für Martin gilt: Im Leben bekommt man nichts geschenkt. Seine Grundhaltung ist in diesem Fall die „–/+"-Position, „Ich bin nicht ok, du bist ok" – eine Art von Minderwertigkeitsgefühl, das Gegenteil von Selbstwertgefühl. Er kennt es aus der Kindheit nicht, Wertschätzung geschenkt zu bekommen – in diesem Fall in Form eines Kompliments.

Genau dieses Gefühl haben viele Eltern ihren Kindern vermittelt, indem sie sie wenig gelobt und mehr kritisiert haben. Dann bleibt bei den Kindern haften: Ich bin nicht gut genug. Oder: Wenn ich etwas haben will, muss ich mich dafür anstrengen! Zuwendung mussten sich diese Kinder verdienen. Nicht durch Arbeit, wie Erwachsene. Sondern durch Anpassung, Bravsein, Leisesein, Keinen-Stress-Machen und so weiter. Später war dann vielleicht das Wohlwollen der Eltern von guten Leistungen in der Schule oder im Sport abhängig. Selbst wenn dies nie offen ausgesprochen wurde – das Kind spürte es genau und lernte vor allem eines: Ich muss immer etwas dafür tun, etwas leisten, damit andere mich mögen und es mir gut gehen darf. Das Leben ist kein Ponyhof.

Auch Julias Eltern waren nicht mit allem einverstanden, was die kleine Julia so anstellte. Aber für sie war immer klar: Wir lieben unsere Tochter so, wie sie ist. Julia musste sich nie anstrengen, um geliebt zu werden oder um etwas geschenkt zu bekommen. Sie bekam viel Zuwendung, Zuspruch und Lob. Sie durfte einfach *sein*. So wie sie war, war sie gut genug. Menschen wie Julia akzeptieren sich als Erwachsene so, wie sie sind. Das ist die „+/+"-Haltung oder auch „Ich bin ok, du bist ok". Sie wollen, dass es ihnen selbst gut geht, sie empfinden einen Selbstwert, keinen Minderwert. Und sie behandeln auch andere Menschen wertschätzend. Daher können sie im Leben meist auch viel Freude und Sinn erleben und geben.

Hey, ich bin großartig!

Manche Menschen können schlecht in den Spiegel schauen und sagen: Ich schätze und akzeptiere mich genauso, wie ich bin. Oder auch: Ich bin großartig! Probieren Sie es ruhig mal aus, wie es Ihnen damit geht. Sich selbst gut zu finden, sagt jedoch noch nichts darüber aus, wie erfolgreich man ist. Erfolg ist kein Maßstab dafür, wie es jemandem mit sich selbst geht. Es kommt mir sogar eher so vor, als gäbe es haufenweise Topmanager, Angestellte, Selbstständige, Millionäre, Filmstars, denen es vermeintlich – von außen betrachtet – gut gehen müsste, die sich selbst trotzdem gar nicht wirklich zu mögen scheinen und sich vielleicht sogar eher minderwertig fühlen. Manche sind rastlos auf der Suche nach irgendetwas und scheinen es nie zu bekommen. Es ist die Selbstwertschätzung, die Selbstliebe, die Fürsorge für sich selbst, die sie nirgendwo im Außen finden werden.

Die Basis für das eigene Selbstwertgefühl ist das Wissen, dass ich nichts dafür tun muss, um wertvoll zu sein. Ich bin ein Mensch und deshalb wertvoll. Ich darf das Leben genießen, mich selbst feiern und mich feiern lassen. Ich brauche dafür nichts weiter zu tun. Meine Geburtsurkunde ist die Eintrittskarte für Lebensfreude.

Wenn Sie zu den Menschen gehören, die mit ihrem Geburtstag nichts anfangen können, die auf Lob und Anerkennung verlegen reagieren und bei sich selbst oft mehr das Negative sehen, dann gibt es eine gute Nachricht: Was immer Sie in den ersten Jahren Ihres Lebens geprägt hat – auch als Erwachsene können Sie Ihr Selbstwertgefühl weiterentwickeln. Wir können uns in jedem Moment neu für uns entscheiden und so lernen, uns wirklich anzunehmen und zu schätzen. Genauso, wie wir sind. Eben als wertvolle Menschen. Vielleicht haben Sie sich ja auch längst auf diesen Weg gemacht und sind bloß noch nicht da, wo Sie hinwollen? Dann ärgern Sie sich möglicherweise ab und zu, dass Sie sich „mal wieder" selbst zu kritisch sehen oder „schon wieder" nur an die anderen gedacht haben und sich selbst nichts gönnen. Haben Sie Geduld mit sich und Ihrer Entwicklung! Die Schatten unserer frühen Prägungen sind lang, und es dauert manchmal seine Zeit, um sich selbst mit der Wertschätzung zu begegnen, die jeder Mensch verdient hat.

Ganz praktisch können Sie auf zweifache Weise üben, Ihre Selbstwertschätzung zu steigern:

TIPP

Zum einen können Sie sich Ihren Selbstwert in einem inneren Dialog immer wieder bewusst machen, indem Sie sich sagen: „Ich darf so sein, wie ich bin. Ich bin wertvoll. Ich darf mich einfach am Leben erfreuen." Sagen Sie es nicht nur, schreiben Sie es auf und versuchen Sie, es auch zu spüren! Spüren Sie in sich hinein, wie wertvoll Sie sind. Das zweite ist, sich selbst mehr zu gönnen. Sich Gutes zu tun. Nicht nur im Urlaub oder ab und zu mal an einem freien Tag. Sondern jeden Tag. Fragen Sie sich immer wieder, ob Sie heute schon genug an sich selbst gedacht haben. Lernen Sie die Kunst, sich selbst Gutes zu tun, sich eine Freude zu machen und sich zu belohnen. Weil Sie sich das selbst wert sind.

Das gönne ich mir

München ist eine schöne Stadt – ich mag den Süden! Häufig schönes Wetter, viel Grün, tolle Restaurants, der Englische Garten, die Biergärten … Leben pur! Vor der Tür die Berge, in denen man wandern, mountainbiken oder im Winter skifahren kann. Und der Chiemsee in der Nähe, auf dem man im Sommer kajaken oder in dem man einfach nur schön baden kann. Was für eine Landschaft! Zudem lebt eine liebe Freundin von mir dort. München hat auch einen großen Flughafen, der großzügig und dennoch übersichtlich ist. Dabei teilweise todschick, besonders das Terminal, an dem die Lufthansa abfliegt. Von Skytrax, der führenden Rating-Organisation für die internationale Luftfahrtindustrie, ist der Münchner Flughafen jetzt schon mehrere Jahre in Folge zu Europas bestem Airport gekürt worden.

Okay, so viel zu München und zum Münchner Flughafen. Kommen wir nun zu dem, was zwischen der wunderschönen Stadt München und ihrem tollen Flughafen auf die Besucher wartet. Das ist nämlich das nackte Grauen. Dieses Grauen hört auf die Kürzel S1 und S8. Geplagte Geschäftsreisende mit chronischem Terminstress wissen jetzt sofort, was ich meine. Ich meine die S-Bahn-Verbindung vom Flughafen in die Münchner City. Der Volksmund meint eh, „S-Bahn" sei die Abkürzung für „Schleich- und Steh-Bahn". In München besteht an dieser Definition überhaupt kein Zweifel.

Dabei fängt es noch ganz gut an. Wenn Sie in „MUC" gelandet sind, finden Sie äußerst günstig gelegen, in der Mitte zwischen beiden Terminals, den unterirdischen Bahnhof für die S-Bahn. Da haben sich die Planer richtig Gedanken gemacht. Wirklich unterirdisch wird es leider, sobald Sie in der Bahn sind und sich die rot-weißen Türen mit dem typischen Fieps-Fieps-Fieps geschlossen haben. Denn jetzt übernimmt die Deutsche Bahn Ihren Transport. Und die ist nicht gewillt, sich dabei am Jet-Tempo zu orientieren.

Diese S-Bahn hält an jedem dicken Baum. Alle paar hundert Meter. Da quetschen sich dann auf dem Weg in die Innenstadt von Station zu Station immer mehr Menschen in den Zug. Noch mal zur Erinnerung: Dies ist die offizielle Verbindung zwischen einem der wichtigsten Flughäfen Europas und einer der bedeutendsten Business-Metropolen.

Es gibt also nur die Schleich 1 und die Schleich 8. Wer zum ersten Mal hier gelandet ist und die S1 genommen hat, denkt sich: Beim nächsten Mal nehme ich die S8. Die ist sicher schneller und ich kann vielleicht einen Sitzplatz ergattern. Wenn er das dann tut, stellt er fest, dass die S8 im großen Bogen rechts statt in großem Bogen links um die Stadt rumfährt, also mehr durch Felder als durch Hausgärten, aber ansonsten genauso langsam ist und es auch kaum Sitzplätze gibt. Und genauso oft hält sie auch.

Offiziell braucht man etwa 50 Minuten mit der S-Bahn vom Flughafen in die Stadt. Gefühlt sind es rund anderthalb Stunden. Wobei man am Flughafen meist einen Sitzplatz bekommt. Fährt man abends nach dem Termin aus der City zum Flughafen, ist das praktisch ausgeschlossen. Da herrscht Stehplatzgarantie.

Ich mache das schon länger nicht mehr mit. Ich nehme mir ein Taxi.

Nun ist man für eine Taxifahrt vom Flughafen in die Stadt oder umgekehrt rund 70 Euro los. Das finde ich viel Geld. Bei Ryanair kann man dafür mit etwas Glück nach Barcelona und zurück fliegen. Zudem fährt das Taxi auch fast 45 Minuten, man spart also nicht viel Zeit ein. Aber ich bin mir die 70 Euro wert. Ich will entspannt und nicht genervt bei meinem Termin ankommen. Und ich will nach getaner Arbeit auf dem Weg zum Flieger sitzend durchatmen und runterkommen.

Das gönne ich mir.

Die Kunst, sich selbst Gutes zu tun

Selbst sehr gut verdienende Führungskräfte können es manchmal kaum nachvollziehen, wenn ich ihnen erzähle, dass ich in München grundsätzlich mit dem Taxi zum Flughafen fahre. Standardsatz: „Das ist doch viel zu teuer! Das zahlt mir meine Firma nicht." An dieser Stelle hake ich gerne nach, ob es die Führungskraft wirklich schon mal ausprobiert hat. Ich bin lange genug im Business, um zu wissen, dass es in Unternehmen alle möglichen Reiserichtlinien gibt. Da ist geregelt, ob man in seiner Position erster oder zweiter Klasse Bahn fährt, ob man Business fliegen darf und ob das Hotel vier Sterne haben darf oder maximal drei erlaubt sind. Und das ist ja auch gut so, denn manche Führungskräfte und Mitarbeiter gehen mit dem Geld ihres Arbeitgebers ganz anders um als mit ihrem eigenen. Mir ist aber noch in keinem Unternehmen eine Richtlinie begegnet, die Führungskräften das Taxifahren verbieten oder reglementieren würde.

Wenn ich meine Gesprächspartner damit konfrontiere, sagen sie meistens, dass sie es noch nie ausprobiert haben, solche weiten Strecken mit dem Taxi zu fahren. Sie glauben, dass ihre Firma ihnen die Taxifahrt zum Flughafen nicht bezahlen würde. Aber sie wissen es nicht, weil sie noch nie eine Taxiquittung eingereicht haben. Spätestens dann merke ich, dass es gar nicht ums Geld primär geht. Auch nicht um die Angst vor einem Meckeranruf aus der Reisekostenstelle. Es geht vielmehr um die Frage, ob sie sich selbst im Alltag etwas Gutes tun. Wer das nicht gewohnt ist, der sollte es einfach mal üben. Also rein ins Taxi statt in die S-Bahn und später die Quittung einreichen. Und bitte nicht mit schlechtem Gewissen! Sondern mit der Überzeugung: Mir ist es wichtig, dass es mir gut geht, wenn ich für meinen Arbeitgeber oder meine eigene Firma unterwegs bin. Ich will entspannt beim Kunden oder im Hotel ankommen und nicht genervt und gestresst. Das zahlt sich auf Dauer auch für das Unternehmen aus.

Selbstverständlich gönne ich mir nicht nur dann etwas, wenn es mein Kunde zahlt oder ich die Ausgabe steuerlich absetzen kann. Ich schaue generell im Alltag, wo und wie ich dafür sorgen kann, dass ich mich wohlfühle und sorge gut für mich. Umgekehrt sorge ich natürlich auch für Abhilfe, wenn ich mich unwohl fühle.

Sind Sie auf Geschäftsreisen auch schon mal in Ihr Hotelzimmer gekommen und haben gedacht: Oh neee! Dämmerlicht trotz strahlend blauem Himmel und der Ausblick geradewegs auf den Garagenhof in Höhe der Mülltonnen. Oder vor Ihrem Fenster rauschen die Sattelschlepper auf der Bundesstraße vorbei, wo es im Innenhof doch traumhaft ruhige Zimmer gibt. Oder im Sommer die Dachkammer-Sauna mit der Deckenschräge für die gepflegte Platzwunde am Kopf. Ich gehe in einem solchen Fall erst mal zurück zur Rezeption und frage, ob ich ein besseres Zimmer haben kann. Wenn das nicht hilft, frage ich nach einer (kleinen) Suite und zahle den Aufpreis zum Standardzimmer privat. Die Suiten sind oftmals in den angenehmen Gebäudeteilen.

Mit der Hotelsuite ist es übrigens ähnlich wie mit dem Taxi. Da sagen einige kategorisch: viel zu teuer! Sie wollen sich das nicht gönnen. Dabei lohnt sich das vor allem in Hotels auf dem Land oft wirklich. Erstens ist der Aufpreis dort oftmals gar nicht so hoch. Zweitens gibt es auf dem Land eher keine Coffee Bar um die Ecke, in die man zum Arbeiten gehen könnte. Also ist eine Suite ideal, denn sie bietet genug Platz, um auch noch als schönes Büro zu dienen. Vielleicht ist Ihnen ausreichend Platz zu haben aber auch egal. Sie können genauso gut in einem Minizimmer auf dem Bett liegen und dort konzentriert mit dem Laptop arbeiten, sofern Sie überhaupt arbeiten wollen. Dann ist alles gut. Es geht ja nicht darum, was *mir* – der Autorin dieses Buches – guttut, sondern was *Ihnen* guttut. Menschen, die sich selbst wertschätzen, sind mit sich verbunden und wissen, was sie brauchen, um sich wohlzufühlen – und zwar unabhängig davon, was andere Menschen brauchen. Wer mit sich selbst gut umgeht, der weiß, in welchen Situationen er hart im Nehmen ist. Aber auch, in welchen Situationen er leicht in Stress gerät und deshalb aktiv für einen Ausgleich sorgen sollte. Übrigens muss es nicht immer Geld kosten, sich selbst Gutes zu tun. Ich zum Beispiel springe nach einem intensiven Termin nicht gleich ins Auto, um mich auf die Autobahn zu stürzen. Sondern ich gönne mir den Luxus, erst noch eine Stunde mit meinem Hund Cupido in einer schönen Gegend spazieren zu gehen. So kann ich mental runterkommen. Und das kostet null Euro. Ich investiere lediglich die Zeit für mich und meinen Hund. Eine tolle Investition.

Eine wichtige Frage beim Thema Selbstwert ist auch: Kann ich meine Leistungen, das, was ich erreicht habe, meine Charaktereigenschaften, positiv sehen? Im Coaching erlebe ich es immer wieder, dass es Menschen viel leichter fällt, über ihre Schwächen zu sprechen als über ihre Stärken. Nach einem langen und intensiven Arbeitstag denken sie über die *eine* Kleinigkeit nach, die schiefgegangen ist. Oder die *eine* Situation, in der sie mit sich selbst nicht zufrieden waren. Das nennen wir im Coaching defizitorientiertes Denken, welches der „–/+"-Grundhaltung („Ich bin nicht ok, du bist ok") entspringt. Alles, was gelungen ist, scheint für sie selbstverständlich zu sein und braucht nicht erwähnt zu werden. Es fällt ihnen schwer, über diese Dinge positiv zu denken. Kein Wunder, dass es ihnen dann auch häufig schwer fällt, sich selbst zu loben oder zu belohnen. Sie wüssten nicht, wofür. Hier heißt es, das eigene Gehirn zum Umdenken zu animieren. Zum Beispiel durch die Frage: „Was ist mir heute Gutes gelungen?" oder: „Worin bin ich gut?" Nach einem herausfordernden Tag oder Monat im Job haben Sie es verdient, sich etwas Gutes zu tun. Egal, wie viel Sie geschafft haben – Sie *haben* es geschafft! Sie haben Ihr Bestes gegeben, wie wir alle jeden Tag. Belohnen Sie sich mit dem, was für Sie eine Belohnung ist: Für den einen ist es ein Eis oder ein Schokoriegel, für den anderen ist es ein neues elektronisches Gerät oder eine tolle Zeitschrift, mit der Sie sich anschließend in die Badewanne legen. Machen Sie etwas, das Sie lächeln lässt und Sie daran erinnert, dass Sie stolz auf sich sind und auf das, was Sie jeden Tag Gutes tun.

Das Außen bleibt draußen

Wir leben in einer Konsumgesellschaft, in der sich alle ständig miteinander vergleichen, frei nach dem Motto: mein Haus, mein Boot, mein Pferd. Neulich ist mir das wieder aufgefallen.

Ich war bei Bekannten zum Grillen eingeladen und fuhr zu ihrem Haus in einem Neubaugebiet. Das Haus würde ich jetzt nicht als Villa bezeichnen, aber es war definitiv auch kein Sozialbunker. Meine netten Gastgeber führten mich erst durch ihr Wohnzimmer und dann – durch eine gläserne Schiebetür in einer Front aus bodentiefen Fenstern – auf die Terrasse. Dort erwarteten mich schon zahlreiche andere Gäste. Vor allem aber erwartete mich das Prunkstück schlechthin – der Grill! Ein nagelneuer, riesiger Grill aus US-amerikanischer Fertigung mit typisch deutschem Nachnamen. Er stand mitten auf der Terrasse und glänzte silbrig im Sonnenlicht.

Die Szene erinnerte mich spontan an die Präsentation eines neuen Automodells: Der Daimler-CEO persönlich zieht vor 2.000 geladenen Gästen ein weißes Tuch vom Blech, und dann glitzert und funkelt der neueste Benz in der Mitte der Bühne, um ihn herum nichts als Raum zum Staunen. Genauso stand hier ein Gasgrill der allseits bekannten Premiummarke im Grilluniversum für wahnsinnige 4.000 Euro in der Mitte der Terrasse, umringt und beäugt von den Gästen.

Das Witzige waren die Gespräche. Alle Gäste schienen sich das Gleiche zu fragen: Wie können wir diskret einfließen lassen, dass wir zu Hause auch einen solchen Grill haben?

Der eine versuchte es, indem er mit technischen Detailkenntnissen aufwartete: „Dreht den zweiten Regler von links mal etwas höher, das machen wir bei unserem zu Hause auch immer." Der Nächste brachte die Nummer „Ich-sag-was-zu-meiner-Partnerin-damit-es-die-anderen-hören": „Den hatten wir doch auch in der engeren Wahl, oder Schatz? Aber wir müssen nochmal weiter schauen, es gibt sicher noch ein anderes Modell, das Mattschwarze sieht auf unserer Terrasse vielleicht noch besser aus." Dann prahlte der Dritte mit seinen Vertriebskontakten: „Der Herbert hat uns ja die US-Version besorgt, die es hier im Handel gar nicht gibt." Jetzt schlug die Stunde des Vierten, nennen wir ihn mal den Innovator: „Da gibt es ja bald das Nachfolgemodell von eurem, das haben wir letzte Woche bestellt." Aber da hatte er nicht mit dem Fünften gerechnet. Der zog lässig sein XXL-Smartphone aus der Gesäßtasche, öffnete die Fotosammlung und sagte nur: „Meinst du den hier?" Das Foto zeigte, wie das allerneueste Spitzenmodell von Grill bei ihm zu Hause im Garten stand und fettigen Qualm gen Himmel schickte.

Warum ich Ihnen das erzähle? Weil solche Dinge absolut nichts mehr damit zu tun haben, sich selbst Gutes zu tun, sich zu belohnen und gut für sich zu sorgen. Hier geht es nur um das Außen. Es geht darum, wie man vor den anderen dasteht. Ob man mithalten kann. Es geht nicht um die Verbindung zur eigenen Mitte.

Natürlich kann es sein, dass ich mir etwas gönne oder mich mit etwas belohne, das von anderen als Statussymbol angesehen oder von dem einen oder anderen bestaunt wird. Aber das ist dann reiner Zufall. Wenn es wirklich um mich und mein Wohlbefinden geht, habe ich es nicht nötig, auf die Tonne zu hauen, indem ich anfange zu prahlen. Was ich mir selbst Gutes tue, geht andere überhaupt nichts an. Höchstens teile ich es mit meinem Partner, meinen Freunden oder anderen Menschen, die mir nahestehen.

Wenn ich bei mir selbst bleibe, muss ich nicht herumtröten, was ich tue oder habe. Das wäre eher ein Zeichen für die innere Haltung der Unsicherheit oder Minderwertigkeit, die in der Transaktionsanalyse der „Ich bin nicht ok, du bist ok"- oder auch „–/+"- Haltung entspricht. Darauf folgt auch gerne das Psychospiel „Meins ist besser als deins." Die kleine Szene mit dem Grillvergleich ist ein Paradebeispiel dafür. Wer solche Spielchen unbewusst spielt, dem mangelt es häufig an Selbstwertgefühl. Er haut nach außen auf den Putz, damit die anderen es sehen. Ohne Publikum fühlt er unter Umständen Leere oder weiß gar nichts mit sich anzufangen. Die ständige Bestätigung von außen soll die innere Leere füllen. Auch aus dieser Nummer gibt es einen Ausweg: Vergessen wir einfach einmal, was die anderen denken und gut finden, und erforschen, was uns wirklich Freude macht. Nur uns ganz allein. Ohne, dass wir es der Außenwelt erzählen müssen.

Dummerweise fällt es ja auch oft auf, wenn jemand nur etwas nach außen darstellen will. Irgendetwas ist dann einfach nicht stimmig und die Mitmenschen spüren das. Auf den teuersten Grill kommen dann zum Beispiel die Nackensteaks von Aldi. Oder in der neuen Wohnung wirkt alles künstlich und totdekoriert. Teuer, aber nicht lebendig. Oder jemand trägt Markenklamotten, in denen er/sie sich sichtbar unwohl fühlt. An solchen Unstimmigkeiten fällt auf, dass es nur um den Effekt nach außen geht. Andere Leute zu beeindrucken, ist eben gar nicht so einfach – und noch weniger nötig. Am entspanntesten lebt es sich, wenn man es gar nicht erst versucht, sondern indem man einfach ist, wer man ist. Die eigene Außenwirkung spiegelt dann einfach solide die eigene innere Zufriedenheit wider.

Ich bleibe mir treu

„Das passt gar nicht zu dir." Hat Ihnen schon mal jemand diesen Satz als Feedback gegeben? Ich habe schon öfter gehört, wie jemand das zu einem anderen gesagt hat. Da ging es um ein bestimmtes Hobby, von dem der oder die andere bisher nichts wusste, um ein neues Outfit, mit dem jemand ankommt, oder um eine bestimmte Art, sich zu verhalten. „Das passt gar nicht zu dir" – der Satz ist ja eigentlich eine Frechheit. Woher soll der andere wissen, was zu mir passt? Er kann höchstens meinen: Das passt nicht zu dem Bild, das ich bisher von dir hatte. Und unter dieser Voraussetzung stellt sich dann nicht die Frage, ob etwas zu mir passt oder nicht, sondern ob mich sein Bild von mir interessiert oder nicht. Spannend sind auch die Reaktionen auf Feedbacks, die uns so kritisieren, dass unser Selbstwert berührt ist. Lasse ich mich davon verunsichern? Oder weiß ich selbst, was zu mir passt und was nicht?

Neulich habe ich eine Geschichte von einem Unternehmensberater gehört, der schon sein halbes Leben ein leidenschaftlicher Frankreichliebhaber ist. Er liebt französisches Essen, französische Weine und verbringt den Urlaub mit seiner Frau seit Jahren in Südfrankreich. Außerdem ist er ein großer Citroën-Fan. Er kennt die ganze Modellgeschichte der Marke und ist stolz darauf, dass er einmal an einem Wochenende eine Ausfahrt mit dem seltenen Citroën von 1975 mit Maserati-Motor machen durfte. Lange fuhr er auch als Firmenwagen einen Citroën – was sonst? Eines Tages war er bei einem seiner besten Kunden, einem schwäbischen Hidden Champion. Beim Abschied auf dem Parkplatz mäkelte der Geschäftsführer an dem Citroën herum. Das sei doch kein Auto für einen Unternehmensberater! Kurz darauf kaufte sich der Berater anstelle seines Citroëns einen BMW.

Ist das nicht traurig? Klar, hier geht es wieder „nur" um äußere, materielle Dinge. Aber wenn sie so sehr Ausdruck der eigenen Persönlichkeit und Leidenschaft sind, wie dieser französische Wagen, lohnt es sich doch, standhaft zu bleiben und sich eine solche Bemerkung nicht zu Herzen zu nehmen.

Wenn ich ein Gefühl für meinen Selbstwert habe, kenne ich meine Identität. Ich weiß, was mich ausmacht, was mich geprägt hat und sehe es positiv. Ich weiß auch, was ich gut und was ich weniger gut kann. Ich kenne meine Stärken und Schwächen, also meine Entwicklungsfelder. Entsprechend gehe ich mit Feedbacks oder Rückmeldungen von anderen um. Egal, ob sie privat und mehr so dahingesagt sind oder ob ich sie im beruflichen Kontext bekomme, zum Beispiel im Rahmen eines Kunden- oder Mitarbeitergesprächs.

Im Coaching erlebe ich immer wieder Führungskräfte, die mit kritischen Feedbacks ihrer Chefs große Probleme haben. Viele ärgern sich darüber. Ich finde, ein bisschen ärgern ist okay, zumal wenn Sie das kritische Feedback als ungerecht oder überzogen empfinden. Bei einigen geht der Ärger aber schnell in Selbstzerfleischung oder Selbstzweifel über. Oder sie kommen von der Kritik gar nicht mehr runter, werden tagelang davon verfolgt, wie eine alte Schallplatte, die im Kopf immer weiterspielt. In solchen Momenten ist es wichtig, sich von diesem Feedback nicht runterziehen zu lassen, sondern bei sich zu bleiben und sich auf das zu konzentrieren, was man selbst Gutes in sich selbst sieht.

Das genaue Gegenteil hat ebenso wenig mit echtem Selbstwert zu tun. Die Teflon-Typen, die Beratungsresistenten, die jede Kritik an sich abperlen lassen, habe ich in diesem Buch schon einmal erwähnt. Da steckt auch kein stimmiger Selbstwert im Inneren dahinter. Nach außen wirkt es eher wie ein übergroßes Selbst, das zum Überheblichen neigt und im Extremfall in die narzisstische Richtung gehen kann.

Wenn ich weiß, wer ich bin und meinen Selbstwert wirklich spüre, gehe ich mit kritischem Feedback souverän und gelassen um. Grundsätzlich bin ich immer bereit, über mein Verhalten nachzudenken, mich zu verändern und zu verbessern, wenn ich das Feedback als wertvoll erachte. Aber ich muss mir nicht jedes Feedback zu Herzen nehmen und sogleich mein Verhalten entsprechend ändern. Wenn ich ein gesundes Selbstwertgefühl habe, habe ich immer das Bestreben, dass es mir gut geht, und ich begegne allen anderen, die mit mir zu tun haben, auch wertschätzend. Das ist die „+/+"- oder auch „Ich bin ok, du bist ok"-Haltung. Gleichzeitig weiß ich, dass ich immer mein Bestes gebe und so gut bin und sein darf, wie ich bin. Ich muss nicht dem Bild entsprechen, das andere sich von mir gemacht haben, denn das ist deren Sicht. Mein Innen und Außen sind in Balance. Eric Berne, der Begründer der Transaktionsanalyse, hat das einmal gut auf den Punkt gebracht: „Das Schicksal eines jeden Menschen entscheidet sich daran, was in seinem Schädel vorgeht, wenn er mit dem konfrontiert ist, was außerhalb seines Schädels vorgeht."

ZEIT FÜR DEINE SELBSTWERTSCHÄTZUNG: WEISST DU, WAS DU DIR WERT BIST?

- Wie gehen Sie mit Ihrem eigenen Geburtstag um? Können Sie sich selbst an Ihrem Geburtstag richtig feiern?
- In welchen Momenten des Lebens gönnen Sie sich etwas? Beobachten Sie gerne einmal, wie Sie sich dabei fühlen, wenn Sie sich etwas gönnen.
- Wie empfinden Sie das Ausgeben von Geld, wenn Sie es für sich selbst ausgeben?
- Wie häufig im Jahr gönnen Sie sich etwas Schönes? Das muss nicht zwangsläufig der Kauf von etwas sein. Zehn Mal, hundert Mal oder 365 Mal im Jahr?
- Wie gehen Sie mit Feedback um, wenn es positiv ist? Wie, wenn es eher negativ ist?
- Von wem aus Ihrem Familien-, Freundes- oder Bekanntenkreis erhalten Sie positives Feedback?
- Sammeln Sie Feedback von den Menschen ein, die Ihnen guttun und Ihren Selbstwert ankurbeln.

5

ZEIT FÜR ERFOLG:

WEISST DU, WAS ERFOLG FÜR DICH BEDEUTET?

Was Erfolg im Leben ist, kann jeder nur für sich selbst definieren. An bestimmten äußeren Maßstäben kommt dabei aber kaum jemand vorbei. In der Schule gibt es Noten, im Business Kennzahlen. Entscheidend ist: Wie gehe Ich damit um? Selbstbestimmt leben heißt, seine innere Freiheit zu nutzen und die eigene Definition von Erfolg stets im Blick zu behalten.

Sascha Hehn: 17
Uschi Glas: 22
Prinz Andrew: 10

Nein, die genannten Zahlen beziffern nicht das geschätzte Privatvermögen dieser Promis in Millionen US-Dollar.

Es handelt sich auch nicht um die Anzahl der Luxus-Uhren, die diese Persönlichkeiten besitzen. Obwohl das vielleicht schon eher hinkäme.

Tatsächlich ist 17, 22 bzw. 10 jeweils das Golf-Handicap dieser drei Prominenten.

Woher ich das weiß? Es gibt im Internet allen Ernstes Webseiten über „Prominente Golfer und ihre Handicaps". Da finden sich online Listen mit hunderten Namen und dahinter steht jeweils nur eine Zahl. Diese Zahl sagt alles und nichts.

Wenn Sie selbst nicht Golf spielen, fragen Sie sich vielleicht, warum diese Zahl so wichtig zu sein scheint. Also will ich als bekennende Hobby-Golferin mal ein bisschen ausholen.

Während meiner Handballkarriere hätte ich es nie für möglich gehalten, dass ich mich zehn Jahre später einmal für den Golfsport begeistern könnte. Golf war für mich das Auto, mit dem einige meiner Mannschaftskameradinnen zum Training kamen, aber keine ernst zu nehmende Sportart. Ich dachte, da ziehen Rentner in merkwürdiger Kleidung beim Spazierengehen eine Art Einkaufskarre hinter sich her und schlagen ab und zu gegen ein Büllchen, das dann lustig auf ein kleines Loch zu hüpft.

Ich hatte keine Ahnung! Golf ist ein faszinierender Sport. Und Golfspielen ist ungeheuer anspruchsvoll. Nachdem ich nach meiner Handballkarriere eine Alternativsportart suchte, die mir Spaß machte, packte es mich dann doch und ich ließ mich auf den Golfsport ein. Nicht mit verbissenem Ehrgeiz, aber doch so leidenschaftlich und diszipliniert, wie man als ehemalige Leistungssportlerin an jede Sportart herangeht, die einem gefällt.

Es dauerte nicht lange, da fiel mir etwas Komisches auf: Immer, wenn ich mit anderen Hobby-Golfern ins Gespräch kam – bei Geschäftsessen, im Flieger oder im Urlaub –, hörte ich schon nach wenigen Sätzen die Frage: „Und, was haben Sie für ein Handicap?"

Mal kurz für die Nicht-Golfer: Das Handicap bezeichnet die Leistungsstärke eines Spielers. Im Kern geht es darum, mit wie vielen Schlägen über dem Rundenstandard man die Runde auf einem Platz beendet. Prinz Andrew mit einem Handicap von 10 spielt eine 72-er Runde mit 82 Schlägen, also 10 Schläge mehr als jemand, der ein Handicap von 0 hat. Prinz Andrew ist also besser als Sascha Hehn, der ein Handicap von 17 hat.

Es gibt noch eine Unmenge an Feinheiten – beispielsweise unterscheidet man beim Handicap noch Minus und Plus –, aber das lasse ich hier mal weg. Entscheidend ist: Mit einer einzigen Zahl ist über die Leistung eines Golfspielers vermeintlich alles gesagt – auch wenn er sein Handicap nicht bei jedem Spiel oder Turnier realisiert. Aber sie macht in der Golfszene zumindest erst mal einiges her.

Ohne Frage: Auch Menschen im Fitness-Studio schauen schon mal diskret, was der Typ mit den dicken Oberarmen so an Gewicht aufgelegt hat. Und sicher tauschen sich auch passionierte Läufer oder Schwimmer über ihre Zeiten aus. Aber eine solche Fixierung auf eine einzige Zahl, wie das Handicap beim Golf, habe ich noch bei keiner anderen Sportart erlebt.

Woher haben Hobby-Golfer dieses Bedürfnis, bei anderen das Handicap abzufragen? Warum veröffentlichen Zeitschriften wie Focus, Gala & Co. ganze Artikel über die Handicaps von Prominenten? Und wieso gibt es online diese ellenlangen Listen mit Promi-Handicaps?

Ich weiß es ehrlich gesagt nicht. Aber mir fällt eines immer mehr auf, je länger ich Golf spiele: Golf ist ein Sport, der erfolgsorientierte Menschen magisch anzieht. Schauspieler, Unternehmer, Manager, Politiker, ehemalige Sportstars aus anderen Disziplinen – sie alle spielen Golf zwar „nur" hobbymäßig, aber – so meine Beobachtung – sie legen dabei denselben Erfolgshunger und dasselbe Konkurrenzdenken an den Tag wie wahrscheinlich in ihrem Job.

Oder eben auch nicht.

Nach meiner Erfahrung gibt es zwei Typen von Hobby-Golfern: Typ 1 spielt Golf, weil es ihm Spaß macht und er den Sport faszinierend findet. Dieser Typ kann ein hohes, aber genauso gut auch ein sehr niedriges Handicap haben. In beiden Fällen ist ihm sein Handicap nicht so wichtig. Wenn er einen Mitspieler fragt, wie lange dieser spielt und welches Handicap er hat, dann aus echtem Interesse. Ist ein Mitspieler noch nicht lange dabei, aber trotzdem schon sehr gut, kann Typ 1 das aufrichtig bewundern.

Ganz anders Typ 2. Er fragt andere meiner Meinung nach nicht nach ihrem Handicap, weil er sich für sie interessiert, sondern nur, damit diese ihn anschließend auch nach seinem Handicap fragen. Und eigentlich fragt er sie auch nur dann, wenn er sich sicher ist, dass sein Handicap besser ist als ihres. Er will sich nämlich mit ihnen vergleichen. Typ 2 möchte, dass man ihn für seinen Erfolg bewundert. Erfolg ist für diesen Typen stets messbar und umso bedeutender, wenn dieser von anderen *bestaunt wird. Es gibt für ihn immer ein Besser und ein Schlechter. Das Leben ist ein einziges Ranking – und beim Golf ist das einschlägige Ranking eben das Handicap.*

Immerhin: Auch Typ 2 muss sich für sein Handicap richtig anstrengen. Dopen (wie beispielsweise im Radsport) oder sich mit üblen Fouls zum Pokal treten (wie im Fußball) funktioniert beim Golfen nicht. Ok, auch beim Golf gibt es tatsächlich Schummler, die bei einem verloren gegangenen Ball heimlich einen weiteren aus der Tasche plumpsen lassen. Ein übler und unsportlicher Trick. Aber ansonsten wird man beim Golfen durch eigene Fehler schnell bestraft. Ein falscher Gedanke kurz vor oder während des Schlags, eine falsche Arm- oder Kopfbewegung beim Abschlag, einmal zu früh vom Ball weggeschaut – all das rächt sich. Golf soll – nach Stabhochsprung – die technisch zweitschwierigste Sportart sein.

So erklärt sich auch der kürzeste Golfer-Witz. Kennen Sie den? Er lautet: „Ich kann's."

Number One Next

Die Businesswelt trifft sich auf dem Golfplatz – und Golf hält der Businesswelt den Spiegel vor. Wer seinen Erfolg im Business ausschließlich an Kennzahlen festmacht, der findet auf dem Golfplatz seine Erfüllung vielleicht auch nur in der Verbesserung seines Handicaps. Im Business ist es natürlich entscheidend, auf die Zahlen achtzugeben: Gewinn, Umsatz, Kosten, Cashflow, Ertrag, Handelsspanne – wer sich für diese Kennzahlen nicht interessiert, ist als Unternehmer bald weg vom Fenster oder als Manager gefeuert. Erfolg bemisst sich im Business außerdem daran, wie erfolgreich ein Unternehmen im Vergleich zu den eigenen Zahlen der Vergangenheit oder im Vergleich zur Konkurrenz ist. Das bringt Marktwirtschaft so mit sich. BMW nennt seine aktuelle Zukunftsstrategie „Number One Next". Da zieht zwar jeder Englischlehrer die Augenbrauen hoch, aber die Botschaft ist klar: Was immer wir in Zukunft machen – Hauptsache, wir sind die Nummer eins in unserem Marktsegment! Und beim Golfen ist das ähnlich: Nach jedem Turnier wird erst einmal geschaut, ob man sich beim eigenen Handicap verbessert hat und wie die Mitspieler gespielt haben.

In der Wirtschaft gibt es klare, messbare Kriterien für Erfolg, an denen keiner vorbeikommt. Das ist aber nicht nur in der Wirtschaft so. Bereits in der Schule geht es los mit der Messbarkeit von vermeintlichem Erfolg. Wenn Ihr Kind nicht gerade auf eine Waldorfschule geht, bekommt es von seinen Lehrern Noten. Nicht nur am Ende des Jahres auf dem Zeugnis, sondern auch zwischendurch: für Vokalbeltests, Klassenarbeiten, mündliche Mitarbeit oder das Halten eines Referats. An der Berufsschule, Fachhochschule oder Uni geht das für die jungen Erwachsenen noch ein Weilchen so weiter. Hat jemand eigentlich mal ausgerechnet, wie viele Noten wir bis zum Alter von 25 Jahren im Durchschnitt so bekommen? Hunderte sind es bestimmt, vielleicht sogar weit über tausend.

An einigen englischen Colleges erhalten Absolventen ihre Abschlüsse nicht etwa alphabetisch nach dem Nachnamen überreicht, sondern in der Reihenfolge des Notendurchschnitts. Aber auch an deutschen Schulen dürfen bei der Abschlussfeier nur die Besten der Besten nach vorne kommen und sich vom Rektor eine Urkunde und ein Geschenk abholen – während der Rest brav applaudiert. Zur Entspannung können die durchbenoteten und gerankten Schüler dann abends im Fernsehen Castingshows wie „Deutschland sucht den Superstar" oder „Germany's Next Topmodel" schauen. Auch da geht es darum, am Ende die Nummer eins zu sein – oder zumindest zu den Besten zu gehören. Gemeinsam ist all diesen Rankings, dass keiner der Teilnehmenden selbst darüber entscheidet, was Erfolg ist. Sondern darüber befindet eine Jury nach mehr oder weniger objektiven Kriterien.

Erinnern Sie sich noch an die Bestenlisten, mit denen die Zeitschrift *Focus* in den Neunzigern ihre Auflage in Rekordhöhen trieb? Die 100 besten Zahnärzte, Chirurgen, Rechtsanwälte, Privatschulen, Universitäten, Städte, Pflegeheime und so weiter – das versprachen damals die Titelgeschichten des Magazins. Inzwischen sind wir alle so besessen von Rankings und Bestenlisten, dass in einem Beitrag des Deutschlandfunks schon von der „Top-Ten-Gesellschaft" die Rede war. Okay, vielleicht ist das etwas übertrieben. Aber Tatsache ist: Wer irgendetwas sucht, der findet im Internet garantiert das passende Ranking dazu. Mit dem MBA von der Top-Ten-Uni kann man sich bei Deutschlands besten Arbeitgebern bewerben. Die Lust auf die Listen hat möglicherweise auch etwas mit Unsicherheit zu tun. Der Soziologe Oliver Berli von der Uni Köln sagte dazu dem Deutschlandfunk: „Wir leben ja doch für viele in einer unübersichtlichen Zeit und dementsprechend versprechen diese Formate auch eine gewisse Orientierung."

Messbare, äußere Erfolgskriterien schaffen also Orientierung. Dagegen ist im Prinzip nichts einzuwenden. Im Business, im Leistungssport, wahrscheinlich auch in der Schule – um nur drei Beispiele zu nennen – ist ein objektiver Orientierungsrahmen notwendig und sinnvoll. Nur anhand einer nachvollziehbaren Messlatte weiß ich, wo ich stehe – mit meiner Firma am Markt, in meinem Training beim Sport oder beim Lernen für Schule oder Hochschule. Wie sinnvoll Rankings über „die größten Deutschen", die hübschesten Models oder die Städte mit der besten Lebensqualität sind, darüber kann man wahrlich streiten. Hier fließen in Nullkommanichts Kriterien ein, die bei Licht betrachtet nicht so objektiv und messbar sind, wie behauptet wird. Die entscheidende Frage ist aber nicht die nach der Objektivität äußerer Erfolgskriterien, die entscheidende Frage lautet vielmehr: Ist das alles? Mache ich meinen persönlichen Erfolg ausschließlich am Kontostand, an meiner Position innerhalb einer Hierarchie oder an anderen äußeren Kriterien fest? Spiele ich Golf nur für mein Handicap? Bin ich Unternehmer allein für den Gewinn? Laufe ich einen Halbmarathon bloß für die Bestzeit?

Eigene Maßstäbe setzen

Beim Golf sind meine eigenen Maßstäbe ganz klar: Ich spiele Golf, weil es mir Spaß macht und ich von diesem Sport fasziniert bin. Obwohl ich sonst eigentlich nicht fernsehe, kann ich stundenlang vor dem Bildschirm sitzen und Golf schauen. Natürlich freue ich mich auch, wenn sich mein Handicap verbessert. Aber das ist für mich nicht der einzige Maßstab für Erfolg. Wenn ich auf einem landschaftlich schönen Platz eine Runde beendet habe, mir dabei alles gelungen ist, was ich mir vorgenommen habe und ich richtig im Flow war, habe ich anschließend das Gefühl: Das war eine erfolgreiche Runde! Ein Erfolg *für mich*, egal, was diese Runde für mein Handicap bedeutet hat. Ich kenne auch Unternehmer und Manager, die sagen: „Klar müssen meine Zahlen stimmen. Aber ich arbeite eigentlich nicht für Geld. Weder für den Gewinn der Firma noch für mein Einkommen. Das, was ich hier mache, befriedigt mich innerlich zutiefst, weil ich alle meine Fähigkeiten dabei einsetzen kann und weil ich viel Leidenschaft für meinen Beruf habe. Meine Mitarbeiter kommen morgens gerne zur Arbeit. Das ist für mich Erfolg." Es gibt außerdem Menschen, die sagen: „Ich war nie ein guter Schüler. Aber während meiner Schulzeit habe ich Prägungen erfahren, die mich heute erfolgreich sein lassen." Da gab es vielleicht einen Lehrer, der gleichzeitig Mentor war. Oder eine Sportmannschaft, in der jemand Kameradschaft, Zielstrebigkeit und Fairplay kennengelernt hat.

Die äußeren Erfolgskriterien sind das eine. Aber es gibt da auch immer noch eine zweite Ebene, die aus meiner Sicht sogar noch bedeutender, wenn auch nicht immer leicht auszumachen ist: Eine Ebene, auf der ich die Freiheit besitze, selbst zu definieren, was für mich persönlich Erfolg ist. Das kann mit den äußeren Maßstäben weitgehend identisch sein, sich damit überschneiden oder davon völlig unterscheiden. Wir finden heute praktisch überall äußere Kriterien für Erfolg, die andere aufgestellt haben. Meistens haben wir auf diese Kriterien keinen Einfluss und es wäre unsinnig, dagegen rebellieren zu wollen. Kinder könnten noch so sehr protestieren: „Ich will aber kein Zeugnis!" – und bekämen doch eines, in dem möglicherweise auch noch vermerkt wäre, sie seien notorisch aufsässig. Aus der Welt der Rankings und Bestenlisten gibt es erst einmal kein Entkommen.

In unserer eigenen Bewertung äußerer Kriterien sind wir aber – zumindest als Erwachsene – weitgehend frei. Ich kann zum Beispiel sagen: „Dieses Mitarbeitergespräch ist total bescheiden gelaufen, aber ich habe viel dabei gelernt, und so gesehen war es für mich dann doch ein gutes und wertvolles Gespräch für meine Selbstentwicklung." In diesem Fall bewerte ich Erfolg rückblickend anders als im Vorfeld. Das ist die eine Möglichkeit. Die zweite: Ich kann mir auch von vornherein andere Ziele setzen, als man normalerweise erwarten würde. Ich kann einen Schwimmkurs besuchen, weil ich an meiner Technik arbeiten und richtig gut werden will – oder weil ich neu in einer Stadt bin und Leute kennenlernen möchte. Entsprechend unterschiedlich ist mein Maßstab für Erfolg: Ich bin am Ende entweder ein besserer Schwimmer oder ich habe neue Freunde gefunden. In beiden Fällen war ich erfolgreich. Wenn ich Leute kennenlernen wollte, dann aber zwar als besserer Schwimmer aus dem Kurs hervorgehe, aber ohne neue Kontakte geknüpft zu haben, war ich nicht erfolgreich. Obwohl ich das objektive Ziel des Schwimmkurses erreicht habe.

Erfolg heißt stets, dass etwas „er-folgt" ist. Erfolg hat mit dem Erreichen eines definierten Vorhabens oder eines bestimmten Ziels zu tun. Erfolg ist, was „folgt", wenn ich versuche, etwas umzusetzen – oder, im Fall des Misserfolgs, eben auch nicht „folgt". Insofern ist die Definition von Erfolg immer auch von meinem Selbstbild abhängig. Das, was ich konkret als Erfolg verbuche, hängt davon ab, wie ich meine Leistung selbst bewerte. Wenn jemand sich vorgenommen hat, 10 Kilo abzunehmen, und das erreicht hat, dann hatte diese Person Erfolg. Eine andere Frage ist, ob es überhaupt nötig und realistisch war, 10 Kilo abnehmen zu wollen. Das kommt auf das Selbstbild und die eigenen Ziele an, und dafür ist jeder allein verantwortlich. So ist es eigentlich immer. Wenn ich einen MBA machen will, kann ich mir die Erfolgskriterien dafür nicht aussuchen. Ich schaffe es am Ende oder ich schaffe es nicht. Punkt. Eine andere Frage ist, ob der Erfolg, einen MBA zu haben, mich in meiner Karriere und in meinem Leben wirklich weiterbringt. Manche junge Leute halten es ja sogar für Zeitverschwendung zu studieren und gründen lieber mit 19 ihr erstes Start-up. Andere sind dagegen stolz auf ihren Doktortitel und glauben, dass dieser für ihre Karriere ganz besonders wichtig war. Ist der eigene Maßstab für Erfolg am Ende sogar der entscheidende?

Erfolgsdruck kommt von außen

Erfolg kann ganz schön anstrengend sein – jedenfalls die Jagd nach dem rein äußeren Erfolg. Denn genau das ist das Problem: Je mehr ich mich an den äußeren, von anderen definierten Maßstäben für Erfolg orientiere, desto stärker bin ich fremdbestimmt. Und Fremdbestimmung ist anstrengend und kann sehr unzufrieden machen. Das belegt auch die Stressforschung: Menschen, die am Arbeitsplatz über Stress klagen oder gar gefährdet sind, in einen Burnout zu laufen, leiden oft weniger unter der tatsächlichen Arbeitsbelastung als unter dem Gefühl der Fremdbestimmung. Der Psychiater und Autor Manfred Spitzer bezeichnet Fremdbestimmung und das Fehlen von Einflussmöglichkeiten in der jeweiligen Situation sogar als die eigentliche Ursache jeder Form von Stress. Der Umkehrschluss liegt auf der Hand: Je mehr ich meinen eigenen Maßstab von Erfolg definieren kann, desto selbstbestimmter bin ich unterwegs und desto mehr kann ich mich innerlich entspannen. Selbst wenn wir das Gefühl haben, dass wir uns selbst unter Druck und unter Erfolgszwang setzen, lohnt es sich, genauer hinzuschauen. Meistens sind es eben doch die äußeren, von anderen definierten Kriterien von Erfolg, die uns stressen.

Zwar können wir an all den Noten, Rankings, Kennzahlen und Bestenlisten nichts ändern. Aber wir können unsere innere Freiheit nutzen, um parallel unsere eigenen Maßstäbe für Erfolg zu definieren. Und von genau dieser Möglichkeit machen nach meiner Beobachtung viel zu wenige Menschen Gebrauch. Sie kleben unreflektiert an äußeren Erfolgskriterien und machen ihr inneres Wohlergehen davon abhängig. Diese Menschen stoßen Glücksschreie wie in der Zalando-Werbung aus, wenn sie eine positive Bewertung in den Social-Media-Kanälen bekommen – und fühlen sich wie eine Leiche auf Urlaub, wenn sie schlecht bewertet werden. Gelassenheit und Selbstbestimmung sieht anders aus.

Menschen, die ein selbstbestimmtes Leben führen, machen sich von äußeren Erfolgskriterien weitgehend frei. Sie sagen sich: Klasse, wenn mein Chef mich positiv bewertet, auch klasse, wenn mein Handicap beim Golf sich verbessert, super klasse, wenn ich mehr Geld verdiene, aber davon hängt meine innere Zufriedenheit nicht ab. Ich bin keine Spielfigur in einem Spiel, dessen Regeln sich andere ausgedacht haben.

Im nächsten Step dehnen selbstbestimmte Menschen den Bereich, in dem sie selbst definieren, was für sie Erfolg ist, immer weiter aus. Auch dort, wo sie sich äußeren Erfolgsmaßstäben unterwerfen (müssen), schaffen sie sich immer eine zweite Ebene, auf der sie selbst über ihren Erfolg entscheiden. Sie sagen sich zum Beispiel: Ganz egal, mit welchen Umsatzzahlen ich am Ende des Quartals abschließe, ich habe mein Bestes gegeben. Dadurch können sie sich sofort entspannter und selbstbestimmter fühlen. Oder sie sagen sich beim Sport: Ich fahre zu diesem Wettkampf in erster Linie, weil ich mein Bestes geben will. Wenn ich alles gut schaffe, meine Leistung abrufen und mir selbst beweisen kann, wie gut ich trainiert habe, ist das für mich ein Erfolg. Wenn ich dann auch noch zu den Besten gehöre, ist das prima. Aber darum geht es mir erst mal gar nicht. Ich gehe den Wettkampf konzentriert und auf meine Fähigkeiten fokussiert an.

Vor ein paar Jahren bewarb sich eine junge Germanistin aus meinem beruflichen Netzwerk aus einer Laune heraus bei einem renommierten Medienunternehmen. Sie hatte eigentlich schon einen sicheren und verantwortungsvollen Vollzeitjob in derselben Branche. Dieser Job machte ihr eine Menge Spaß und sie wollte sich gar nicht wirklich beruflich verändern. Sie war bloß neugierig, wie es bei der Konkurrenz zuging und wie die Leute dort drauf waren. Sie ahnen vielleicht schon, wie die Sache ausging: Diese Spaß-Bewerberin wurde prompt zum Bewerbungsgespräch eingeladen und war dort so gut gelaunt, locker und souverän, dass das Unternehmen sie anschließend sofort einstellen wollte. Sie hatte alle ernsthaften Bewerber ausgestochen. Es war übrigens ein anspruchsvoller und begehrter Job, auf den es in solchen Medienunternehmen immer sehr viele Bewerbungen gibt. So auch in diesem Fall. Und da kann man sich ja denken, was das heißt: Alle Bewerber gehen davon aus, dass eine solche Chance so schnell nicht wiederkommt! Deshalb setzen sie sich mächtig unter Erfolgsdruck. Nicht so diese junge Bewerberin. Sie spazierte dort rein wie eine, die bei den Chefs mal kurz auf einen Kaffee vorbeikommt. Erfolg hieß für sie nicht, die Stelle zu bekommen, sondern einen netten Nachmittag zu verleben und Einsichten in die Arbeitsweise dieser Firma zu gewinnen. Am Ende nahm sie das Jobangebot übrigens tatsächlich an und wechselte zu diesem Unternehmen.

Das zeigt: Wenn wir uns nicht von außen unter Erfolgsdruck setzen lassen, können wir plötzlich mit Leichtigkeit wir selbst sein und werden dadurch sogar erfolgreich – nicht nur innerlich und nach unseren eigenen Maßstäben, sondern erfolgreich auch im Außen.

Der Grand-Canyon-Effekt

Der Grand Canyon gehört zu den faszinierendsten Naturformationen, die ich je gesehen habe. Als ich zum ersten Mal im Grand Canyon gewandert bin, nahm ich neben unvergesslichen Eindrücken auch noch eine ganz besondere Erkenntnis mit. Doch bevor ich dazu komme: Wieso überhaupt *Wandern* im Grand Canyon?

Als Besucher im Grand-Canyon-Nationalpark haben Sie als Tourist die Wahl zwischen dem Blick von oben auf den Canyon oder einer intensiven Naturerfahrung im Canyon-Tal an den Ufern des Colorado Rivers.

Für den Blick von oben können Sie Ihren Mietwagen oder Ihr Wohnmobil auf einem der Großparkplätze abstellen und dann den Shuttlebus zum Besucherzentrum oder zu einem der Aussichtspunkte nehmen. Der Anblick der mehrere Kilometer breiten Schlucht ist wirklich umwerfend.

Wenn man den Grand Canyon wirklich intensiv erleben will – also nicht nur von oben –, dann benötigt man weit mehr Zeit, mindestens einen vollen Tag. Man wandert dann ganz früh morgens in die Schlucht hinunter und abends denselben Weg wieder zum Ausgangspunkt zurück. Eine solche Tagestour habe ich bei meinem ersten Besuch gemacht. Und als Leistungssportlerin wusste ich, wie wichtig es bei einer solch anstrengenden Tagestour ist, seine Kräfte einzuteilen.

Das beherzigen im Grand Canyon leider nicht alle Besucher. Denn die meisten Touristen sind eher Bergtouren gewohnt, bei denen man erst den mühsamen Aufstieg hat und anschließend den weniger kräftezehrenden Abstieg. Absteigen können die meisten Menschen leichter als aufsteigen, obwohl es belastender für die Knie ist.

Im Grand Canyon ist es genau umgekehrt: Man steigt erst einmal mehr als tausend Höhenmeter ab. Irgendwann ist man unten am Colorado River angekommen und hat dann den anstrengenden Aufstieg zurück zum Ausgangspunkt noch vor sich. Die anstrengendste Etappe kommt hier also zum Schluss.

Wer sich das nicht von Anfang an klarmacht und etwas naiv an die Tour herangeht, kann den Grand Canyon auch sehr unangenehm in Erinnerung behalten. So jemand ist dann während der ersten Stunden völlig fasziniert von der Landschaft und läuft wie auf Wolken immer weiter in die Schlucht hinein. Unten spaziert er lange herum und genießt die atemberaubende Landschaft. Und dann fehlt ihm die Kraft für den Rückweg.

Ständig sind die Park Ranger im Grand Canyon unterwegs und sammeln Touristen ein, die sich ihre Kräfte nicht richtig eingeteilt haben und daher den Rückweg nicht mehr meistern.

Nun zu meiner persönlichen Erkenntnis, die ich im Grand Canyon hatte: Erfolg im Leben zu haben, ein großes Ziel zu erreichen oder eine neue Herausforderung zu bewältigen, stellen wir uns intuitiv oft so vor, dass wir uns erst mal richtig anstrengen müssen, es dann aber irgendwann leichter wird. Das ist aber nicht immer so. Es kann genauso gut auch umgekehrt sein. Dann kommt die schwierigste Etappe zum Schluss und wir brauchen kurz vor dem Ziel nochmal echtes Durchhaltevermögen. Das nenne ich den Grand-Canyon-Effekt.

Wer am Rand des Grand Canyon steht, hat einen großen Vorteil: Er hat einen Überblick und sieht grob, was ihn erwartet. Auch auf dem Weg zu unseren Zielen und Erfolgen müssen wir uns vor Augen führen, was für ein Weg vor uns liegt, was wir genau vorhaben und wie wir es erreichen möchten. Als ich mich 2011 selbstständig machte, plante ich zwei bis drei Jahre ein, um richtig in den Markt zu kommen. Ich wusste, dass es anfangs nicht leicht werden und der nachhaltige Erfolg erst später eintreten würde. Ich nahm zu Beginn jeden Auftrag mit, manchmal für einen geringen Tagessatz. Ich wusste, dass gehört zu dieser Etappe dazu, um am Ende erfolgreich zu sein.

Erfolg kommt nur im Alphabet vor Fleiß

Zunächst einmal klingt das einfach: Erfolg im Leben für sich selbst zu definieren und sich von äußeren Maßstäben zumindest innerlich frei zu machen. Die Gefahr dabei ist, dass man den persönlichen Erfolg zu sehr auf die leichte Schulter nimmt. Mal angenommen, Sie schaffen es, sich schrittweise immer mehr von den Erwartungen anderer oder den gesellschaftlichen Regeln und Normen abzugrenzen. Sie nehmen diese nicht mehr so ernst, weil Ihr Leben schließlich nicht davon abhängt. Sie fragen sich vielmehr, was Erfolg *für Sie* bedeutet und welche Ziele Sie in Ihrem Leben erreichen wollen, um zufrieden und mit sich selbst im Reinen zu sein. Das kann ein enormer Akt der Selbstbefreiung sein! Eine neue, faszinierende Welt tut sich Ihnen auf. Sie fühlen sich so, als stünden Sie zum ersten Mal am Rand des Grand Canyons. Begeistert und mit einem Gefühl der Leichtigkeit laufen Sie los. Sie spüren echte Freiheit. Freiheit und Selbstbestimmung.

Nun werden Sie aber bald merken, dass Freiheit immer zwei Seiten hat: Es gibt die Freiheit *von* etwas und die Freiheit *zu* etwas hin. Der Philosoph Isaiah Berlin hat diese zwei Begriffe der Freiheit in seiner berühmten Antrittsvorlesung an der Universität Oxford im Jahr 1958 geprägt. Das ist keine bloße Theorie aus dem Elfenbeinturm, sondern entspricht der ganz praktischen Lebenserfahrung: Immer, wenn Sie sich von etwas befreit haben (oder befreit worden sind), stellt sich die Frage, was Sie mit der neu gewonnenen Freiheit anfangen wollen. In unserer Gesellschaft begegnet uns allen diese Frage als Teil des Erwachsenwerdens: Bis zu einem gewissen Zeitpunkt unterliegen Jugendliche der Schulpflicht und stehen unter der Vormundschaft ihrer Eltern oder eines gesetzlichen Vertreters. Dann, in der Regel mit dem vollendeten 18. Lebensjahr, sind sie frei davon und es stellt sich die Frage, wozu sie ihre Freiheit nutzen wollen. Welche Ziele strebt ein junger Mensch an?

Im Leben begegnen uns diese zwei Seiten der Freiheit immer wieder. Wir haben zum Beispiel einen Job gekündigt, der für uns am Ende nur noch Frust bedeutet hat. Oder wir haben eine Beziehung beendet, die uns zu sehr eingeengt hat. Wir fühlen uns endlich wieder frei. Aber was machen wir jetzt mit und aus der Freiheit, selbst wählen zu können? Wozu nutzen wir sie? Irgendwann merken wir, dass es ganz schön herausfordernd sein kann, seine Freiheit zu leben und für das eigene Leben und den eigenen Erfolg die volle Verantwortung zu übernehmen. Selbstbestimmter Erfolg ist unvergleichlich befriedigender als ein fremdbestimmter Erfolg, bei dem es nur darauf ankommt, Maßstäben gerecht zu werden, die andere definiert haben.

Menschen wachsen typischerweise dort am meisten über sich hinaus, wo sie eine Leidenschaft haben, sich ihre Ziele selbst setzen und ihren Erfolg selbst definieren. Reinhold Messner zum Beispiel, der als größter Bergsteiger aller Zeiten gilt: Niemand hat ihn gezwungen, als erster Mensch alle 14 Achttausender dieser Erde zu besteigen – ohne die übliche Sauerstoffmaske, ohne großen Versorgungstross und nicht selten sogar ganz allein. Er hat sich diese hohen Ziele selbst gesetzt. Und es war oft unglaublich hart, sie zu erreichen. Reinhold Messner hatte die Freiheit, außergewöhnliche Ziele zu erreichen, und er hat seine Freiheit genutzt. Zum Thema Erfolg hat die mittlerweile über 70-jährige Bergsteiger-Legende in einem Interview mit der Funke-Mediengruppe einmal gesagt, was für ihn wirklich zählt: „Einzelne, revolutionäre Besteigungen und Ideen, die ich verwirklichen konnte. Ich habe ja nicht alles geschafft, etwa die Hälfte meiner Vorhaben sind gescheitert. Mir geht es am Ende nicht um den Erfolg nach außen, sondern um die Erfahrung, die ich nach innen mache." Damit sagt Reinhold Messner nichts anderes, als dass er Erfolg vor allem für sich selbst definiert und nur seine eigenen Maßstäbe für ihn zählen. Wir bewundern Reinhold Messner für seine Erfolge, seine Rekorde, die Grenzen des Möglichen, die er verschoben hat. Doch anders als Außenstehende denken mögen, war der Gipfel für Messner nie das Wichtigste. In einem weiteren Interview bekannte er, der Gipfel sei für ihn im Grunde nur ein Umkehrpunkt. Wichtig ist für ihn, dass er in dieser Welt überlebt und heil zurückkommt. Das ist Ausdruck selbstbestimmten Erfolgs.

Aber auch selbstbestimmter Erfolg hat seinen Preis. Erfolg kostet Anstrengung und Fleiß. Als ich in der Handballnationalmannschaft spielte, sagte einmal mein Trainer zu mir: „Manche Spieler können noch so viel Talent haben: wenn sie keinen Fleiß und keine Disziplin besitzen, nützt ihnen das Talent gar nichts." Fleiß ist die Schwester des Erfolgs. Fleiß bedeutet für mich arbeiten, wenn andere Freizeit haben oder andere Dinge tun. Fokussiert bleiben, wenn es eigentlich auch anderes zu tun gäbe. Dranbleiben, wenn man eigentlich keine Lust mehr hat. Fleiß und Disziplin liegen für mich sehr nah beieinander. Fleiß kann man auch als „intrinsische Motivation" bezeichnen, das bedeutet aus sich selbst heraus motiviert sein. Im Duden wird Fleiß wie folgt beschrieben: „Strebsames und unermüdliches Arbeiten; ernsthafte und beharrliche Beschäftigung mit einer Sache."

Warum schaffen es manche, fleißig zu sein, dranzubleiben und den Weg bis zum Ende zu gehen? Meiner Meinung nach, weil das Ziel und die Begeisterung dafür wie siamesische Zwillinge sind. Wenn das Ziel oder mein Vorhaben nicht durch Begeisterung und Freude entstanden ist, wird es schwer mit dem Fleiß. Wer also für sich etwas erreichen oder erfolgreich sein möchte, kommt am Fleiß nicht vorbei. Kein Meister ist vom Himmel gefallen. Ausdauer und Verzicht sind Komponenten auf dem Weg zum Erfolg und stille Begleiter des Fleißes. Wir müssen verzichten, um gut zu werden – egal wobei. Fleiß ist wie Schmierstoff. Wenn ich mich der Herausforderung gewachsen fühle und vielleicht sogar im Tun die Zeit um mich herum vergesse, spüre ich in dem Moment einen sogenannten Flow. Flow ist die höchste Form der intrinsischen Motivation, also der Antrieb aus sich selbst heraus, ohne etwas dafür von außen zu bekommen. Der ungarisch-amerikanische Psychologe Mihály Csíkszentmihályi hat das Flow-Erleben 1975 erstmals beschrieben. Kann man Fleiß lernen? Ich glaube ja und nein. Wenn ein Ziel oder ein Vorhaben richtig aufgeladen ist mit positiven Gefühlen, dann ist es leicht, dranzubleiben. Wiederum gibt es sicher auch genetische Vorprägungen, die jemanden von Natur aus fleißig sein lassen. Fest steht nur eines: ohne Fleiß kein Erfolg.

Statt eines Erfolgsrezepts: Sechs Impulse

Wer so zufrieden auf sein Leben zurückblicken kann wie Reinhold Messner, der hat wohl einiges richtig gemacht, auch wenn er der Existenz einer magischen Erfolgsformel eine klare Absage erteilt. Oder gerade deswegen. Dennoch möchte ich Ihnen am Ende dieses Kapitels über Erfolg noch ein paar zusammenfassende Gedanken mit auf den Weg geben, die mir wichtig sind.

Der erste lautet: Lernen Sie zu verzichten, wenn Sie etwas wirklich erreichen wollen.

Erfolg hat immer viel mit Verzicht zu tun, denn kein Mensch kann alles haben. Wenn ich das tue, was ich liebe, kann ich mit dem Verzicht aber auch gut umgehen. Dann belastet mich nicht ständig die Vorstellung, dass ich meine Freiheit auch anders nutzen könnte, als ich es im Moment tue.

AUS DEM ALLTAG

Vor einem Jahr bekam ich unter der Woche eine WhatsApp von einer Freundin. Sie fragte, ob wir uns nicht spontan treffen wollten. Ich sagte ihr ab. Eigentlich wäre ein Treffen zeitlich sehr leicht möglich gewesen: Wir leben beide in Hamburg, sie arbeitet nicht weit von mir entfernt. Ich hatte generell auch richtig Lust, mit dieser Freundin etwas zu unternehmen, denn ich verbringe immer gern Zeit mit ihr, wir haben tiefsinnige Gespräche und können immer viel lachen. Trotzdem schrieb ich zurück, dass es mir an dem Tag nicht passte. Meine Freundin antwortete, sie hoffe, dass ich nicht so viele Termine hätte. Ich war ehrlich und antwortete: Nein, ich habe heute gar keine Termine. Aber ich möchte an meinem Buch schreiben. Ich verfolgte ein Ziel, und das war meine bewusste Entscheidung. Für dieses Ziel war ich bereit, auf den netten Nachmittag mit dieser Freundin zu verzichten.

Mir ist es wichtig, keine äußeren Verpflichtungen als Ausrede zu benutzen. Ich habe das Recht, über meine Zeit zu bestimmen und meine eigenen Prioritäten zu setzen. Wenn ich keine Termine habe, heißt das nicht, dass ich immer für andere verfügbar bin. Ich sage das als jemand, der sich oft genug Auszeiten nimmt und immer wieder auch für spontane Unternehmungen zu haben ist. Aber als ich ein bestimmtes Ziel verfolgte, wie zum Beispiel das Schreiben dieses Buches, wollte ich es auch im Fokus behalten, und dafür muss anderes weichen. Man kann dies Fleiß nennen oder Disziplin oder Leidenschaft – oder eben alles drei.

Das bringt mich zu meinem nächsten Gedanken: Übermäßiger Ehrgeiz kann uns auf Dauer unzufrieden oder sogar krank machen.

Überhöhter Ehrgeiz ist bei vielen Menschen auf dem Weg zum Erfolg ein steter Wegbegleiter, der aus meiner Sicht langfristig ungesund oder ungünstig ist. Jeder Leistungssportler weiß, dass zu viel Training und das Hinterherjagen nach Erfolg nichts bringt. Im Gegenteil, in einem ausgewogenen Krafttraining konzentriert man sich zum Beispiel einen Tag nur auf die Arme und am anderen Tag nur auf das Beintraining, damit beanspruchte Muskelpartien eine Ruhepause haben. Und Ziele werden im Sport in erster Linie nach den Fähigkeiten und den Möglichkeiten des Sportlers oder der Mannschaft gesteckt. Ungesunder Ehrgeiz kann entstehen, wenn wir – bei aller Leidenschaft – unsere Ressourcen aus dem Auge verlieren oder uns unrealistische Ziele setzen. Oder wenn wir uns zu viel nach außen orientieren und das Erreichte nicht wertschätzen können. Hier geht es letztlich um den guten Umgang mit sich selbst.

Mein dritter Gedanke: Seien Sie stolz auf Ihre Leistung, auf das Erreichte.

Dieser Stolz kommt aus dem fürsorglichen Eltern-Ich, das uns Lob und Anerkennung für das Erreichte ausspricht. Dadurch entwickeln Sie auch ein Gegengewicht zu Ihrem inneren Kritiker, der Sie enorm unter Erfolgsdruck setzen kann, weil er häufig negativ bewertet. Da ist dann manchmal so eine innere Stimme, die sagt: „Das war noch nicht gut genug. Das kannst du besser." Der innere Kritiker sucht bei manchen Menschen mit der Lupe nach den wenigen Fehlern, selbst wenn sie alles richtig gemacht haben. Wenn der innere Kritiker zu mächtig wird, ist es Zeit, ihm Einhalt zu gebieten. Fragen Sie sich dann lieber: Was war bisher gut? Was habe ich schon alles erreicht? Denn: Nur wenn es Ihnen gut geht, können Sie auf Dauer erfolgreich und dabei auch noch zufrieden sein.

Wenn es Ihnen rundum gut geht, sollten Sie Ihre positive Energie nutzen und zielstrebig vorgehen. Denn der Erfolg kommt nun einmal nicht von selbst.

Deshalb der vierte Gedanke: Machen Sie einen Plan, entwickeln Sie eine Strategie für Ihr Vorgehen.

Gerade Menschen, die sich viel vorgenommen und viele Ideen und Leidenschaft für etwas haben, neigen manchmal dazu, ihren Fokus zu verlieren und sich zu verzetteln. Sie können Großes im Leben erreichen, aber sie können vielleicht nicht immer alles erreichen. Schon gar nicht alles gleichzeitig. Fokus und Konzentration auf eine Sache, das weiß jeder Sportler, sind unverzichtbar für den Erfolg.

Wenn Sie sich konzentrieren und planvoll vorgehen, hat Erfolg keine Grenzen. Das ist der fünfte und vorletzte Gedanke zum Thema Erfolg, den ich Ihnen mit auf den Weg geben möchte: Beseitigen Sie die Hindernisse für Ihren Erfolg.

Das gilt sowohl im Innen als auch im Außen. Es beginnt immer mit der eigenen ‚positiven Grundhaltung, damit, dass ich von vornherein glaube: „Das geht!", „Das schaffe ich!" oder „Dafür bin ich geeignet". Ich durfte in meinem bisherigen Leben immer wieder die Erfahrung machen, dass Dinge möglich sind, die „eigentlich" nicht gehen. Ich habe in der Handball-Nationalmannschaft rechts außen gespielt, obwohl ich Rechtshänderin bin. Das geht „eigentlich" nicht. Diese Position wird häufig im Handball von Linkshändern eingenommen. Ich fand mich damit nicht ab und blieb konzentriert dabei, weil ich leidenschaftlich gern Handball spielte. Zudem war ich auf mein Ziel fokussiert, auf dieser Position immer besser zu werden. Ich perfektionierte meine Wurftechnik und arbeitete immer wieder an meiner Sprungkraft. Irgendwann lag ich quer in der Luft, um den richtigen Winkel für einen Wurf zu haben. Meine Technik war buchstäblich schräg, aber ich hatte Erfolg damit. Später war ich Vertriebsleiterin in einem Konzern, obwohl ich den Umgang mit Zahlen überhaupt nicht mag. Das geht ja auch „eigentlich" nicht, weil sich im Vertrieb nun mal vieles um Zahlen dreht. Ich fand aber auch da meinen Weg, war gut in Excel, war für Meetings immer sehr gut vorbereitet und nahm überall einen Taschenrechner mit, damit ich meine überschaubaren Kopfrechenkünste nie spontan unter Beweis stellen musste. Meine innere Überzeugung war bei all dem stets: „Ich schaffe das schon, ich finde einen Weg." Denn die allergrößten Hindernisse für unseren Erfolg sind häufig nur in unseren Köpfen. Wir haben es selbst in der Hand, sie zu beseitigen. Und die äußeren Hindernisse? Sie liegen meist in dem, was andere Menschen in unserem Umfeld zu dem zu sagen haben, was wir tun und erreichen wollen. Sie meinen, es anders oder besser zu wissen, was für uns gut ist, ob sich etwas für uns lohnt oder ob unser Weg der richtige ist. Wer selbstbestimmt und erfolgreich unterwegs sein möchte, macht sich auch davon frei.

Und hier der sechste und letzte Gedanke zum Thema Erfolg – auch er wieder vom Sport inspiriert: Feiern Sie Ihren Erfolg!

Nehmen Sie sich ein Beispiel an den vielen Sportlern, die Sie in den Medien immer wieder zu sehen bekommen – wie sie nach einem Wettkampf jubeln, die Arme in die Luft strecken, sich im Mannschaftssport vor Freude in den Armen liegen. Selbst ein Flugzeugpilot erntet von den Passagieren im Ferienflieger tosenden Applaus. Im Business dagegen feiern wir unsere erreichten Ziele viel zu wenig. Ändern Sie das: Jubeln Sie! Und loben Sie vor allem auch Ihre Mitarbeiter, Ihr Team für ihren Einsatz! Halten Sie für ein paar Stunden lang die Welt und die Zeit an und freuen Sie sich, dass Sie Ihr Ziel erreicht haben. Seien Sie stolz auf sich! Genießen Sie dieses wunderbare Gefühl, genau das geschafft und geleistet zu haben, worauf Sie lange hingearbeitet haben, wofür Sie alles gegeben und eventuell auf vieles verzichtet haben. Es sind genau diese Momente, die unser Leben leuchten lassen und von denen Sie lange zehren werden.

ZEIT FÜR DEINEN ERFOLG: WEISST DU, WAS ERFOLG FÜR DICH BEDEUTET?

- Was bedeutet für Sie Erfolg im Leben – beruflich wie privat?
- Wenn Sie auf Ihr bisheriges Leben zurückblicken: Was haben Sie bereits erreicht, worauf Sie heute noch stolz sind?
- In welchen Momenten haben Sie das Gefühl, dass Sie sich in Bezug auf Erfolg von äußeren Maßstäben bestimmen lassen?
- Bei welcher Tätigkeit gelingt es Ihnen am ehesten, sich nur auf Ihr Tun zu fokussieren? Wann vergessen Sie alles andere um sich herum? Wann fühlen Sie sich im Flow?
- Aus welchen Gründen bleiben Sie an bestimmten Vorhaben nicht dran?

6

ZEIT FÜR SELBST-BESTIMMUNG:

WEISST DU, WIE DU ZUM REGISSEUR DEINES LEBENS WIRST?

Selbstbestimmt zu leben macht extrem zufrieden. Dafür sollte man sein Leben nach den eigenen Wünschen und Zielen ausrichten und es unabhängig von den Erwartungen anderer gestalten. Wie man das schafft? Indem man Verantwortung für sein Leben übernimmt und ein gesundes Maß an Egoismus entwickelt. Der Kompromiss steht am Ende, nicht am Anfang.

„Überraschung! Frühstück!"

Julia strahlt über das ganze Gesicht, als Martin in die Küche kommt.

Es ist ein sommerlicher Sonntagmorgen. Durch die Küchenfenster dringt helles Sonnenlicht und verbreitet einen strahlenden Glanz.

Julia ist früh aufgewacht und hat spontan beschlossen, ihren Freund und ihren Sohn mit einem tollen Frühstück zu überraschen. Sie ist beim Bäcker gewesen, um Brötchen zu holen, hat den großen Holzküchentisch mit schönem Porzellan gedeckt und kreiert gerade mit Hingabe einen Käseteller mit Fruchtstücken als Deko.

„Guten Morgen", stößt Martin müde hervor und muss sich erst einmal sortieren. Seine Haare sind noch nass von der Dusche. Er trägt ein weißes T-Shirt, dazu eine kurze Hose und Flipflops. Er schlurft von hinten an Julia heran und gibt ihr einen Kuss auf die linke Wange.

Ein Song klingt aus dem Radio, während Julia ein letztes Stück Käse aus der Packung holt. Leise singt sie mit: „… and if it ends, can we be friends?"

„Das ist aber lieb, dass du Frühstück machst!", bringt Martin schließlich über die Lippen. „Kann ich dir irgendwie helfen?"

Martin lehnt sich an den Herd. Darauf steht ein offener Topf, in dem heißes Wasser kleine Blasen wirft.

„Sobald das Wasser kocht, können die Eier rein", koordiniert Julia das Geschehen. „Du musst sie aber vorher noch anpieksen."

„Wird gemacht", erwidert Martin.

Julia hat den Eierkarton schon aufgeklappt und neben den Herd gestellt. Der Eierpiekser steht daneben bereit. Martin nimmt das erste Ei, setzt es mit der dickeren Seite auf den Eierpiekser, drückt leicht, bis ein Loch drin ist, und legt das gepiekste Ei vorsichtig in den aufgeklappten Deckel des Eierkartons. Anschließend nimmt er das nächste Ei zur Hand.

„Machst du bitte zwei Löcher rein?" Julia wendet ihren Blick nur für einen Wimpernschlag zu Martin. Dann öffnet sie ein Glas Marmelade.

Martin stoppt seinen Bewegungsablauf, als hätte ihm jemand den Stecker gezogen. In Zeitlupe setzt er das zweite Ei in den Eierkarton zurück. Danach wendet er sich (ebenfalls sehr langsam) mit dem ganzen Körper seiner Freundin zu.

Julia spürt sofort, dass sich die Energie im Raum verändert hat.

Für ein paar endlose Augenblicke ist nur der nächste Song im Radio zu hören: „I'm bulletproof, nothing to lose, fire away, fire away …"

Dann sagt Martin ernst und mit fester Stimme: „Man piekst nur ein *Loch in ein Ei.*"

„Wir können doch auch zwei reinpieksen", *sagt Julia mit unvermindert guter Laune.*

„Das macht man nicht."

„Wer ist ‚man'?", *Julia ist leicht genervt.*

„Ich mache ein Loch in jedes Ei, und so ist es auch richtig."

„Und ich habe mein Leben lang immer zwei Löcher ins Ei gepiekt." *Julia ist nun deutlich genervt.* „Die letzten zwei Jahre, wenn ich Frühstück für uns gemacht habe, auch. Jetzt sag bitte nicht, du hättest den Unterschied geschmeckt. Dann hättest du ja wohl vorher schon mal was gesagt, oder?"

„Dann hast du es eben bisher immer falsch gemacht. Das weiß doch jeder, dass nur ein Loch ins Ei kommt. Und zwar unten, wo das Ei breiter ist."

„Ach, die Stelle ist auch noch wichtig?" *Julia ist sauer.* „Gibt es etwa auch eine Vorschrift für die Einstichtiefe?"

„Du machst einfach ein ganz normales Loch rein. Bloß keine zwei! Du fährst ja auch mit dem Auto nicht auf der linken Straßenseite, sondern rechts."

„Was … bitteschön … hat … denn … der … Straßenverkehr … mit … Eierpiek-sen … zu … tun?!" *Julia reagiert jetzt richtig aggressiv.* „Du tust ja gerade so, als gäbe es ein deutsches Eiergesetz. Kommt man noch mit Geldstrafe davon, wenn man zwei Löcher ins Ei piekst, oder steht darauf Knast, oder was?"

In dem Moment schlurft Jannis, Julias 15-jähriger Sohn aus erster Ehe, wortlos in die Küche. Sein Blick schweift kurz über den üppig gedeckten Tisch. Dann setzt er sich, holt sein Smartphone aus der Hosentasche und spielt damit herum.

„Du, Jannis, wusstest du, dass es in Deutschland ein Eiergesetz gibt?", *fragt Julia ihren Sohn, und dabei huscht ein leicht amüsiertes Lächeln über ihr Gesicht.*

„Hä? Was denn für'n Eiergesetz?" *Jannis starrt weiter auf sein Smartphone.*

Martin lehnt sich mit verschränkten Armen an den Herd und setzt einen Gleich-reicht-mir-das-hier-Blick auf.

„Na ja, halt ein Gesetz, in dem vorgeschrieben ist, wie viele Löcher du in ein Ei piekst, bevor du es kochst."

„Ist doch scheißegal." *Jannis blickt von seinem Smartphone auf.* „Soll doch jeder so viele Löcher ins Ei machen, wie er will."

„Man macht aber nur ein Loch rein!" *Martin hat sich entschieden, wieder in die Diskussion einzusteigen.*

„Dann machst du halt nur ein Loch rein, wenn du die Eier kochst", *schlägt Jannis vor.* „*Und wenn Mama die Eier kocht, macht sie zwei rein oder so viel sie halt will.*"

Julia und Martin schauen sich an.

„*Gibt's übrigens kein Nutella?*", *fragt Jannis genervt.* „*Eier, Wurst, Käse, aber kein Nutella!*"

Wer ist eigentlich „man"?

Als Teenager machte ich öfter Sachen, die meine Mutter nicht so toll fand. Nichts wirklich Schlimmes, sondern Kleinigkeiten, wie sie alle Jugendlichen mal machen. Zum Beispiel viel Ketchup über das Essen geben. Oder auf das Garagendach der Gemeinschaftsgaragen klettern, wenn der Ball dort gelandet war. Meine Mutter sagte in solchen Situationen häufig zu mir: „Ilka, das macht man nicht." Ich fragte dann grundsätzlich zurück: „Wer ist eigentlich ‚man'?" Und prompt kam meine Mutter in Erklärungsnot. Meist sagte sie dann: „Ja, generell macht man das eben nicht." Aber was hieß das? Wer machte das denn nun? Und wer nicht? Zuletzt setzte ich meistens meinen Dickkopf durch und erklärte: „*Ich* mache das aber, auch wenn *man* es nicht tut!" Meine Mutter gab dann auf, mich vom Gegenteil überzeugen zu wollen, und hakte den Konflikt wahrscheinlich unter „Pubertät" ab. Heute als Erwachsene weiß ich genau, wer „man" ist. „Man" ist der Stellvertreter, der Platzhalter für all die Erwartungen und (meist) unausgesprochenen Regeln und Normen von Menschen im beruflichen wie im privaten Alltag.

Damit meine ich nicht jene Normen, die so elementar für das friedliche Zusammenleben von Menschen in einer modernen Gesellschaft sind, dass sie zu Recht in Gesetzbüchern stehen und einem ernste Konsequenzen drohen, wenn man sich nicht daran hält. Gemeint sind also nicht Diebstahl oder Betrug oder Körperverletzung. Wenn ein Jugendlicher in einem Supermarkt etwas geklaut hat, würden die Eltern ja auch kaum sagen: „Das macht man nicht.", sondern eher: „Das ist verboten." oder: „Das ist strafbar." Nein, der Satz „Das macht man nicht" zielt auf eine Grauzone zwischen dem, was wirklich schlimm ist, und dem, was eigentlich allen egal sein kann. So wie das Eierpieksen. Julia und Martin streiten sich darüber, wie viele Löcher „man" in ein Ei piekst, bevor es gekocht wird. Und natürlich gibt es zu dieser Frage kein deutsches „Eiergesetz". Aber es gibt je nach Familien unterschiedliche Gewohnheiten und damit auch Normen und Erwartungen, vielleicht auch beim Eierpieksen.

In jeder menschlichen Gemeinschaft gibt es Regeln, Normen und Erwartungen, die nicht den Charakter verbindlicher Gesetze haben. Die vielleicht bekannteste

Sammlung solcher Regeln in unserer Gesellschaft ist der „Knigge". Wem gibt man zuerst die Hand? Sind weiße Blumen zum Geburtstag okay? Und wohin legt man bei Tisch das Messer, seit Messerbänkchen out sind? In solchen und anderen Fragen des Lebens gibt der „Knigge" klare Anweisungen. Das ist in vielen Fällen durchaus hilfreich, um einen Orientierungsrahmen zu haben. Ich möchte auch nicht, dass mein nächstes Business-Meeting abläuft wie ein außer Kontrolle geratener Kindergeburtstag. Schwierig wird es nur dann, wenn wir uns im Leben ausschließlich daran orientieren, was andere von uns erwarten und was nach deren Meinung richtig oder falsch ist. Wenn wir ängstlich darauf bedacht sind, keine Fehler zu machen und nicht aufzufallen. Ja, wenn uns am Ende ständig andere darüber belehren, was „man" macht und was nicht – so wie es Martin gegenüber Julia versucht. Dann kommen nämlich unsere Freiheit und unsere Selbstbestimmung ins Spiel.

Konzepte von Richtig und Falsch sind grundsätzlich kulturell geprägt, aber selbst innerhalb einer Kultur gibt es eine riesige Bandbreite von Verhaltensweisen, die toleriert werden. Es gibt familiäre und nationale Kulturen. Nun sind wir aber hin und wieder mit Menschen konfrontiert, die ihre eigenen Lebensregeln zum verbindlichen Maßstab für alle machen. Da wird dann schon mal die eigene Sichtweise („ein Ei bekommt nur *ein* Loch" oder „wir können doch auch zwei reinpieksen") zur allgemeinen Regel umgeformt: „Das weiß doch jeder, dass nur *ein* Loch ins Ei kommt." Sie stülpen anderen ihre Sicht der Dinge durch das Wort „jeder" oder „man" über und wollen von ihrer Meinung auch nicht ablassen.

Wenn Sie Konfrontationen eher scheuen, haben Sie gegenüber solchen Menschen, die etwas massiv behaupten oder von Ihnen einfordern, schlechte Karten. Klar, Sie können sich deren Erwartungen und willkürlich aufgestellten Regeln bereitwillig anpassen. Aber je öfter Sie gegen Ihre eigene Vorstellung agieren, desto unzufriedener werden Sie wahrscheinlich werden. Denn in Ihrem Herzen wissen Sie, dass solche Regeln nicht für Sie selbst gelten. Sie trauen sich eventuell nur nicht, dagegen anzugehen.

Es geht also darum, dass Sie das „Richtig" und „Falsch" der anderen in ein „Ich mach es aber anders" umwandeln, also auf Ihre innere Stimme hören und sich selbst vertrauen. Nur so richten Sie Ihr Leben nach Ihren eigenen Vorstellungen, Wünschen und Zielen aus, und nicht nach den Erwartungen anderer. Grundsätzlich sind Sie in Ihrem Leben immer Ihr eigener Regisseur und die Hauptperson in Ihrem eigenen Film, nicht bloß ein Nebendarsteller im Drehbuch des Lebens eines anderen.

Der erste Step in Ihrer persönlichen Regisseur-Karriere ist innere Klarheit (vgl. Kapitel 2). Sie müssen wissen, was Sie wollen, und zwar unabhängig von den Erwartungen anderer. In jedem Moment Ihres Lebens sind Sie immer erst einmal Ihr eigener Maßstab. Erst danach kommen die anderen ins Spiel. Aber Achtung: Die Sichtweise anderer Menschen ist grundsätzlich genauso okay wie Ihre eigene Sicht.

Menschen, die ein selbstbestimmtes Leben führen, können die von außen auf sie einwirkenden gesellschaftlichen Normen und die mehr oder weniger offen ausgesprochenen Erwartungen anderer problemlos akzeptieren – haben aber gelernt, sie zur gegebenen Zeit auch zu ignorieren. Das ist die ganze Kunst. Es ist ein ständiges Ausbalancieren und letztlich ein tägliches Ausverhandeln. Damit sind wir alle bis an unser Lebensende gut beschäftigt, egal, ob beruflich oder privat.

Das Dream-Team in uns

Konzentriert sitze ich – bei sommerlichen Temperaturen – seit drei Stunden am Laptop und arbeite an einem Vortrag für einen Kunden. Das habe ich mir selbst ausgesucht, weil ich den Kunden akquiriert habe. Also darf (nicht muss) ich den Vortrag auf die Kundenbedürfnisse ausrichten und den Vortrag konzipieren. Denn bei mir gibt es keinen Vortrag von der Stange. Ich bin jetzt ganz in meinem Element und mit Begeisterung dabei. Kein bisschen weniger, als wenn ich mit meinem Hund über eine Wiese rennen und einfach mit ihm Spaß haben würde. Mein sachlicher, analytischer Anteil ist aber parallel am Werk, weil ich immer wieder hin- und herüberlege, abwäge: Welche Story macht an welcher Stelle Sinn? So kaue ich nochmal drauf herum und entscheide dann bewusst, dass nun diese Story an erster Stelle steht, danach die zweite und so weiter. Und gleichzeitig kommt plötzlich Frust auf wegen dieses mega guten Wetters. Prompt kommt in mir der Wunsch hoch, jetzt einfach wirklich mit meinem Hund Cupido raus zu gehen, um das tolle Wetter zu genießen. Dann ärgere ich mich kurz, dass ich mich hier mit diesem doofen Vortrag beschäftigen muss, den ich eben noch mit Begeisterung bearbeitet habe. Eine Art neutrale innere Stimme (also keine Stimme, die mich beschimpft oder maßregelt) rüttelt mich nett wach und erinnert mich, dass ich damit übrigens ein gutes Vortragshonorar verdiene. Und außerdem dem Kunden zugesagt habe, dass ich alle seine wichtigen Themen gekonnt in meinen Vortrag einbaue. Ich werde sozusagen von einer inneren Stimme, die auch aus mir herauskommt, geerdet. Sie entscheidet in diesem Moment, konzentriert an diesem Vortrag weiterzuarbeiten. Meine Selbstmotivation ist wieder zurückgekehrt. Ich hole mir noch ein Eis aus der Kühltruhe und arbeite bestens gelaunt weiter.

Im Modell der Transaktionsanalyse bin ich beim Erstellen der Präsentation den größten Teil in meinem sogenannten Freien-Kind-Ich und abwechselnd in meinem Erwachsenen-Ich. Bisher haben Sie in diesem Buch das Kind-Ich (das aus dem freien, dem angepassten und seiner Unterform, dem rebellischen Kind-Ich besteht) und das Eltern-Ich (kritisches und fürsorgliches Eltern-Ich) kennengelernt. Alle Elemente haben wir in unterschiedlich großen Anteilen in uns, und äußern sich ein Leben lang in unserem Verhalten, egal, wie erwachsen wir laut Personalausweis sind oder uns fühlen.

Schauen wir uns aber anhand dieses Beispiels das Kind-Ich zunächst noch einmal kurz an. Das freie Kind zeigt sich immer dort, wo wir genießen, mutig sind, spielen, Spaß haben, keine Konsequenzen befürchten, mit Begeisterung etwas tun, also Freude haben. In dem freien Kind liegt der Kern unserer Selbstbestimmung, weil wir einfach das tun, wozu wir Lust haben. Ich war wie im Flow, als ich am Vortrag arbeitete, also im freien Kind. Die Zeit verflog, ich war eins mit der Aufgabe. Wenn Kinder spielen, vergessen sie auch meist die Zeit und alles um sich herum. So war es auch einige Stunden bei mir.

Parallel dazu habe ich aber immer wieder fokussiert und über die Inhalte gegrübelt. Ich habe überlegt, wie ich was am besten mache und dramaturgisch aufbereite. Ich bin in diesem Moment des fokussierten Nachdenkens im Erwachsenen-Ich. Das ist das Element, das uns reflektiert und sinnvoll handeln lässt. In diesem Modus unserer Persönlichkeit sind wir auf die Sache fokussiert und zielstrebig. Wir handeln bewusst und wir entscheiden auch bewusst. Aus dem Erwachsenen-Ich zu handeln, ist eigentlich ein ruhiger und klarer Zustand.

Zwischendurch kam dann kurz das „rebellische Kind" in mir hoch, weil es plötzlich – wegen des guten Wetters – keinen Bock mehr auf den Vortrag hatte und für zwei Minuten in mir herumgenörgelt hat. Aus diesem Teil unserer Persönlichkeit kommen Trotz und Wut. Der andere Teil des Kind-Ich, das „angepasste Kind" war in meiner Darstellung nicht am Werk. Hier säße die Angst, die Unsicherheit, der Selbstzweifel, daher ist das angepasste Kind auch in seinem Selbstausdruck gehemmt. Aber mein freies Kind meldete sich wieder schnell zu Wort, weil es doch lieber mit Cupido draußen das schöne Wetter genießen wollte. Ein guter Ratgeber war dann mein Erwachsenen-Ich, das mein freies Kind wertschätzend einfing, in dem es nochmal deutlich machte, welches Honorar ich damit verdiente, und dass ich meinem Kunden etwas versprochen habe. Verantwortungsvolles und verlässliches Handeln kommt aus dem Erwachsenen-Ich. Es gab keine innere Maßregelung (was das abwertende kritische Eltern-Ich gewesen wäre), wegen der ich mich hätte schlecht fühlen müssen (unsichere Gefühle im angepasstes Kind). Und zuletzt wollte mein freies Kind nur noch gern bei der Arbeit ein Eis essen. Mein fürsorglicher Eltern-Ich-Anteil erlaubte es mir respektive meinem freien Kind. Danach war das Dream-Team wieder bei der Arbeit: mein freies Kind und das Erwachsenen-Ich.

Was zeigt uns dieses Beispiel zum Thema Fremd- und Selbstbestimmung? Natürlich können wir im Leben nicht immer nur allein nach unseren Gefühlen aus dem freien Kind heraus leben. Das wäre sicherlich nicht günstig und würde uns im Leben auch nicht immer der richtige Kompass sein. Wir würden bestimmte Dinge nicht tun, nicht handeln, nicht entscheiden. Wichtig sind für jeden Menschen – neben dem Entwickeln und Lebenlassen des freien Kindes – auch das Erwachsenen-Ich und das Eltern-Ich zu entwickeln. Nur so lassen sich im Leben auch die für einen selbst wichtigen und richtigen Entscheidungen treffen, eigene Grenzen ausloten und nur so kann man selbstfürsorglich sein. Und eben alles aus einer Begeisterung, einer Freude, aus guten Gefühlen heraus. Dieses Dream-Team funktioniert nur auf einer wertschätzenden Grundlage. Nur wenn ich aus dem Eltern-Ich (kritisch und fürsorglich) und dem Kind-Ich (freies Kind) wertschätzend mit mir umgehe, kann Zufriedenheit entstehen. Das angepasste Kind trägt immer Minderwertigkeit in sich, darüber habe ich schon am Anfang dieses Buches geschrieben.

In unserer Selbstbestimmung begrenzen uns meist die Anteile des unangenehmen, abwertenden kritischen Eltern-Ichs, das uns innerlich maßregelt und bevormundet. Daher flüchten wir, sofern wir es mit uns machen lassen, in das angepasste Kind. Das sind häufig die gefühlten Fremdbestimmungsmomente. Wenn ich also richtig schlecht gelaunt über der Präsentation verharrt hätte, weil ich ja hier nun sitzen muss, weil „man" es mir so gesagt hat, wäre dieses unangenehme Gefühl in dem Moment aus dem angepassten Kind oder eben dem rebellischen Kind gekommen, das von dem unangenehmen Teil des kritischen Eltern-Ich vielleicht gesagt bekommen hätte: „Nun jammere mal nicht hier rum, sondern leiste etwas für dein Vortragshonorar!"

Das freie Kind-Ich mit seinem Freiheits- und Freudendrang und das kritische Eltern-Ich als Vertreter von Regeln, Normen und Moral liegen oft miteinander im Clinch. Das kritische Eltern-Ich kann auch – solange es wertschätzend bleibt – sehr wichtig sein, um uns den Weg zu weisen. Wenn das kritische Eltern-Ich aber abwertend und maßregelnd ist, das heißt reglementierend gegenüber uns selbst ist (wir uns selbst also niedermachen), fühlt sich das eben nicht mehr gut an. Wenn dazu noch das kritische Eltern-Ich viel größer ist als das freie Kind, spielt unser freies Kind meist eine untergeordnete Rolle, es wird unterdrückt oder besser: nicht gehört. Das angepasste Kind tritt dann in Erscheinung und wird größer, weil es dem kritischen Eltern-Ich-Anteil gehorcht, sich also anpasst. Das freie Kind muss sich somit freistrampeln mit seinen Wünschen, Bedürfnissen und positiven, lebensfrohen Gefühlen. Das fürsorgliche Eltern-Ich muss es dabei begleiten, liebevoll mit ihm umgehen, es loben und bei seinen Wünschen unterstützen.

Sollten wir dann möglichst immer im Kind-Ich-Modus sein? Nein, denn wie schon erwähnt, haben alle drei Ich-Zustände – das Eltern-Ich, das Erwachsenen-Ich und das Kind-Ich – bei jedem Menschen, jeder Persönlichkeit einen bestimmten

Anteil und müssen lediglich in einem guten Verhältnis, also als Dream-Team, agieren. Es ist vielmehr ein Angebot von mir, mal für sich zu überprüfen, welcher Anteil bei Ihnen eigentlich die Oberhand hat, wenn es darum geht, in Ihrem Leben das zu tun oder das zu lassen, was Ihnen wirklich wichtig erscheint.

Wenn man – zumeist unbewusst – zu sehr aus dem kritischen Eltern-Ich oder dem angepassten Kind handelt, entsteht immer ein Ungleichgewicht, das zum einen häufig das eigene Erleben, die innere Unzufriedenheit, begünstigt. Zum anderen aber auch oftmals den Umgang mit anderen Menschen erschwert oder Vorurteile oder Bewertungen über andere verstärkt. Menschen, bei denen das freie Kind ein wenig oder gar stark verschütt gegangen ist, fehlt häufig die Lebensfreude, die Leichtigkeit im Leben und im Umgang mit anderen. Für die Selbstbestimmung und ein zufriedenes, leichtes Leben hilft uns unser freies Kind am meisten.

Ampel auf Rot – gehen oder stehen?

Waren Sie schon einmal in New York? Dann wissen Sie vielleicht, was Jaywalking ist. So nennen es die Amerikaner, wenn man als Fußgänger verbotenerweise eine Straße überquert, insbesondere wenn die Fußgängerampel gerade Rot zeigt. Jaywalking ist in New York nicht etwa die Ausnahme, sondern die Regel. Fußgängerampeln werden hier maximal als Empfehlung angesehen. Fußgänger schauen einfach selbst, ob die Straße frei ist, und wenn ja, überqueren sie diese auch.

Jaywalking erfordert hohe Konzentration und Aufmerksamkeit. Radfahrer zum Beispiel können jederzeit aus allen Richtungen aufkreuzen. Für sie existieren in New York überhaupt keine Verkehrszeichen und auch keine Einbahnstraßen. Aber das ist noch mal ein anderes Thema.

Das Risiko, von der New Yorker Polizei einen Strafzettel für Jaywalking zu bekommen, ist gleich null. Alle praktizieren Jaywalking, und die Polizei käme zu nichts anderem mehr, wenn sie das verfolgen würde. Wirklich alle? Nicht ganz. Die deutschen Touristen bleiben meistens bei Rot stehen – auch wenn alles frei ist.

Daran erkennen die New Yorker übrigens auch deutsche Touristen: Wenn da einer an der roten Fußgängerampel steht wie ein Ochse vor dem Weidezaun, obwohl weit und breit kein Verkehr ist, kann das nur ein Deutscher sein. In Deutschland ist das nämlich so üblich. Da kann es passieren, dass Leute am Sonntagmorgen um kurz vor sechs als Einzige auf der Straße sind und geduldig zwei Minuten lang warten, bis die Fußgängerampel grün wird. Nicht mal am Horizont zeichnet sich ein anderer Verkehrsteilnehmer ab. Aber bei Rot über die Straße zu gehen, bringen die meisten

Deutschen ebenso wenig fertig, wie einen Liegestuhl wieder aufzugeben, den sie einmal erkämpft haben. Das Handtuch bleibt drauf!

Wie halten Sie es, wenn keiner sich traut, eine Regel zu brechen, obwohl es gefahrlos möglich wäre? Angenommen, auf der Autobahn ist Stau und Sie müssen an der nächsten Abfahrt raus: Gehören Sie zu denjenigen, die so lange geduldig weiter vorrücken, bis die gestrichelte Linie des Ausfädelstreifens erreicht ist und es ganz legal ist, auszufahren? Oder zu denjenigen, die schon vorher – vorsichtig! – auf den Standstreifen wechseln und die Autobahn verlassen? In einer solchen Situation müssen Sie vielleicht abwägen zwischen Ihrem inneren Impuls (Worauf warte ich hier eigentlich?) und einer äußeren Norm (eigentlich ist es verboten). Dabei könnten Sie es zum Beispiel auch so halten: Ich halte mich an jede Verkehrsregel, einfach, weil es mir Energie spart. Ich muss nicht so sehr aufpassen und kann meinen Gedanken nachhängen. Dies wäre immerhin eine bewusste Entscheidung. Wahrscheinlich denken aber die wenigsten so. Vielmehr regiert einfach eine tief sitzende Scheu davor, eine Regel zu brechen.

Jetzt können Sie sagen: Moment mal! Der Straßenverkehr ist doch ein anderer Fall als das Eierpieksen. Es gibt kein deutsches Eiergesetz, aber eine Straßenverkehrsordnung! Und die verbietet es eindeutig, bei Rot über die Ampel zu gehen oder über eine durchgezogene weiße Linie zu fahren. Außerdem gibt es einen Bußgeldkatalog. Danach ist zum Beispiel Bußgeld fällig, wenn Sie eine durchgezogene Linie überfahren. Das ist alles richtig, aber mal unter uns: Wer hält sich schon ganz konsequent an alle Gesetze? Fahren Sie mit dem Auto im Stadtverkehr nie mehr als 50 Stundenkilometer? Nie 55? Haben Sie noch nie etwas in die Restmülltonne geworfen, was in die gelbe Tonne gehört? Haben Sie bei Ihren Steuern noch nie etwas „optimiert"? Der Philosoph und Bestsellerautor Richard David Precht schreibt in einem seiner Bücher: „Wo wirkliche Menschen leben, gehört der Regelverstoß zum Sozialleben dazu." Eine perfekte Gesellschaft, in der sich alle an alle Regeln halten, existiert nicht. Und wo jeder Regelverstoß mittels totaler Überwachung sofort geahndet werden soll, wären wir laut Precht auf dem Weg in eine schlimme Diktatur.

Es bleibt uns also gar nichts anderes übrig, als im Alltag immer wieder abzuwägen zwischen unseren eigenen Impulsen, Vorstellungen, Wünschen und Zielen auf der einen Seite und den geschriebenen und ungeschriebenen Gesetzen der Gesellschaft und unserem persönlichen Umfeld auf der anderen Seite. Wobei es einem die Gesetzbücher und andere verschriftlichte Regeln (Dienstvorschriften, Arbeitsanweisungen, Sicherheitshinweise usw.) ja noch relativ einfach machen, denn da steht klar drin, was erwartet wird. Schwieriger sind die unausgesprochenen Erwartungen unserer Mitmenschen. All das, was „man" macht – oder eben lassen sollte, wenn es nach den anderen ginge. Diese Erwartungen muss ich erst einmal richtig deuten. Ich muss also nicht nur wissen, was ich selbst will, sondern auch, was die anderen antreibt und warum sie so ticken, wie sie ticken. Nur dann kann ich mich bewusst entscheiden, ob beziehungsweise wie sehr ich mich den anderen anpassen will.

Am Ende ist es auch eine Frage des Charakters und des Mutes, wie weit ich mich aus dem Fenster lehnen will, wie angepasst oder unangepasst ich also leben möchte. Inwieweit habe ich den Mumm, mein eigenes Ding durchzuziehen und immer das zu tun, was ich nicht lassen kann und zu lassen, was ich nicht möchte? Auch wenn einigen Mitmenschen im Umfeld (oder sogar der Mehrheit) dafür vielleicht das Verständnis fehlt? Meine Eltern haben mir diesbezüglich ziemliche Extreme vorgelebt. Während meine Mutter mich gerne daran erinnert hat, was sich gehört, scherte sich mein Vater nie groß um Konventionen. Er liebte den unkonventionellen, ja sogar provozierenden Auftritt. Und das buchstäblich bis zu seinem Grab.

Das Ende in Sicht

Als die schwarze Kutsche vorfuhr, bekam ich sofort Gänsehaut. Es war eine wunderschöne, hundert Jahre alte Kutsche. Mein Vater alberte mit den beiden Rappen herum, die die Kutsche zogen. Er wollte ihnen eigentlich seine mitgebrachten Karotten zu fressen geben, aber das war erst nach Ende der Fahrt erlaubt, weil sonst die schwarzen Pferdeüberwürfe dreckig werden könnten.

Vor der Abfahrt schossen wir ein paar Fotos mit meinem Vater auf dem Kutschbock neben dem Kutscher. Dann setzte sich die Kutsche in Bewegung. Der beste Freund meines Vaters und ich sprangen in mein Auto, um der Kutsche zu folgen. Der Verkehr auf der Hauptstraße kam kurzzeitig zum Erliegen, als die schwarze Kutsche mit dem Sarg und just dahinter wir im Auto sich langsam und würdevoll einfädelten.

In diesem Moment wurde mir zum ersten Mal mulmig.

Vor mittlerweile fast fünf Jahren, mit Mitte 60, war bei meinem Vater inoperabler Rippenfellkrebs diagnostiziert worden. Er hatte als Handwerker mit Asbest gearbeitet, was wahrscheinlich die Ursache für die Erkrankung war. Damals hatte der Chefarzt ihm die Prognose ausgestellt, er hätte vielleicht noch 9 bis 18 Monate zu leben.

Acht Chemotherapie-Zyklen später und mittlerweile 70 Jahre alt, sah mein Vater den Umständen entsprechend noch blendend aus. Er hatte kein einziges Haar verloren und ging drei Mal die Woche ins Fitnessstudio. Allerdings plante er nur noch in Halbjahres-Schritten. Und er hatte mit dem Bestattungsinstitut bereits alles für seine Beerdigung besprochen.

Mein Vater hatte seit jeher zu mir gesagt: „Illi, wir selbst sind die Regisseure unseres Lebens. Und deswegen müssen wir auch unser eigenes Drehbuch schreiben."

Deshalb sollte auch seine Beerdigung etwas ganz Besonderes werden.

„Wir müssen der Welt mitteilen, dass der Tod dazugehört und kein Tabuthema ist", waren wir uns einig, als wir miteinander telefonierten.

Während der Chemo hatte er im Prospekt des Bestattungsunternehmens die alte Kutsche entdeckt, die auf besonderen Wunsch den Sarg oder die Urne zum Friedhof transportieren konnte. Das wollte er für sich auch. Er erzählte mir von dieser Idee, als plane er sein neues Badezimmer.

Irgendwann sprachen wir beide darüber, dass er die Fahrt mit der Kutsche zum Friedhof auch testen sollte, um zu sehen, ob es wirklich etwas für ihn ist.

Sie trauen jetzt vielleicht Ihren Ohren nicht. Man kann doch nicht seine eigene Beerdigung testen! Aber warum eigentlich nicht? Sonst kann man ja gar nicht wissen, ob die geplante Zeremonie den eigenen Wünschen entspricht. Mein Vater und ich meinten auch, dass so eine Testfahrt für das Beerdigungsinstitut außerdem eine schöne Gelegenheit sei, diese Dienstleistung der Öffentlichkeit zu präsentieren. Da kam bei mir die Marketing-Tante und bei uns beiden der Geschäftssinn durch. Am Telefon lachten wir sogar über diesen Plan. Wir fanden uns mal wieder witzig. Klar, das war eine verrückte Idee, die viele Leute sicher für makaber halten, aber wir hatten wirklichen Spaß bei dem Gedanken.

Und damit nicht genug. Wenn schon, denn schon, dachten wir, dann müssen wir aber auch vor der Lokalpresse noch ein Interview dazu geben, damit wir den Menschen auch vermitteln können, warum sie ihre Einstellung zum Tod und zur Planung der letzten Reise verändern sollten. Das beauftragte Bestattungsinstitut hatte die Lokalpresse und das Lokalfernsehen zu der Kutschfahrt eingeladen. Und tatsächlich wurde anschließend ausgiebig über diese Möglichkeit der Kutschfahrt berichtet. Es passiert ja auch nicht alle Tage, dass jemand seine Beerdigung mit einer Kutsche testet.

Mir ist völlig klar, dass diese Aktion für die meisten Menschen „too much" und entgegen jeder Konvention war. Aber sie passte perfekt zu meinem Vater, der immer gern im Mittelpunkt stand und außergewöhnliche Dinge tat. Einer seiner Standardsprüche war: „Wir Piechowiaks kommen nicht rein, wir treten auf."

So also gab mein Vater denn auch vor Beginn der Test-Kutschfahrt gut gelaunt sein Interview. Er klang, als würde er gleich zu einer Stadtrundfahrt aufbrechen.

Als der Freund meines Vaters und ich nun – auf dem Weg zum Friedhof – hinter der schwarzen Kutsche herfuhren, fanden wir das alles plötzlich gar nicht mehr so spannend. Zum ersten Mal fühlte es sich für mich so an, als ob mein Vater wirklich gestorben sei. Mit Blick auf den Sarg, der auf der Kutsche stand, musste ich weinen. Dem Freund meines Vaters auf dem Beifahrersitz ging es genauso. Er griff meine Hand und das tat gut, dass wir uns hatten.

Doch dann sahen wir meinen Vater auf dem Kutschbock neben dem Kutscher, wie er Späße machte und sich gestikulierend mit dem Fahrer der Kutsche unterhielt. In dem Moment war ich, bei aller Traurigkeit, auch stolz auf meinen Vater und in gewisser Weise sogar glücklich über dieses gemeinsame Erlebnis. Mich machte der Gedanke glücklich, dass er nun wusste, was mit ihm nach seinem Tod passieren würde. Und mich machte glücklich, dass er selbstbestimmt auch der Regisseur seines eigenen Lebensendes war.

Als mein Vater dann ein Jahr später, im Sommer 2016 starb, war dies natürlich auch für mich eine schwere Zeit. Aber inzwischen habe ich unsere „Testfahrt" viel deutlicher in Erinnerung als die eigentliche Beerdigung. Das war ein mutiges Stück Selbstbestimmung – gegen alle Konventionen und Erwartungen.

Selbstbestimmt mit allen Konsequenzen

Das Leben wird vorwärts gelebt und rückwärts verstanden. Erst kurz vor dem Tod auf sein Leben zurückzublicken und ein Fazit zu ziehen – das schien mir schon immer viel zu spät. Wir sollten uns viel öfter klarmachen, dass unser Leben endlich ist, und uns immer wieder fragen, wo wir stehen und ob wir das Leben leben, das wir leben wollen. Mein Vater setzte dafür mit seiner Kutschfahrt ein mutiges Zeichen. Sein fröhliches Winken vom Kutschbock war weder makaber noch zynisch. Seine Botschaft entsprach vielmehr dem bekannten Motto „Carpe diem" – Nutze den Tag! Und das will heißen: Plane und realisiere deine Träume, solange du es noch kannst! Jeden Tag sollten wir uns vergegenwärtigen, wie schön das Leben sein kann, wenn wir es selbst bestimmen. Denn das macht uns in unserem tiefsten Inneren zufrieden. Dann kann kommen, was will, wir werden uns – unabhängig von äußeren Umständen – mit uns selbst im Reinen durchs Leben bewegen. Dazu braucht es häufig eine große Portion Mut. Es braucht den Mut, anders zu sein, anzuecken und sein eigenes Ding durchzuziehen. Es darf uns nichts ausmachen, wenn uns nicht alle applaudieren oder sich einige sogar kopfschüttelnd von uns abwenden. Das bedeutet nicht, unverantwortlich zu handeln. Im Gegenteil, es heißt, jederzeit die Konsequenzen meines Handelns für mich anzunehmen. Ich habe das Recht, meinen eigenen Weg zu gehen, aber ich muss die Konsequenzen bedenken. Mit selbstbestimmten Entscheidungen stoße ich oft auch andere vor den Kopf. Aber das ist manchmal der Preis der Selbstbestimmung. Das hört sich jetzt hart an, aber so ist es. Ich begehe keine Verbrechen, aber ich nehme auch nicht zwangsläufig auf andere Rücksicht.

Den Mut zu haben, anders zu sein, und dann vor den Konsequenzen wegzulaufen – das passt nicht zusammen.

Mal angenommen, Sie sind in Ihrem Unternehmen als einziger dafür, ein neues Produkt auf den Markt zu bringen. Alle anderen sind dagegen. Sie kämpfen erfolgreich dafür. Doch das Produkt wird ein Flop. Sie ernten Häme und Spott. Jetzt sollten Sie dazu stehen, dass Sie sich geirrt haben und nicht etwa jemanden suchen, dem Sie die Schuld in die Schuhe schieben können.

Selbstbestimmt zu handeln heißt, auch mit den Konsequenzen zu leben. Und vor allem nicht hinterher anfangen zu jammern!

Im zentralen Moment der Selbstbestimmung stellt sich die Frage: Will ich etwas oder will ich es nicht? Wenn ich mich entschieden habe, selbstbestimmt zu leben, muss ich das tun, was ich möchte. Wichtig ist dabei auch, dass ich mir meiner Rolle bewusst bin. Wenn ich Vater von kleinen Kindern bin und ein guter Vater sein möchte, sollte ich Verantwortung übernehmen und Zeit mit meinen Kindern verbringen – auch wenn die manchmal knapp ist. Und wenn ich Trainerin bin, können sich meine Kunden und die Trainingsteilnehmer auf mich verlassen. Entweder ich mache meinen Job professionell oder ich lasse es sein. Wenn mir eine Rolle nicht passt, muss ich mir eine andere suchen. Das Leben steckt voller Möglichkeiten. Aber sobald ich mich für eine Möglichkeit entschieden habe, bringt das bestimmte Pflichten und Konsequenzen mit sich. Ich trage jederzeit die Verantwortung für mein Leben.

 ## ZEIT FÜR DEINE SELBSTBESTIMMUNG: WEISST DU, WIE DU ZUM REGISSEUR DEINES LEBENS WIRST?

- Wie oft und in welchen Situationen erleben Sie, dass jemand Ihnen seine Meinung, Normen, Regeln unbewusst oder bewusst überstülpen möchte? Und wie gehen Sie bisher damit um?
- Wann und in welchen Lebenssituationen gelingt es Ihnen schon sehr gut, sich gegenüber den Normen, Regeln, Erwartungen anderer abzugrenzen? Wann machen Sie Ihr Ding?
- Wie oft riskieren Sie einen Konflikt, um Ihr Ding durchzusetzen? Und wie oft passen Sie sich an?
- Bei welchen Personen in Ihrem Umfeld schaffen Sie es, sich durchzusetzen und von deren Erwartungen abzugrenzen? Und bei welchen Personen gelingt Ihnen das weniger gut?

- In den Situationen und bei den Menschen, bei denen es Ihnen nicht gelingt, sich abzugrenzen – was löst da Ihr Unwohlsein aus? Was befürchten Sie? Welchen Situationen weichen Sie aus?
- Welche Dinge tun Sie wirklich gern, werden aber ständig daran gehindert, sie zu tun? Was hält Sie ab? Sind es Menschen, Umstände, mangelnde Zeit?

7

ZEIT FÜR ANDERE:

WEISST DU, WIE DU MIT MENSCHEN UMGEHST?

In der Liebe und im Miteinander liegt der wahre Reichtum des Lebens. Aus jeder Begegnung mit anderen Menschen kann etwas Schönes entstehen. Wir müssen die anderen nur wahrnehmen und bereit sein, uns auf sie einzulassen. Wem das schwerfällt, der kann an sich selbst arbeiten, wenn er denn möchte. Denn so, wie wir innerlich unterwegs sind, so wirken wir nach außen und so gehen wir auch mit anderen um.

Im Auto entspannt Richtung Sylt cruisen und dabei mit einer Freundin telefonieren – ich liebe das!

So war es auch an einem schönen Spätsommerabend vor einigen Jahren. Seit mehr als anderthalb Stunden war Girls-Talk angesagt. Über dies und das und überhaupt die wichtigen Themen im Leben.

Die Autobahn war frei wie lange nicht, und ich hatte irgendwann alles um mich herum vergessen.

Auch die Tankanzeige.

Ich war etwa eine Dreiviertelstunde vor Niebüll, wo man auf den Autozug verladen wird, als ich merkte, wie wenig Benzin ich noch hatte – längst stand der Zeiger im roten Bereich. Mir war klar: Das schaffe ich nicht mehr!

Blöderweise war es zeitlich schon knapp für meinen Autozug. Und dieser Zug war der letzte, der an jenem Tag fuhr. Zum Glück tauchte endlich ein blaues Schild auf, das die nächste Tankstelle ankündigte.

„Du, ich muss mal schnell raus zum Tanken, ich rufe dich gleich wieder an, ja?" sagte ich zu meiner Freundin.

Ich beendete das Gespräch über die Freisprecheinrichtung, fuhr auf die Raststätte und zackig an die Zapfsäule, tankte nur schnell für ein paar Euro – bloß nicht noch mehr Zeit verlieren! – rannte zur Kasse und zahlte. Das alles dauerte keine fünf Minuten.

Erst als ich mich wieder hinters Lenkrad geschwungen hatte, spürte ich, wie dringend ich zur Toilette musste. Echt dringend. Praktisch unaufschiebbar dringend!

Ich fuhr ein paar Meter weiter bis zu den Toiletten, deren Nutzung bekanntermaßen Geld kostet, um in den Genuss einer sauberen Örtlichkeit kommen zu dürfen. Ich schnappte mir also mein Portemonnaie, überwand mithilfe von 70 Cent das Drehkreuz und sprintete in eine Kabine.

Mein Portemonnaie parkte ich auf dem silberfarbenen Klo-Rollen-Abroll-Kasten rechts an der Kabinenwand. Puh, was für eine Erleichterung! Jetzt aber nichts wie raus hier und zurück auf die Autobahn.

Inzwischen war noch weniger Verkehr. Ich konnte also noch einen Zahn schneller fahren, um die verlorenen zehn Minuten wieder aufzuholen. Ich rief meine Freundin wieder an und wir sabbelten fröhlich weiter, da wo wir aufgehört hatten. Life is good, dachte ich. Und Freunde zu haben auch.

Als ich in den Ticket-Bereich für den Sylt-Shuttle kam, sagte ich zu meiner Freundin: „Du, Moment mal kurz, ich muss eben zahlen und brauche mein Porte … mo …"

Pause.

„Alles in Ordnung, Ilki?"

„Wir müssen Schluss machen, ich finde mein Portemonnaie grad nicht …oh neiiiiin …ich glaube, ich habe es auf dem Klo bei der Tankstelle vergessen. Mist. Ich muss da noch mal hin."

Gesagt, getan. Ich wendete und fuhr zurück auf die A7, diesmal Richtung Süden. Panik hatte ich keine. Aber ich wusste: Wenn ich mein Portemonnaie wiedersehen will, muss es jetzt schnell gehen. Der Autozug war nicht mehr wichtig, am nächsten Tag fuhren ja auch noch Züge.

Da die Tankquittung im Portemonnaie war, wusste ich nicht mehr genau, wie die Tankstelle hieß, auf der ich getankt hatte und zum WC gegangen war. Die Dame bei der Telefonauskunft war aber sehr freundlich und verband mich nacheinander mit allen Tankstellen, die infrage kamen.

Beim dritten Versuch hatte ich die richtige Tankstelle in der Leitung. Der Tankwart konnte sich sofort an die in Eile wirkende Autofahrerin erinnern, die nur für ein paar Euro getankt hatte. Er war sehr nett und schaute sofort in der 50 Meter entfernten Toilette nach meinem Portemonnaie. Aber ohne Erfolg.

Jetzt blieb mir noch die Hoffnung, dass jemand nur das Bargeld aus dem Portemonnaie genommen und es dann auf dem Rastplatz in einer Mülltonne entsorgt hatte.

Bald passierte ich die Tankstelle, aber ich war ja jetzt auf der anderen Seite, da ich Richtung Süden fuhr. Also musste ich zur nächsten Ausfahrt und dort wenden. Ganz im hohen Norden kommen die Ausfahrten allerdings nicht mehr so oft wie im Speckgürtel von Hamburg.

Während der Fahrt rief ich einen Freund an, um ihm zu erzählen, was passiert war, falls ich ohne Sprit liegen bleiben würde und er mich aufsammeln müsste. Der machte ein größeres Drama aus der Sache, als mir lieb war und prompt war ich durch die Diskussion mit ihm abgelenkt. Die nächste Ausfahrt, die ich hätte abfahren müssen, sah ich erst im hinteren rechten Augenwinkel, als es zu spät war.

Okay, dann nehme ich die nächste Ausfahrt, sagte ich mir. Aber die kam ewig nicht! Längst hatte ich das Gespräch mit diesem Freund beendet. Immer noch keine Ausfahrt in Sicht.

Dafür stand die Nadel der Tankanzeige jetzt schon unterhalb des roten Bereichs fast am Anschlag.

Ich hatte ja nur für ein paar Euro getankt, um Zeit zu sparen – danach aber ziemlich Stoff gegeben, was nicht wirklich günstig für den Benzinverbrauch war. Nur noch ein paar Kilometer und das Auto würde stehenbleiben. Da war ich mir sicher. Meine einzige Rettung wäre ein wildfremder Mensch, der vielleicht auch um diese Uhrzeit noch tankte oder ein superfreundlicher Tankwart. Zumindest ein paar Euros hatte ich immer in meinem Handschuhfach in einem Notfall-Portemonnaie.

Mittlerweile war es schon gegen 23 Uhr und es wurde dunkel.

Endlich kam ein blaues Schild in Sicht! Hurra, eine Tankstelle! Blinker rechts und raus. Erst als ich an eine Zapfsäule rollte, fiel mir ein, dass ich mir von dem Not-Geldschein im Handschuhfach kürzlich ein Eis gekauft und das Wechselgeld dann ins normale Portemonnaie gesteckt hatte – was ja nun nicht mehr da war. Ich hatte keinen Cent Geld.

Der einzige andere Mensch an den Zapfsäulen war eine Dame in einem leichten Sommerkleid, die gerade ihr Auto mit HH-Kennzeichen betankte. Vielleicht hatte das Universum mir diese Dame geschickt? Wir Hamburger müssen doch zusammenhalten, wenn es ernst wird. Und es war sehr ernst. Einen Versuch war es wert.

Ich erzählte der Dame so knapp wie möglich meine Geschichte und fragte sie, ob sie mir Geld leihen würde, damit ich tanken könnte. Und natürlich nicht nur ein paar Tropfen, sondern volltanken. Das war der Plan. Ich würde ihr das Geld auch gleich online mit dem Handy auf ihr Konto überweisen.

Ich weiß nicht, wie Sie reagieren würden, wenn Sie spät abends allein an einer Tankstelle stünden und ein wildfremder Mensch Sie bäte, Ihren Wagen vollzutanken, und Ihnen verspräche, das Geld später zu überweisen?

Die Dame sagte jedenfalls ohne zu zögern, das sei okay. Ich solle einfach volltanken und sie zahlte dann für uns beide. Ich gab ihr meine Visitenkarte, die ich wiederum immer mehrfach im Auto habe. Akquise ist das halbe Leben. Sie gab mir im Gegenzug ihre Kontonummer.

Ich tankte also voll und die Dame zahlte anschließend für mich mit. Sie war kein bisschen misstrauisch, sondern einfach nur liebenswürdig.

Noch an der Tankstelle überwies ich das Geld von meinem Handy aus. Unter „Verwendungszweck" tippte ich als Dankeschön den wohl längsten Text, mit dem ich je eine Überweisung abgeschickt habe. Es war ein halber Roman.

Mein Portemonnaie habe ich übrigens auch nicht gefunden, als ich 20 Minuten später auf der anderen Seite der Autobahn die Raststätte danach absuchte. Anschließend wollte ich dann nur noch nach Hause, ich nahm den Zug nach Sylt am nächsten Nachmittag. Genug Benzin hatte ich ja.

Alle in einem Boot

Wir Menschen sind auf andere Menschen angewiesen. Das erkannte schon der antike Philosoph Aristoteles und das gilt bis heute. Während die meisten neugeborenen Tiere aufgrund ihrer Instinkte schon nach kurzer Zeit in der Lage sind, sich zu orientieren und auf eigenen Füßen zu stehen, sind menschliche Säuglinge lange vollkommen hilflos. Menschenkinder brauchen viele Jahre der Zuwendung und Fürsorge durch die Eltern oder eine Gruppe, um zu überleben und auch nur halbwegs selbstständig durchs Leben gehen zu können. Wenn wir Menschen erwachsen sind, hört unsere Abhängigkeit von anderen aber nicht schlagartig auf. An so ziemlich allem, was wir von früh bis spät tun, wirken andere Menschen in irgendeiner Form mit. Menschen sind soziale Wesen und wir sind nicht auf der Welt, um allein zu sein. Selbstentfaltung ist uns gar nicht möglich, ohne dass andere uns dabei unterstützen, uns begleiten oder sogar die Voraussetzungen dafür schaffen.

Allerdings war es vielleicht noch nie so einfach wie heute, zu vergessen, dass wir alle aufeinander angewiesen sind. Unser Alltag ist von anonymen sozialen Transaktionen geprägt. Wir bringen mal schnell den Müll runter, sind aber nie zu Hause, wenn er abgeholt wird. Unsere Müllmänner nehmen wir überhaupt nicht wahr. Unsere Postboten auch nicht. Wir swipen Produkte in den Warenkorb oder bestellen per „One-Klick", damit sie anschließend in der Packstation landen, und nehmen all die Menschen gar nicht wahr, die dann für uns arbeiten: Picker, Packer, Sortierer, Boten, Fahrer. Am nächsten Tag öffnet unsere Kundenkarte ein kleines Tresorfach und wir nehmen unser Paket heraus, als hätte eine gute Fee es dort hineingelegt. Viele Menschen tragen Kleidung, ohne sich dafür zu interessieren, wer sie geschneidert hat. Und viele kaufen Kaffee, ohne danach zu fragen, wer ihn angebaut hat. Die Beispiele ließen sich noch lange fortsetzen. Dabei ist dies bloß die erste Stufe der Unachtsamkeit für andere, mit der wir heute oft durchs Leben gehen.

Die zweite Stufe ist eine Folge der dichten Taktung unseres Lebens. Unsere Terminkalender sind so voll und wir sind oft so im gefühlten Stress, dass wir auch die Menschen, denen wir begegnen, manchmal kaum noch wahrnehmen. Wir werfen der Supermarkt-Kassiererin unsere Einkäufe aufs Band, nuscheln ein knappes „Hallo", schauen sie aber gar nicht richtig an. Ihren Namen sagen wir schon gar nicht, obwohl mittlerweile jede Kassiererin ein gut lesbares Namensschild trägt. Kein Wunder, denn wir haben Zeitdruck und sind mit den Gedanken schon beim nächsten Termin oder einfach woanders. Die Lufthansa umgarnt ihre Business-Class-Kunden nicht ohne Grund mit dem Versprechen, dass der Nebenplatz garantiert frei bleibt. Es ist heute wahrscheinlich für die meisten schöner, allein zu sitzen, als mit dem Sitznachbarn ins Gespräch zu kommen. Auf der höchsten Stress-Stufe sind die anderen oft nur noch Störungen in unserem Betriebsablauf. Motto: `Tschuldigung, darf ich mal vorbei? Erst wenn es uns raushaut, wenn irgendetwas total schiefgeht, ist schlagartig Schluss mit der Unaufmerksamkeit gegenüber unseren Mitmenschen. Dann freuen wir uns und sind unendlich erleichtert, wenn jemand spontan für uns da ist, um uns zu helfen, uns zu unterstützen oder uns aufzufangen.

Es genügt schon, im ungünstigsten Moment sein Portemonnaie zu verlieren, und die Sache mit den anonymen sozialen Transaktionen funktioniert nicht mehr. Mit Geld bekommen wir (fast) immer, was wir wollen. Ohne Geld bekommen wir in der Not das Meiste auch – aber nur, wenn wir auf Menschen zugehen, uns öffnen, um etwas bitten, einander vertrauen und hilfsbereit sind. Wenn wir in einer schwierigen Situation spontane Hilfsbereitschaft und echtes Vertrauen erleben, kann uns das so glücklich machen, dass wir das Unangenehme bald vergessen. Klar hat es mich geärgert, dass ich mein Portemonnaie auf der Toilette vergessen hatte und der Finder es weder abgegeben noch sich bei mir gemeldet hat. Der Ärger war aber schnell verraucht. Wenn ich heute an diesen Abend zurückdenke, freue ich mich immer noch von Herzen über die Autofahrerin, die ohne lange zu überlegen meine Tankrechnung bezahlt hat. In der damaligen Situation schämte ich mich so, dass ich hinter der Dame zur Kasse herschlich wie ein Sträfling, der abgeführt wird. Doch jetzt zaubert die Erinnerung ein Lächeln in mein Gesicht. Ist es nicht schön, dass es Menschen gibt, die sich spontan Zeit für einen nehmen und einem selbstlos helfen?

Nur ein paar Minuten ...

Neulich war ich abends mit einem Führungskräftetraining bei einem Kunden fertig und räumte noch den Konferenzraum auf. Mein Hund hatte eine zerknüllte Seite Flipchart-Papier im Maul. Das ist ein Spaß, den ich mir mit Cupido beim Aufräumen gerne mache. Es war schon reichlich spät geworden, ich musste abends im Hotel noch an einem Konzept für einen Kunden weiterarbeiten und wollte endlich mit Cupido Gassi gehen, bevor ich ins Hotel fuhr. In dem Moment kam eine Putzfrau herein. Ich sagte freundlich Hallo. Sie grüßte zurück, lächelte mich an und wollte wissen, welches Thema ich heute hier trainiert hatte. Eigentlich wollte ich so schnell wie möglich an die frische Luft. Aber ich nahm mir ein paar Minuten Zeit, um ihr von meiner Arbeit zu erzählen. Ich merkte, wie sie das freute, dass einmal jemand mehr als drei Wörter mit ihr sprach. Am Ende unterhielten wir uns noch über Cupido und dies und das. Mich berührte das Gespräch, denn es war eine positive Begegnung, auch wenn sie letztlich dann doch 20 Minuten meiner eigentlich geplanten Zeit einnahm. Die Dame schien sich auch sehr über unser Gespräch gefreut zu haben. Gut gelaunt ging ich aus dem Gebäude und freute mich auf meinen Feierabend.

Zeit für andere zu haben und einander zu begegnen, muss nicht spektakulär sein. Es geht auch nicht immer darum, jemandem zu helfen. Im Gegenteil, das sind eher die Ausnahmefälle. Meistens ist es einfach nur schön, Menschen wahrzunehmen und ihnen in Worten und Gesten zu zeigen, dass man ihre Anwesenheit oder die Begegnung mit ihnen wertschätzt. Das sorgt auf beiden Seiten für gute Gefühle.

Manchen Menschen fällt es generell leicht, auf Menschen zuzugehen und Kontakte zu knüpfen. Im bereits erwähnten Riemann-Thomann-Modell würde man von „Kontaktfreudigkeit" sprechen, die ein Bedürfnis mancher Menschen ist. Diese Kontaktfreudigkeit äußert sich in der Eigenart eines Menschen, dass er eben gern mit anderen ins Gespräch kommt. Im Riemann-Thomann-Modell wird die Kontaktfreudigkeit dem sogenannten Nähe-Pol zugeschrieben. Die erste Dimension dieses Modells – mit den Polen Dauer und Wechsel – haben Sie ja bereits in Kapitel 1 kennengelernt. Vollständig ist das Modell aber erst durch eine weitere Dimension mit den gegensätzlichen Polen Nähe und Distanz. Man könnte auch sagen Bedürfnis nach Verschmelzung versus Abgrenzung oder Wir-Gefühl versus Autonomie. Grundsätzlich haben wir alle beide Pole in unserer Persönlichkeit verankert, doch es gibt individuell immer eine stärkere Ausprägung in die eine oder andere Richtung. Es gibt also Menschen, die eher Nähe-Typen oder eher Distanz-Typen sind.

Die Kontaktfreudigkeit ist wie gesagt eine Eigenschaft, die dem Nähe-Typ zugeschrieben wird. Der Distanz-Typ wirkt auf den ersten Blick gegenüber anderen Menschen distanziert, manchmal auch misstrauisch und geht nicht gleich so offen auf andere zu. Dennoch kann auch er selbstverständlich ein sehr angenehmer Gesprächspartner sein.

Es geht bei dieser Unterscheidung also nicht um eine moralische Beurteilung, um „good guy" versus „bad guy", sondern um unterschiedliche Verhaltensweisen von Menschen. Eine weitere Eigenschaft von Nähe-Typen ist zum Beispiel die Fähigkeit zur Empathie und das Bedürfnis nach Harmonie. Oft neigen Nähe-Typen auch zum Dramatisieren und sie reden viel. Manche Nähe-Typen können nicht gut allein sein und gehen anderen durch zu viel Nähe auf die Nerven. Wenn so ein Mensch dazu noch schlecht Nein sagen kann, begibt er sich leicht in Abhängigkeiten.

Der Distanz-Typ zeichnet sich durch andere Eigenschaften aus. Er gilt zum Beispiel als intellektuell, analytisch und sachlich. Wenn man so möchte, ist er eher der Kopfmensch und der Nähe-Typ der Herzmensch. Obwohl beide natürlich Gefühle haben, hat der Distanz-Typ die Fähigkeit, auch in Konflikten eher ruhig zu bleiben, während der Nähe-Typ eher dramatisiert. Im Gegensatz dazu fällt es dem Distanz-Typ schwerer, über seine Gefühle zu sprechen, was dem Nähe-Typ leichter fällt.

Wichtig bei alldem ist es, nicht aus dem Blick zu verlieren, dass es um Unterschiede zwischen Menschen geht. Jeder Pol hat im Miteinander seine positiven, aber teils auch anstrengend wirkende Eigenschaften für den anderen. Im Leben geht es schließlich darum, sich als Persönlichkeit so zu entwickeln, dass es uns selbst und im Umgang mit anderen zufrieden macht. Menschen sind soziale Wesen und wollen dies auch im Alltag spüren und erleben.

Jeder Einzelne hat es also in der Hand, die für ihn wichtigen Dinge weiterzuentwickeln oder auch zu optimieren. Fest steht: Begegnungen mit Menschen können uns öffnen und mit anderen verbinden. Und je mehr wir von uns selbst preisgeben, desto mehr wird sich eventuell auch unser Gegenüber öffnen.

AUS DEM ALLTAG

Neulich war ich in meinem Stadtteil Hamburg-Winterhude zu Fuß unterwegs, um drei Sachen einzukaufen, und war wirklich in Eile. Auf dem Weg zwischen den einzelnen Läden blieb ich zweimal stehen, schaute immer wieder auf mein Handy, weil ich ein paar Mails zügig beantworten wollte. Zweimal sauste ich dabei an einer Omi mit Rollator vorbei, die mich wiederum überholte, während ich im Stehen meine Mails ins Handy tippte. Als ich sie das dritte Mal überholte, sagte ich zu ihr: „Ich bin's schon wieder." Darauf die alte Dame: „Ich finde Dr. Becker nicht." In dem Moment kam ich schlagartig raus aus meiner Hetz-Parade. Es stellte sich heraus, dass die Dame sich verlaufen hatte und ihre Arztpraxis nicht mehr fand. Sie war langsam und unsicher, alle rannten hektisch an ihr vorbei. So wie ich ja auch. Nun aber nahm ich sie wahr und ging auf sie ein. Erst rief ich mit meinem Handy bei ihrem Arzt an, um Bescheid zu geben, dass es später wird. Und da ich mir nicht sicher war, ob sie den Weg mit meiner Beschreibung finden würde, begleitete ich sie lieber das Stück.

Ich habe also 25 Minuten Zeit investiert, um diese Omi mit ihren Tippelschritten zu ihrem Arzt zu begleiten. Das war kein großer Akt, vielmehr eine Frage der Wahrnehmung dessen, was gerade wichtig war. Nämlich nicht meine Mails, sondern die Omi in einer Notsituation, in der sie Hilfe brauchte. Wie oft hetzen Sie durch das Leben und nehmen nur peripher wahr, was um Sie herum geschieht? Nehmen Sie sich auch einmal Zeit für andere Menschen?

Uschi fährt Bahn

Fahren Sie auch öfter mal Bahn? Vielleicht sogar hin und wieder erster Klasse im ICE? Dann kennen Sie ja vielleicht diese unglaubliche Vielfalt von Rollen, die dort von den Bahn-Mitarbeitern eingenommen wird. Ich finde das bühnenreif!

Bevor es losgeht, stehen die Damen und Herren in den blauen Uniformen bei Wind und Wetter auf dem Bahnsteig und sind für die Abfertigung und den Pfiff kurz vorm Einsteigen zuständig.

Kaum rollt der Zug, der erste Rollenwechsel. Die Damen und Herren des Bahnpersonals sind jetzt Zeitungsausträger in der ersten Klasse. Oder besser: Zeitungs-Butler. Diskret bekommt jeder Fahrgast eine Auswahl aus *Welt*, *Süddeutscher*, *Handelsblatt* oder *Bild* angeboten.

Nach etwa 15 Minuten – schließlich sind mehrere Waggons zu bedienen – der nächste Rollenwechsel. Eben noch englischer Butler, jetzt preußischer Beamter: „Jeeeeemand zugestiegen? Die Faaaaahrkarten, bitte!" Diese Rolle setzt voraus, mit allen möglichen analogen und digitalen Ticket-Formaten umgehen zu können – vom am Schalter gekauften Nadeldruck-Klassikern bis hin zum Handy-Ticket mit QR-Code. Seit die Reisenden per Smartphone einchecken können und dann erwarten, gar nicht mehr kontrolliert zu werden, wird es noch komplizierter für die Mitarbeiter.

Kaum ist dieser Teil erledigt, folgt der nächste Rollenwechsel. Jetzt verwandeln sich die adrett Uniformierten in Kellner – pardon: „Servicekräfte". Sie nehmen Bestellungen auf, holen Speisen und Getränke aus dem Speisewagen, servieren, kassieren und räumen natürlich auch das Geschirr ab. Und das immer mit einem Lächeln im Gesicht. Zumindest ist das meine bisherige Erfahrung.

Ach ja, zwischendurch rennt auch noch ein Kollege mit einem Tablett voller Gummibärchen, Erfrischungstücher oder Keksen herum, die kostenlos angeboten werden. Keine Ahnung, ob das eine weitere Rolle ist. Vielleicht ist das dann auch wieder der Butler. Die meisten Fahrgäste nehmen sich übrigens immer nur ein Teilchen. Wenn ich etwas sehr gern mag, frage ich dezent, ob ich auch drei haben darf. Das ist übrigens auch ein Teil der Selbstbestimmung. Einfach wagen und fragen.

Wer öfter Bahn fährt, kennt diese Rollenwechsel und stellt sich darauf ein. Es ist klar, dass man noch keinen Kaffee und keine Currywurst bestellen kann, wenn gerade die Zeitungen ausgetragen oder die Tickets kontrolliert werden. Man muss aber auch nicht hektisch sein Ticket suchen, wenn sich gerade das Tablett mit den Gummibärchen nähert.

Mit etwas Aufmerksamkeit gegenüber den Bahnangestellten erkennt man das auch, wenn man selten Bahn fährt und nervt dann die Angestellten zum Beispiel nicht mit Getränkewünschen, bevor diese in die entsprechende Rolle gewechselt sind.

Uschi fährt wahrscheinlich weder häufig Bahn noch verfügt sie über ausgeprägte Empathie.

Oh Gott, jetzt werden mich alle Leserinnen vielleicht doof finden, die Ursula heißen und manchmal Uschi genannt werden. Also, sollten Sie, liebe Leserin, Ursula heißen, bitte, bitte: Nicht persönlich nehmen! Aber diese mit Gold behängte, braun gebrannte Dame war mir schon direkt beim Einsteigen aufgefallen. Sie saß an einem Vierertisch. Da hatte ich schon gedacht: Uschi fährt Bahn. Und ab dem Moment bekam ich den Namen einfach nicht mehr aus dem Kopf.

Uschi also telefoniert erst mal mit dem gesamten Abteil – zumindest dachte ich, sie spräche mit allen. Jedenfalls können alle ihr lautstarkes Gespräch mithören.

Als Uschi auflegt, ist eine Bahnmitarbeiterin gerade in der Rolle „Kontrolleur".

Uschi krächzt von ihrem Vierertisch: „Kann ich jetzt auch mal was bestellen oder wie lange dauert das hier noch?"

Die Bahnmitarbeiterin, sehr höflich: „Wegen der Bestellungen komme ich gleich zu Ihnen. Entschuldigen Sie! Jetzt überprüfe ich gerade die Fahrkarten."

Uschi hört gar nicht richtig zu und raunzt nur: „Unverschämtheit!"

Zehn Minuten später nimmt die Bahnangestellte, wiederum sehr höflich, die Bestellungen entgegen.

Uschi blökt: „Ein Bier und einen Salat!" (Ohne „bitte".)

Und jetzt wird es richtig schräg. Uschi lästert nämlich gegenüber dem gesamten restlichen Vierertisch über die „unverschämten" Bahnmitarbeiter und die „Servicewüste" Bahn. Aber natürlich erst, als die Bahnangestellte nicht mehr in Hörweite ist. Die Mitreisenden gucken betreten und schweigen.

Mir reicht das jetzt mit der Uschi. Und ich entscheide mich, Uschi nun auch mal was zu sagen: „Entschuldigen Sie! Darf ich Ihnen mal ein Feedback geben?" Nicht, dass ich sie ernsthaft um Erlaubnis bäte.

Uschi guckt mich verdutzt an und hat natürlich keine Chance zu antworten, weil ich in dem Moment bereits ansetze: „Die Art und Weise, wie Sie eben mit der Bahnangestellten umgegangen sind, empfand ich als eine glatte Sechs."

Schnappatmung bei Uschi. Danach folgt ein kurzes Schweigen. Dann bellt sie los: „Das muss ich mir ja wohl von Ihnen nicht sagen lassen!"

Absolut korrekt, denke ich und sage: „Nee, müssen Sie auch nicht. Aber vielleicht denken Sie trotzdem einmal über Ihr Verhalten nach?"

Ich bebe innerlich. Dringend muss ich jetzt in den Selbstkontroll-Modus und fokussiere mich auf meinen Laptop, um meinen Zorn zu beherrschen. Uschi würdigt mich keines Blickes mehr und ich sie auch nicht. Aber als die Bahnmitarbeiterin ihr das Bier und den Salat serviert, ist Uschi irgendwie anders als vorhin. Freundlicher.

Ich winke die Mitarbeiterin kurz heran und gebe auch ihr ein Feedback, so leise, dass Uschi es nicht hören kann: „Wissen Sie was? Ich finde, Sie haben echt nett reagiert vorhin, als sie so von dieser Dame angemacht wurden. Nur zur Info: Ich habe der Dame eben mal ein Feedback gegeben, dass ich ihr Verhalten Ihnen gegenüber echt ungünstig fand."

Die Mitarbeiterin strahlt über beide Ohren.

Wenn Unzufriedenheit ausstrahlt

Warum erzähle ich Ihnen mein Erlebnis mit der Bahn-Uschi? Diese kurze Episode verdeutlicht, wie manche Menschen, die innerlich nicht gut unterwegs sind (wie Uschi), auch nach außen nicht immer günstig agieren. Frech werden, abwertend oder komisch sind. Und das Beispiel zeigt, wie despektierlich manche Menschen im Alltag mit anderen Menschen umgehen und dadurch sich selbst und ihren Mitmenschen das Leben unnötig schwer machen. Das muss doch alles so nicht sein! Nicht zuletzt möchte ich mit der Geschichte zeigen, dass wir selbst Einfluss darauf nehmen und unser Umfeld zum Besseren bewegen können, wenn uns Menschen – wie hier Uschi – auffallen. Wenn Ihnen etwas in Ihrem Umfeld nicht gefällt, dann übernehmen Sie Verantwortung, es besser zu machen. Geben Sie den Betreffenden zumindest Feedback.

Über Uschi haben sich vielleicht auch andere Bahngäste aufgeregt, aber keiner hat etwas gesagt. Und das lässt sich häufig beobachten: Menschen regen sich über Dinge auf, die in ihrem Leben passieren oder nicht passieren, aber sie werden nicht wirklich aktiv, um die äußeren Einflüsse zu verändern. Oder um zumindest zu versuchen, sie zu verändern. Stattdessen fühlen sie sich der Lage ohnmächtig ausgesetzt. Das ist keine Selbstbestimmung. Selbstbestimmung heißt, in seinem Umfeld Impulse zu geben oder unangenehme Einflüsse versuchen zu verändern, so dass es mir selbst damit besser geht.

Außerdem geht es in diesem Beispiel noch um eine andere Sache, um eine andere Welt, die sich nicht um private Beziehungen oder zufällige Begegnungen dreht. Sondern um die berufliche Rolle (in meinem Beispiel das Verhalten der Bahnangestellten Uschi gegenüber) und darum, welcher Umgang mit anderen in einer solchen Rolle angemessen ist. Bevor wir uns aber die einzelnen Aspekte näher ansehen, ist es wichtig, ein Grundprinzip zu verstehen: So wie ich innerlich unterwegs bin, so wirke ich auch auf andere.

Ausstrahlung geht bekanntlich von innen nach außen und ist ein unbewusster Prozess. Vielleicht kennen Sie das ja längst: Wenn Sie absolut mit sich im Reinen sind, erleben Sie typischerweise auch angenehme Begegnungen. Aber wenn Sie innerlich auf Krawall gebürstet sind, wirken Sie auch unangenehm nach außen. Man könnte sagen: Schlechte Energie erzeugt schlechte Stimmung, gute Energie gute Stimmung. Oder anders formuliert: Wenn man innerlich gut unterwegs ist, wird auch außen alles leicht; wenn nicht, wird es für andere anstrengend und für einen selbst mühselig und unangenehm.

Wenn wir uns mit anderen Menschen auf einer Wellenlänge befinden, machen Begegnungen einfach Spaß, dann wird es angenehm. Die Chemie stimmt. Unangenehm oder schwierig wird es im Leben, wenn die Chemie oder Wellenlänge zwischen Menschen nicht stimmt: Dann werden schon mal unbewusst gegenseitig Knöpfe gedrückt und wir reagieren negativ auf eine Person und ihr Verhalten. Wir empfinden diesen Menschen als unsympathisch oder regen uns über ihn auf. Das gilt für den Umgang mit fremden Menschen, mit der Familie, mit dem Partner, mit dem Vorgesetzten, dem Mitarbeiter und generell dort, wo Menschen zusammenkommen. Was passiert da eigentlich genau?

Die Landkarte des Anderen verstehen

Tief in unserer Einstellung – unseren Denkmustern – ist verankert, was wir als richtig und falsch empfinden. Und es ist Teil unserer Haltung, ob wir wertschätzend („Ich bin ok, du bist ok"-Einstellung) oder nicht wertschätzend „Ich bin ok, du bist nicht ok"-Haltung) mit anderen umgehen. Stellen wir es uns einmal bildlich vor und beschreiben diese eigene Einstellung als unsere „innere Landkarte". Es ist unsere Vorstellung von der Welt, unsere Sicht auf die Welt. Der Begriff „innere Landkarte" kommt ursprünglich aus dem neurolinguistischen Programmieren (NLP). Ich nutze diesen Begriff gern in meinen Führungs- und Kommunikationstrainings und im Coaching mit Klienten. Wir kennen die innere Landkarte der anderen Menschen nicht, können nicht hinter die Stirn anderer gucken und wissen deshalb auch nie, was in ihnen wirklich vorgeht. Wir sehen nur ihr Verhalten, nehmen ihre Mimik und Gestik auf und hören, was sie sagen. Wir wissen nicht, was für sie richtig oder falsch ist, wie sie über einzelne Dinge und größere Themen denken. Genauso wie wir selbst eine Vorstellung davon haben, was sich gehört und was nicht, was in unserer Welt richtig ist und was falsch.

Im Umgang mit anderen Menschen ist es die hohe Kunst, erst einmal die Landkarte des Anderen verstehen zu wollen. Als Partner, als Elternteil oder als Führungskraft mit Mitarbeiterverantwortung ist es wichtig, zu verstehen, warum das Gegenüber etwas tut oder nicht tut. Dafür geben wir entweder Feedback unserer Wahrnehmung und/oder wir fragen auch mal, was der Grund für dieses oder jenes Verhalten ist. Unangenehmes und abwertendes Verhalten, wie „Uschi" es gegenüber der Bahnangestellten gezeigt hat, ist in meiner Welt nicht in Ordnung, denn ich habe einen enormen Gerechtigkeitssinn und mag es nicht, wenn mit anderen Menschen nicht wertschätzend umgegangen wird. Ein anderer Mensch (der ebenso gestrickt wäre wie Uschi) hätte hingegen vielleicht noch eingestimmt in ihr Gemecker.

Wenn wir einmal annehmen, dass der wertschätzende Umgang generell erstmal der angenehmere ist (Sie merken, dass das meine eigene Landkarte ist), war in meiner Welt das Verhalten von Uschi nicht richtig. Wahrscheinlich ahnen Sie es schon: Auch ich bin innerlich unbewusst in eine „+/–"-Haltung gerutscht, also in die Haltung „Ich bin ok, du bist nicht ok". Ich fand Uschi in dem Moment einfach unmöglich! Das ist eine klassische Abwertung. Sie hat ihrerseits natürlich auch einen Menschen abgewertet, nämlich die Bahnangestellte – aber im Außen, denn sie wurde unhöflich und aus meiner Sicht abwertend durch ihren angeschlagenen Ton. Nun könnten Sie das sagen, wie sicher viele in dem Großraumwagen gedacht haben: Lass die Uschi doch sein, wie sie ist! So haben sich einige ja auch verhalten: Ignorieren und nix sagen. Davon wird die Welt um uns herum allerdings nicht besser. Hier kommt die Selbstbestimmung ins Spiel.

Die Mutigen geben Feedback

Ich möchte die Welt immer ein wenig besser machen. Und daher fühlte ich mich auch berufen, Uschi ein Feedback zu geben. Da ich selbst innerlich kochte, musste ich mich extrem beherrschen, also selbststeuern. So etwas müssen wir können, damit wir nicht so aggressiv und sozial-unverträglich wie Uschi agieren. Das heißt, wir müssen es schaffen, in den sachlichen Modus zu kommen, also auch einen netten Ton anzuschlagen, obwohl wir etwas zu kritisieren haben und innerlich vielleicht vor Wut beben. Ich hätte also zum Beispiel die Uschi sachlich fragen können: „Wie haben Sie das eben gemeint, als Sie die Bahnangestellte angesprochen haben?" (Achtung: Der Ton macht die Musik! Bei einem vorwurfsvollen oder aggressiven Ton geht die Eskalation weiter.) Ich kann aber auch Feedback geben, was ich eben in meiner Situation klar bevorzugte. Das ist für mich die schnellste Variante und so habe ich es gegenüber der Mitreisenden auch gemacht.

Ich habe bei meinem Feedback die sogenannte WWW-Technik angewendet. Das ist eine Feedback-Technik, die angebracht ist, wenn wir jemandem ein ungünstiges

Verhalten rückmelden möchten: die drei Ws stehen für die Begriffe Wahrnehmung, Wirkung, Wunsch. Ich habe ihr sogar Wahrnehmung und Wirkung in einem Satz mitgeteilt: „Die Art und Weise, *wie Sie* eben mit der Bahnangestellten umgegangen sind, *empfand ich* als eine glatte Sechs." Es ist wichtig, die eigene Wahrnehmung als sogenannte Ich-Botschaft zu beschreiben („Ich empfand ... als würden Sie ...", „Auf mich wirkte Ihr Verhalten ...", „Ich hatte den Eindruck, dass Sie ..."), egal auf wen. Ich sage zum Beispiel, wie ich die Äußerungen der Mitreisenden, ihr Verhalten, ihren Ton empfinde, oder wie das alles auf die Bahnangestellte hätte wirken können. Und zudem wollte ich der Mitreisenden mitteilen, wie es auf mich gewirkt hat. Am Schluss habe ich einen Wunsch geäußert: „Vielleicht mögen Sie mal über Ihr Verhalten nachdenken?" Das war's. Ich habe meiner innerlichen Empörung freien Lauf gelassen und konnte mich wieder beruhigen. Und es hat gewirkt. Die Mitreisende änderte tatsächlich ihr Verhalten, was ich im Nachhinein als sehr positiv empfand. Es hätte aber auch sein können, dass die Bahnreisende nach meinem Feedback so weiter gemacht hätte. Auch damit hätte ich dann leben müssen. Nur weil man Feedback gibt, reflektieren oder verändern Menschen nicht sofort ihr Verhalten. Eine wichtige Erkenntnis im Leben. Wir können lediglich Impulse geben (wie das Feedback), sich verändern können Menschen nur aus sich selbst heraus.

Was dieses Bahnerlebnis zeigt, ist, wie sehr sich unser Innenleben und unsere Zufriedenheit oder Unzufriedenheit in unserer Ausstrahlung widerspiegelt. Jeder reagiert in bestimmten Situationen mal komisch und merkwürdig gegenüber seinen Mitmenschen – aus welchen Gründen auch immer. Ich bin manchmal unhöflich gegenüber den Mitarbeitern der Hotline meines Mobilfunkanbieters, weil ich genervt bin. Ich merke es dann aber selbst rechtzeitig und entschuldige mich bei dem Mitarbeiter. Entscheidend ist: Wir dürfen gegenüber Menschen, die sich unangemessen verhalten, ruhig mutig sein und Feedback geben. Und wir sollten auch so offen sein, von jedem Feedback anzunehmen. Die Mitreisende hat es angenommen und reflektiert. Das war schön.

Der (beruflichen) Rolle angemessen ...

Im Businessleben erleben wir es immer wieder, dass der Vorgesetzte am Montagmorgen nicht angesprochen werden darf, weil er nicht gut drauf ist. Schlechte Stimmung ist für mein Empfinden ein absolutes No-Go in der Rolle als Führungskraft, es sei denn, na ja, es ist gerade ein Familienangehöriger gestorben. Aber sonst geht das gar nicht, seine schlechte Laune im Führungsverhalten auszudrücken. Auch überhebliche Verkäuferinnen, wie wir sie aus dem Film „Pretty Woman" mit Julia Roberts kennen, verfehlen für meine Begriffe ihre Rolle im Job. Interessant ist daher noch einmal der Blick auf die Bahnangestellte und wie sie auf die unzufriedene Bahnkundin reagiert hat. Sie war in ihrer beruflichen Rolle und somit Dienstleisterin gegenüber der Kundin. Sie agierte außerordentlich professionell und freundlich („Wegen der Bestellungen komme ich gleich zu Ihnen. Entschuldigen Sie! Jetzt überprüfe ich gerade die Fahrkarten."), obwohl die Reisende ziemlich unverschämt war.

Das Verhalten der Bahnangestellten empfand ich als ihrer Rolle angemessen, denn sie repräsentierte ja auch ihr Unternehmen, die Bahn. Sie blieb freundlich und nett. Falsch wäre es gewesen, frech und emotional zu reagieren, obwohl gerade das eine natürliche und menschliche Reaktion hätte sein können. Schließlich muss sich niemand so anpampen lassen, auch nicht von einem Fahrgast oder einem Kunden. Die Bahnangestellte hätte also leicht die Kundin abwerten und ihr gegenüber frech werden können. Etwa so: „Warten Sie gefälligst, bis Sie dran sind. Ich komme dann zu Ihnen, wann ich es will." Das wäre eine Reaktion aus dem „+/–"-Modus („Ich bin ok, du bist nicht ok") heraus – verständlich, aber nicht günstig für ihre berufliche Rolle. Das andere Extrem wäre gewesen, wenn sich die Bahnangestellte hätte einschüchtern lassen: „Ähhh, ent ... ja, ich bin ... ähh ..." also stotternd, um Worte ringend sich wortlos, rot anlaufend abgewandt hätte. Wenn ihr also die Angst förmlich im Gesicht gestanden, sie sich nicht getraut hätte, dem Fahrgast etwas zu sagen. Das wäre dann unbewusst aus der „– /+"-Position gekommen (Ich bin nicht ok, du bist ok). Es wäre keine absichtliche Reaktion gewesen, aber eben sehr ungünstig in ihrer beruflichen Rolle.

In dieser Situation hat die Bahnmitarbeiterin souverän und klar reagiert, vor allem wertschätzend (im „+/+"-Modus). Das war professionell. Menschen, die auf eine solche Weise agieren, machen einem den Alltag leichter. Und deshalb fand ich auch ein Feedback im Nachgang an die Bahnmitarbeiterin mehr als angemessen, denn ich wollte ihr durch mein positives Feedback wiederum Bestätigung für ihr Verhalten geben. Denn auch das trägt dazu bei, dass wir in unserem Verhalten und damit im Selbstwert bestärkt werden und noch dazu gut miteinander umgehen: Nicht nur meckern, sondern auch loben. Am besten viel öfter loben als meckern!

Café am See

Manchmal fahre ich im Sommer mit meinem Hund Cupido an den Großensee oder den Lütjensee in der Nähe von Hamburg, um zu arbeiten. Ich gehe sozusagen in mein Outdoor-Homeoffice, derer ich gleich mehrere habe. Die Abwechslung inspiriert mich und ich kann an diesen Orten wunderbar produktiv sein.

Einmal saß ich an einem sonnigen Tag fünf Stunden lang draußen im Garten eines Ausflugslokals am Großensee und tippte eifrig in die Tasten meines Laptops. Um die Mittagszeit war es dann plötzlich rappelvoll. Das Lokal hatte Self-Service und die Schlange an der Essensausgabe wurde länger und länger.

Da sprach mich eine ältere Dame an, ob an meinem Tisch noch ein Platz frei sei.

„Na klar", sagte ich und bot ihr an, sich zu mir zu setzen. Da ich wirklich konzentriert arbeitete, sagte ich ihr, dass ich momentan nicht so redselig sei, weil ich arbeiten wolle.

Die Dame wirkte etwas erschöpft und ich sah, dass sie noch nichts zu essen und zu trinken hatte. Wahrscheinlich würde es für sie ziemlich anstrengend sein, so lange anzustehen, wie es gerade nötig war. Da ich bereits gegessen hatte und mir zum Nachtisch noch einen Eiskaffee holen wollte, bot ich an, ihr etwas mitzubringen. Ich stellte mich also für die Dame bei der Essensausgabe an. Das Essen zu bestellen und abzuholen, dauerte länger als gedacht, aber ich machte das gern. Die kleine Pause vom Bildschirm tat mir auch ganz gut.

Als ich mit ihrem Essen, einem großen Mineralwasser und meinem Eiskaffee zurückkam, war die Dame richtig happy und konnte es kaum glauben, dass ich das für sie getan hatte.

Wir kamen dann doch kurz ins Gespräch und es stellte sich heraus, dass die ältere Dame schon Mitte 80 war und auch in demselben Stadtteil in Hamburg wohnte wie ich. Allerdings war sie nicht mit dem Auto, sondern mit der Bahn und dem Bus hergekommen. Die ganze Strecke mit Bus und Bahn, dachte ich. Ist das weit! Kein Wunder, dass die Dame etwas müde wirkte und sich erst mal stärken musste.

Wir tauschten noch ein paar nette Worte aus, dann klappte ich meinen Laptop wieder auf und arbeitete weiter.

Bald darauf verschwand die Sonne hinter Wolken, was ich nur beiläufig wahrnahm, da ich so in meine Arbeit vertieft war.

„Das sieht nach Gewitter aus", sagte die Dame irgendwann. „Nun muss ich mich aber beeilen, wenn ich noch trocken zur Bushaltestelle kommen will."

Da erst wurde mir bewusst, dass sie immer noch neben mir saß. Ich schaute auf den Horizont und sah hinter dem See eine schwarze Wolkenwand.

„Ich nehme Sie gern mit nach Winterhude, wenn Sie mögen! Ich wohne auch dort", sagte ich. „Sie haben ja gar keinen Schirm dabei."

„Doch, meinen Knirps. Der ist in der Handtasche."

„Der reicht niemals, wenn das gleich richtig losschüttet. Da werden Sie sowas von nass und zudem müssen Sie ja auch noch den weiten Weg zur Bushaltestelle gehen. Ich nehme Sie wirklich gern mit dem Auto mit!"

Die Dame war einverstanden. In dem Moment, da wir auf dem Parkplatz in mein Auto stiegen, begann es, sintflutartig zu regnen.

Auf der Rückfahrt erzählte die Dame – wir hatten uns inzwischen einander vorgestellt – von den alten Zeiten in Winterhude. Ich fand das total faszinierend und hörte ihr gebannt zu. Ich erzählte ihr dann auch etwas aus meinem Leben während der letzten Jahre.

Es war ein richtig schönes Gespräch. Ich mag Omis. Während hinter den hektisch zappelnden Scheibenwischern die Welt unterging, ließen wir uns aufeinander ein und gingen in die Tiefe.

Ich brachte sie dann noch bis vor die Haustür, wir tauschten sogar noch Telefonnummern aus, falls ich mal wieder zum See fuhr und sie mitkommen wolle. In dem Moment hörte es auf zu regnen.

Was für ein schöner Ausflug, trotz des Gewitters! Das meinten wir beide.

Vom Glück der zufälligen Begegnung

Jede Begegnung mit einem anderen Menschen hat das Potenzial, dass etwas Schönes und Bereicherndes daraus entsteht. Natürlich trifft niemand ständig Freunde fürs Leben, das ist in der Begegnung mit anderen nicht zwangsläufig das Ziel. Aber auch ein paar gemeinsam verbrachte Stunden oder selbst Minuten können einen richtig glücklich machen. Die Voraussetzung dafür ist, mit offenen Augen durch die Welt zu gehen, andere Menschen wahrzunehmen und grundsätzlich die Bereitschaft für Gespräche zu haben. Wenn Sie mehr der Nähe-Typ, insbesondere der Nähe-Wechsel-Typ sind, machen Sie das wahrscheinlich ohnehin. Allen Distanz- und Distanz-Dauer-Typen wünsche ich, sich einfach mal öfter durch zufällige Begegnungen mit anderen Menschen überraschen zu lassen. Schauen Sie Menschen offen und freundlich an, weichen Sie Blicken nicht aus und nehmen Sie wahr, ob Ihr Gegenüber für ein Gespräch aufgelegt ist. Stellen Sie sich vor, jeder Mensch berge in sich einen Schatz, von dem er Ihnen etwas abgeben möchte. Finden Sie heraus, was es ist, und holen Sie es sich ab! Diejenigen, mit denen wir normalerweise am wenigsten reden, halten oft den größten Schatz für uns bereit. Egal, ob Oma, Müllmann oder Putzfrau. Nach und nach bekommen wir einen Blick dafür, was anderen Menschen wichtig ist. Und das schärft unseren eigenen Blick für das Wesentliche. Diese Offenheit und Gesprächsbereitschaft gilt natürlich im Kreis der Familie oder in der Partnerschaft sowieso.

Im Coaching hatte ich Manager als Klienten, die fremden Menschen oder sogar eigenen Mitarbeitern eher verschlossen begegnet sind und die eher wenig über sich selbst preisgaben. Diese Führungskräfte sahen ihre berufliche Rolle darin, das Business zu organisieren und voranzubringen, eben den Bereich am Laufen zu halten, den sie zu verantworten hatten. Einige von ihnen sagten, für sogenannten Smalltalk hätten sie nur wenig Zeit. Manche meinten auch, sie hätten keinen Sinn dafür. Es war nicht unbedingt so, dass sie die Menschen um sich herum nicht sehen würden. Aber viele hatten Angst, zu viel von sich zu zeigen, wenn sie zu viel Persönliches von sich preisgäben. Während des Coachings konnte ich bei vielen dieser Manager ein Umdenken auslösen. Ich zeigte ihnen auf, dass es eine goldene Mitte gibt. Weder muss man sich völlig verschließen, noch muss man jedermanns bester Freund sein wollen und allen ständig ein Ohr abquatschen. Die Manager sahen im Coaching, dass es um Leichtigkeit und Freude im Alltag geht. Und auch darum, begeistert zu sein und Menschen mit seiner Begeisterung anzustecken. Ein völlig verschlossener Chef kann seine Mitarbeiter nicht motivieren oder begeistern. Dazu muss er auch mit seinen menschlichen Seiten erlebbar sein.

Erfahrungsgemäß ist es tatsächlich so, dass die Menschen, die mehr dem Nähe-Typ zuzurechnen sind, eher die persönlicheren Gesprächsthemen aus anderen hervorholen als die Distanz-Typen. Bitte verstehen Sie diese Unterscheidung nicht falsch. Natürlich können beide Typen tolle Gespräche führen. Nur mehr von sich selbst preiszugeben und mit fremden Menschen leichter ins Gespräch zu kommen, liegt mehr in der Natur des Nähe-Typen.

Schöne Begegnungen lassen sich nicht erzwingen. Ob jemand Lust hat, mit Ihnen ein Gespräch zu führen und sich zu öffnen, bleibt ganz dieser Person überlassen. Sie können nur an sich selbst und Ihrer Haltung arbeiten. Wenn Sie davon überzeugt sind, dass jeder Mensch grundsätzlich liebenswert ist, Respekt verdient und es wert ist, dass man ihm zuhört, strahlen Sie das auch aus. Strahlen Sie diese positive Grundhaltung (Ich bin ok, du bist ok) gegenüber Menschen aus, dann erleben Sie ganz automatisch schöne und bereichernde Situationen mit Menschen. Verlassen Sie sich einfach auf die Resonanz: Was Sie innerlich sind, das ziehen Sie auch an. Und was Sie in die Welt geben, kommt zu Ihnen zurück.

Dabei gilt wie immer: Nobody is perfect. Wir alle haben Themen, bei denen wir uns noch entwickeln dürfen. Auch das sieht man sehr schön am Beispiel der Bahnreisenden. Diese Dame hat ihr eigenes Verhalten nach meinem Feedback reflektiert, sonst wäre sie nach meiner Ansage nicht netter zur Bahnangestellten gewesen. In solchen Momenten, wo wir selbst einmal unfreundlich und harsch zu jemandem sind, sind wir herausgefordert, uns im Nachhinein zu reflektieren und mit der Situation gut umzugehen, um daraus zu lernen. Und auch ich war innerlich in der Situation mega agressiv gestimmt und musste meine Selbststeuerungsmechanismen ordentlich ankurbeln, sonst wäre ich der Dame gegenüber sicher abwertender begegnet.

Also war auch diese Episode wieder ein Lernfeld für mich. Danke an dieser Stelle an die „Bahn-Uschi" von damals, sollte sie dieses Buch in den Händen halten und sich in dieser Story wiedererkennen.

In diesem Kapitel habe ich drei Themenkomplexe behandelt, die alle damit zu tun haben, wie wir – wenn wir mit uns selbst im Reinen sind – einen guten Umgang mit anderen pflegen – ob beruflich oder privat – und mehr Freude und Zufriedenheit in unseren Alltag bringen.

TIPP

1. Andere Menschen wahrnehmen und sich für sie Zeit zu nehmen, insbesondere dann, wenn jemand Hilfe benötigt.
2. In der heutigen Zeit der schnellen Taktung und digitalen Effizienz ist das vielleicht das Wichtigste. Also: Augen auf!
3. Nachfragen, reden, Feedback geben!
4. Durch unbewusste Themen können Menschen unangenehm und schwierig sein, sich auch komisch verhalten. Warum das so ist, wissen wir nicht, denn wir kennen die innere Landkarte dieser Menschen nicht. Wie also damit umgehen? Wertschätzend nachfragen, offen das Gespräch suchen oder Feedback geben sind die besten Techniken, um positiv einzuwirken oder eine Eskalation zu vermeiden.
5. Jederzeit offen und immer wertschätzend auf Menschen zuzugehen.
   Lassen Sie sich durch wertschätzenden Kontakt mit Menschen beschenken. Positives Feedback, in Form von Anerkennung. Lob ist das schönste Geschenk: durch einen Satz, der Sie oder andere zum Nachdenken anregt, durch ein Lächeln oder einfach durch die ausgesprochene Dankbarkeit, bekommen wir so viel Wärme und Herzlichkeit von Menschen, die wir häufig viel zu wenig in unserem Leben integrieren oder durch Hetze nicht immer wahrnehmen.

Wenn wir anderen Menschen im Kontakt Wertschätzung entgegenbringen, haben wir schon einen großen Teil erreicht im Umgang mit Menschen, um Zufriedenheit und Wohlbefinden zu säen.

ZEIT FÜR ANDERE:
WEISST DU, WIE DU MIT MENSCHEN UMGEHST?

- Wann haben Sie das letzte Mal von einem fremden Menschen Hilfe oder Unterstützung bekommen? Und wie haben Sie diese Situation in Erinnerung?
- Wann haben Sie das letzte Mal einem fremden Menschen geholfen?
- In welchen Momenten sind Sie richtig komisch oder merkwürdig zu anderen?
- Welchen Grund, glauben Sie, hat Ihr Verhalten dann?
- Wenn Sie wertvolle Gespräche mit anderen Menschen haben (egal ob männlich oder weiblich), was empfinden Sie dabei?
- Was fällt Ihnen schwer im Umgang mit anderen Menschen?
- Was hindert Sie manchmal daran, etwas von sich preiszugeben?
- Wenn Ihnen bei nächster Gelegenheit an anderen Menschen etwas nicht passt oder negativ auffällt, geben Sie ihnen Feedback. Hier eine kleine Auswahl an möglichen Formulierungen:

  Step 1: Darf ich Ihnen ein Feedback geben? – *Warten Sie ein paar Sekunden.*

  Step 2: Mir ist aufgefallen, dass Sie eben … / Ich hatte gerade den Eindruck, dass Sie … – *Formulierung der eigenen Wahrnehmung der beobachteten Situation, ohne das Verhalten zu bewerten)*

  Step 3: Mir kommt Ihr Verhalten … vor. / Ich empfinde das als … – *Beschreibung der Wirkung des unangenehmen Verhaltens*

  Step 4: Vielleicht mögen Sie mal drüber nachdenken … / Ich würde Sie bitten … – *Formulierung des Wunsches/der eigenen Erwartung*

8

ZEIT FÜR LEICHTIGKEIT:

WEISST DU, WORAN DU FREUDE HAST?

Unser inneres Kind will freigelassen werden!
Wir können im Alltag kindliche Freude erleben,
ohne aus der Erwachsenenrolle zu fallen.
Alles, was es dazu braucht, ist die Fähigkeit,
Lebensfreude und Spaß erleben zu können.
Wenn wir uns auf das Hier und Jetzt konzentrieren
und den Augenblick genießen, kann mehr
Leichtigkeit in unser Leben einziehen.

Dideldidü – dideldi – düdeldi-dideldü

Durch das schräg geöffnete Fenster höre ich dieses Gedudel draußen von der Straße.

Das kommt mir spontan vertraut vor. Aber es ist kein Handy. Es hört sich an wie …

… ein Eiswagen!

Schlagartig fühle ich mich zurück in meine Kindheit versetzt: Sommer, blauer Himmel, dreißig Grad. Wir Kinder sind auf dem Weg ins Freibad, unsere Klamotten kleben an uns. Da hören wir diese Melodie. Wir drehen uns um, sehen den Eiswagen. Rennen sofort voll Speed hin, egal, wie heiß es ist und wie sehr wir schon schwitzen. Jetzt ein Eis!

Ich mache in Gedanken kurz „schnipp" – und bin zurück in der Realität.

In der Realität ist es auch Sommer. Es ist mitten am Nachmittag und wir haben um die 28 Grad. Aber ich schaue nicht in Kindergesichter, sondern in die konzentrierten Gesichter meiner Teilnehmer bei einem meiner Führungskräftetrainings. Wir sind auch nicht auf dem Weg ins Freibad, sondern sitzen im ersten Stock eines Firmengebäudes in einem Gewerbegebiet. Hier ist die Firmenzentrale meines Kunden.

Ich frage in die Runde: „Ist das ein Eiswagen da draußen?"

„Ja, der kommt hier im Sommer immer mal vorbei", antwortet eine junge Frau mit blondem Pferdeschwanz und strahlt dabei übers ganze Gesicht. „Der fährt aber jetzt erst auf den Parkplatz der Firma gegenüber. Danach kommt er zu uns."

Ich gehe zum Fenster und schaue raus auf die Straße. Ein betagter weißer Fiat Ducato biegt links ab und fährt auf das Grundstück gegenüber. Die Seiten des Lieferwagens sind mit Eistüten und bunten Eiskugeln bedruckt. In der Mitte steht in großen roten und grünen Buchstaben: „Italienisches Eis".

„Ein Eis wäre jetzt eigentlich herrlich!", sage ich.

In dem Moment schaue ich plötzlich doch in Kindergesichter. Sechs Kindergesichter von erwachsenen Führungskräften.

Ich merke, wie viel Lust ich gerade auf ein Eis habe. Am liebsten mit Sahne!

Draußen auf dem Flur steht Kuchen für die nächste Pause bereit. Ich habe keine Ahnung, woran es liegt, aber häufig ist die Verpflegung während solcher Trainings oft nur 08/15 und ein Eis im Sommer wird nur selten angeboten. Belegte Brötchen und Kuchen sind das Standardprogramm. Auch lecker, aber ein italienisches Eis wäre jetzt echt viel besser.

Der Eiswagen ist eh noch beim Nachbarunternehmen und die nächste Gruppenarbeit steht gleich an. Perfektes Timing nenne ich das. Zur Not stelle ich die Agenda etwas um. Die Teilnehmer bilden Kleingruppen und legen mit der Gruppenarbeit los. Alle sind voll motiviert, die Wärme scheint ihnen nichts ausmachen.

An die 20 Minuten sind vergangen, seit sich der Eiswagen mit seinem Gedudel bemerkbar gemacht hat. Ich schaue aus dem Fenster und checke die Lage. Der Wagen steht jetzt genau vor unserem Gebäude. Gerade bedient der Eismann den letzten Mitarbeiter. Das ist die Chance!

Ich schnappe mir mein Portemonnaie und sprinte die Treppe runter zum Eiswagen.

Keine zehn Minuten später bin ich zurück im Konferenzraum mit sieben Mal zwei Kugeln Eis plus Sahne. Alles in kleinen runden Bechern aus Pappe. In jedem Sahnehäubchen steckt eine dünne, runde Eiswaffel. Daneben ragen farbige Löffelchen heraus.

Als ich in den Raum zurückkomme, blickt niemand zur Tür. Alle Teilnehmer sind total in ihre Gruppenarbeit vertieft.

„Eis ist da!", rufe ich.

Sechs Augenpaare schauen mich ungläubig an. Dann zeichnet sich nach und nach in jedem Gesicht ein Lächeln ab.

„Haben Sie jetzt wirklich für alle Eis geholt?", fragt die Blonde mit dem Pferdeschwanz.

„Na klar", antworte ich. „Jetzt aber ran, sonst schmilzt das noch. Sie können ja dabei weiterarbeiten."

Mit angezogener Handbremse

Jeder Tag ist voller Chancen auf Freude, Genuss und Leichtigkeit. Aber wir lassen die Chancen oft liegen. Warum eigentlich? Und mal ehrlich: Wieso ist es für eine Gruppe von Führungskräften so eine Sensation, wenn jemand mal kurz rausgeht und für alle Eis holt? Die Reaktion hat mir jedenfalls gezeigt, dass die Trainingsteilnehmer selbst diese Initiative wohl nicht ergriffen hätten. Dabei war es wirklich warm – alle hatten bestimmt Lust auf ein Eis – und sich zwischendurch mal was Gutes zu tun, fördert am Ende sogar die Produktivität bei der Arbeit. Kann es sein, dass wir oftmals ungewollt mit angezogener Handbremse unterwegs sind, wenn es darum geht, spontan Freude oder Leichtigkeit zu erleben oder etwas genießen zu können?

Mir fällt auch auf, wie wenig Menschen sich noch an kleinen Dingen freuen können. An einem leckeren Essen, einem guten Glas Wein, einem herrlichen Spaziergang im Wald oder einem fröhlichen Lächeln anderer Menschen. Auch das Wetter in Deutschland ist ja inzwischen anscheinend grundsätzlich schlecht. Wer sagt schon noch: „Was für ein schöner Morgen!" Oder: „Wie herrlich die Sonne scheint!" Stattdessen ist es entweder zu kalt oder zu heiß oder zu schwül.

Dieselben Leute, die sich zu Hause nicht mehr richtig über Kleinigkeiten freuen können, fliegen dann vielleicht in den Urlaub, kommen bei herrlichem Wetter an einem Traumstrand an und stellen als Erstes fest: „Na ja, das Hotel ist ja nicht so toll. Da hatten wir schon bessere. Außerdem sah das im Internet alles viel schöner aus." Oder es wird bei drei Tagen Regen und vier Tagen Sonnenschein das schlechte Wetter in den Fokus gerückt: „Wir hatten die meiste Zeit Regen!" – „Echt? Ihr Ärmsten!" Wundert es dann, wenn auch das Erreichen eines lang angestrebten Ziels von solchen Leuten nicht gebührend gewürdigt und gefeiert wird? Ob schönes Wetter oder erreichtes Ziel – irgendwie scheint bei manchen Menschen die Freude nicht so recht aus dem Herzen hüpfen zu wollen.

Auch im Coaching erlebe ich häufig, dass sich Manager nicht mehr so richtig über etwas freuen können. Ihnen ist im wahrsten Sinne des Wortes, die Freude abhandengekommen. Das Leben ist für diese Menschen dann wirklich anstrengender und keinesfalls leicht.

Das eingesperrte Kind

Tatsächlich ringen viele Menschen oft mit sich selbst. Sie tragen von früh bis spät innere Kämpfe und Konflikte aus. Da ist auf der einen Seite das, wie sie am liebsten leben und was sie gerne tun und erleben möchten. Und auf der anderen Seite halten sie an ihren festgefahrenen Vorstellungen fest, wie das Leben auszusehen hat – wenn es nicht in Schulden, Armut, Chaos oder Egoismus enden soll. Im Coaching begegnet mir fast niemand, der ganz frei von einer inneren Zerrissenheit wäre. Manchmal kommt ein Seufzen nach dem Muster: „Na ja, wenn ich könnte, wie ich wollte …" Da würde ich dann am liebsten gleich einhaken und fragen: „Was ist der Grund, dass Sie glauben, nicht zu können wie Sie wollen?"

Auch auf diese Frage gibt die Transaktionsanalyse (TA) eine Antwort: Sie haben schon gelesen, dass alle Menschen drei Ebenen der Persönlichkeit haben: das Eltern-

Ich, das Erwachsenen-Ich und das Kind-Ich. Wir alle haben jeden Anteil in uns, aber in unterschiedlicher Ausprägung. Und jede Ebene ist für unsere Persönlichkeitsentfaltung wichtig. Keine ist grundsätzlich besser oder schlechter als die andere. Mit dem TA-Modell lässt sich schlüssig veranschaulichen, warum sich heute so viele Menschen mehr Leichtigkeit wünschen und es vergleichsweise wenigen gelingt, diese im Alltag zu leben. Es scheint, als sei das freie Kind wie in einem Zimmer eingesperrt, weil der innere Kritiker mancher Menschen aufgrund von frühkindlichen Prägungen zu dominant ist. „Das kannst du nicht machen", „Das macht man nicht", „Was denken die anderen", „Was erwarten die anderen" sind häufig Einwände unseres inneren Kritikers. Und entsprechend agiert das angepasste Kind, was sich in Sätzen wie „Was denken die anderen?", „Was erwarten die anderen?" ausdrückt.

Die strenge Instanz ist laut der Transaktionsanalyse auf der Ebene des Eltern-Ich angesiedelt, in Form des kritischen Eltern-Ichs. Das kritische Eltern-Ich steht für Anweisungen und Bewertungen. Wir brauchen es zum Beispiel, wenn es darum geht, bei einer Aktienanlage nicht zu risikoreich zu investieren oder uns anderweitig in ungünstige Situationen zu bringen. In diesen Fällen ist das kritische Eltern-Ich hilfreich und warnt uns vor zu schnellen Entscheidungen. In anderen Lebensmomenten begrenzt es uns jedoch, zum Beispiel, wenn es darum geht, sich selbst etwas zu gönnen – dann entscheidet bei vielen Menschen der innere Kritiker mit. Sie liebäugeln eventuell mit einem neuen Fahrrad oder Motorrad und – schwups – ist der innere Kritiker mit der Stimme parat: „Dein Fahrrad ist doch noch gut, wieso schon wieder ein neues?" oder „Das Motorrad steht doch eh nur in der Garage rum, dafür musst du dir keins kaufen." Das sind unangenehme Momente für uns, in denen wir innerlich davon abgehalten werden, also unser freies Kind unterdrückt wird. Wenn wir dann tatsächlich nicht das Motorrad oder Fahrrad kaufen, hat das angepasste Kind gehandelt.

Für ein selbstbestimmtes Leben müssen wir insbesondere in der Lage sein, unser freies Kind größer werden zu lassen, um uns gegen externe Normen und Erwartungen abzugrenzen, die wir häufig verinnerlicht haben und durch den inneren Kritiker ausgedrückt werden. Nun fragen Sie sich vielleicht, wie es Ihnen gelingen kann, das freie Kind zu entwickeln. Es sind wieder die kleinen Schritte, die wir tun müssen. Nehmen wir mal an, Sie wollten sich das Motorrad kaufen, von dem Sie immer geträumt haben, schaffen es aber irgendwie nicht. Wie wäre es, sich erstmal eines auszuleihen? Erst ein Mal, dann immer mal wieder? Sie erleben so vielleicht, wie gut sich das Fahren mit der Maschine anfühlt. Sie fahren mit Begeisterung. Und je stärker das positive Erlebnis, die Begeisterung für das Fahren (das kommt alles aus dem freien Kind), umso höher ist die Chance, dass das Gefühl den Verstand (das kritische Eltern-Ich) überzeugt und Sie es letztlich „einfach mal machen". Das ist nämlich häufig die Hürde vieler Menschen: Die starken positiven Gefühle sind noch nicht so präsent und nicht mit dem Akt „Ich kaufe mir ein Motorrad" verknüpft. Merken Sie es? Wenn ich etwas richtig möchte, aus einer Begeisterung heraus, dann dominiert das freie Kind und es ist ihm egal, ob das Motorrad nur dreimal im Jahr gefahren wird. Diese drei Male lohnen sich dann nämlich schon.

Wenn wir es schaffen, unser freies Kind größer werden zu lassen, werden das angepasste Kind und unser kritischer Eltern-Ich-Anteil automatisch kleiner. Das heißt Dinge, die Sie sich sonst vielleicht nicht getraut oder gemacht haben, mal einfach in kleinen Schritten wagen, mutig sein. Das Erleben bringt dann eventuell positive Gefühle, wenn das freie Kind präsent ist. Wenn Sie sich anschließend über einen Kauf ärgern oder sogar noch Schuldgefühle haben, ist wieder das angepasste Kind aktiv. Wir leben heute in einer Zeit, in der es unser innerer Kritiker leicht hat: Das hohe Tempo und Effizienzdenken der Wirtschaft – das dort durchaus seine Berechtigung hat –, das „Ich-muss-zeigen-was-ich-habe"-Syndrom und der Social-Media-Sog greifen auf immer mehr Lebensbereiche über.

Komischerweise denken viele Menschen eher defizitorientiert, verschließen unbewusst die Augen vor dem Schönen im Leben und stellen das Unangenehme in den Fokus. Allzu leicht lassen sich Gründe finden, warum es gerade wieder nicht geht oder warum es etwas zu mäkeln gibt. Wir werden auch immer eine Arbeit finden, die unbedingt noch erledigt werden sollte, bevor wir ein wenig Spaß haben dürfen. Und deshalb müssen wir aktiv gegensteuern! Wir müssen unser freies Kind wiederentdecken. Und wir müssen es freilassen. Denn das freie Kind in uns will das Leben in jedem Augenblick genießen. Es ist die Instanz, die uns dabei hilft, in der Balance zu sein und Leichtigkeit im Leben zu spüren.

Kein Tag ohne SELF

Für mich persönlich galt schon immer das Motto: Erst das Vergnügen, dann die Pflicht. Okay, ich bin auch ein ausgesprochener Wechsel-Typ im Riemann-Thomann-Modell. Für solche „Ernies" wie mich ist es nicht ungewöhnlich, dass das Vergnügen einen hohen Stellenwert hat. Trotzdem muss auch ich im stressigen Alltag aktiv dafür sorgen, dass die Freude und das Genießen nicht zu kurz kommen. Termine, Anfragen, Pflichten, Deadlines – all das scheint immer wie von selbst aufzutauchen und Führung übernehmen zu wollen. Wenn ich nicht aufpasse, lasse auch ich mich ganz schnell in diesen Strom aus Aufgaben und Verpflichtungen hineinziehen und vergesse darüber mein freies Kind. Wann immer es geht, setze ich darum bewusst Erleben und Happiness an die erste Stelle. Ich gebe meinem freien Kind täglich Raum, indem ich ein Prinzip kreiert habe: SELF – Spiel, Erleben, Leichtigkeit, Freude. Ein Tag ohne SELF wäre für mich ein unausgewogener Tag. Und weil ich SELF diese hohe Priorität einräume, erlebe ich solche Tage „langweilig zum Abhaken" eigentlich nie. Das vielleicht Wichtigste: um SELF auch tatsächlich zu praktizieren, müssen Sie die passenden Gelegenheiten erkennen und nutzen. Sich zu erlauben, spontan zu sein und den Moment zu genießen. Das freie Kind dauerhaft neben sich herlaufen zu lassen und dafür den Kritiker einfach mal im Keller einsperren, das ist die hohe Kunst.

Einmal war ich geschäftlich in Luzern und hatte mir für ein paar Tage ein Hotelzimmer gebucht. Ich wachte morgens auf und hatte einen prall gefüllten Arbeitstag vor mir. Da ich diesen mit einer kleinen Sporteinheit starten wollte, zog ich meine Sportklamotten an, nahm Cupido mit und ging eine Runde joggen. Es war ein schöner Sommermorgen und die Sonne hatte schon richtig Kraft. Wie ich so am Vierwaldstättersee entlangtrabte, fragte ich mich, ob die Zeit wohl noch reichen würde, um noch eine kleine Runde zu schwimmen. Schwimmen hört sich jetzt ambitioniert an, es ging mehr darum, etwas im Wasser herumzuplantschen. Ich rechnete im Kopf grob rückwärts: Um 9.00 Uhr wollte ich beim Kunden sein. Das waren etwa 20 Minuten zu Fuß vom Hotel. Davor wollte ich noch duschen, einen Kaffee trinken und im Idealfall einen Happen frühstücken. Wäre ich jetzt noch mal zurück ins Hotel und aufs Zimmer gegangen, um meine Schwimmsachen zu holen, hätte das knapp werden können.

Also zog ich kurz entschlossen meine Schuhe aus und ging einfach mit meinen Sportklamotten ins Wasser. Cupido folgte mir freudig. Das Wasser war herrlich! Es war ein wunderschönes Gefühl, zehn Minuten lang mit dem Hund herumzutollen und dabei die Morgensonne im Gesicht zu spüren. Und da diese Trainingsklamotten ja aus einem Spezialgewebe sind, das ganz schnell trocknet, waren sie bei Rückkehr im Hotel schon fast trocken.

Ich hätte mir natürlich auch sagen können: „Oh, mein Gott, man geht doch nicht mit K-l-a-m-o-t-t-e-n ins Wasser! Schon gar nicht in der S-c-h-w-e-i-z, wo alle so diskret sind, es so korrekt zugeht und wir Deutschen sowieso schon als die Elefanten im Porzellanladen gelten." In Wirklichkeit war es keine große Sache. Gedacht und gemacht. Um 9.00 Uhr kam ich motiviert und mit einer Riesenportion guter Laune beim Kunden an. Es geht immer irgendwie: Erst das Vergnügen, dann die Pflicht.

Am Schlachtensee in Berlin wäre die Aktion übrigens gar nichts Besonderes gewesen. Da ist es seit Jahrzehnten üblich, dass die Einheimischen mal kurz ins Wasser gehen.

Der See liegt im Süden des Grunewalds in einem Villenviertel. Wenn Sie da joggen oder spazieren gehen, sehen Sie immer wieder kleine Häufchen mit Klamotten am Ufer. Wenn die Anwohner hier spontan Lust auf Schwimmen haben, ziehen sie sich aus (komplett übrigens) und gehen in den See. Wer in dieser Gegend aus dem Haus geht, der nimmt so selbstverständlich ein Handtuch mit wie andere ihren Schlüssel. Ich liebe so etwas!

Der Seele Flügel verleihen

Ein paar Tage nach meinem Termin in Luzern erzählte ich einer Freundin am Telefon von meiner Aktion im Vierwaldstättersee. Sie sagte: „Ich beneide dich! Wie machst du das bloß immer? Denkst du nie darüber nach, was die anderen davon halten oder ob die doof gucken?" Über die zweite Frage musste ich nicht lange nachdenken: Ich denke tatsächlich so gut wie nie „Was denken die anderen", ich habe ein extrem großes freies Kind. Über die erste Frage musste ich kurz nachdenken. Wie mache ich das? Für mich als Nähe-Wechsel-Typ (also Ernie) ist es vielleicht etwas einfacher, sich spontan zu so einer Aktion zu entschließen und sie mit Genuss zu erleben, ohne quälende Gedanken dabei zu haben. Mein kleines kritisches Eltern-Ich hat in solchen Momenten des Lebens nicht viel zu sagen.

Für einen ausgeprägten Distanz-Dauer-Typ, also das Gegenteil von Nähe-Wechsel, wären spontane Aktionen wie ein Bad in Trainingsklamotten wahrscheinlich nicht so leicht, weil er meist einen stärkeren inneren Kritiker hat („Das kann man doch nicht machen …"). Doch grundsätzlich ist es ist für *alle* Charaktere möglich, ihrem freien Kind Raum zu geben – auch für die „Berts" dieser Welt. Auf die Hintergründe gehe ich im nächsten Abschnitt noch einmal näher ein. Deshalb sagte ich zu meiner Freundin: „Du kannst das auch! Du solltest eben im Alltag viele kleine Schritte gehen. Dich einfach hin und wieder mal was trauen, etwas zu tun, was du dich bisher nicht getraut hast. Step by step. Fang mit Kleinigkeiten an. Zum Beispiel könntest du beim nächsten Regen einfach mal deine Schuhe ausziehen, um barfuß durch den Garten zu laufen. Oder einfach mal pfeifend oder singend durch die Straßen gehen, was du sonst vielleicht eher nicht machst. Oder im Job ziehst du mal bewusst am Casual Friday eine bequeme Jeans, eine schicke Bluse und gemütliche flache Schuhe an und nicht den Hosenanzug mit unbequemen Pumps, wie es bei euch von Montag bis Freitag ‚eigentlich' üblich ist. Du machst einfach mal Sachen gegen die Norm, die dir Leichtigkeit und Freude geben."

Meine Freundin war noch skeptisch. „Ich kann doch nicht einfach den Klamottenstil am Freitag im Job ändern, nur weil ich meinem freien Kind Raum geben möchte", wandte sie ein – oder besser: sagte ihr innerer Kritiker. Ich widersprach sofort: „Na klar kannst du!"

Gerade im Beruf trauen sich viele Menschen nicht, bestimmte Dinge zu tun. Dabei ändert sich die Arbeitswelt gerade grundlegend und es war vielleicht nie leichter als heutzutage, mit Konventionen zu brechen. Entweder schafft man selbst mutig eine neue Kultur oder sie wird unternehmensseitig geschaffen. Es gibt Unternehmen, in denen die Botschaft bereits angekommen ist, dass sich Mitarbeiter wohlfühlen müssen, um gute Leistung erbringen zu können. Innovative Firmen und Start-ups etablieren zunehmend eine Arbeitskultur, die sich am Mitarbeiter orientiert, und haben damit gute Erfolge.

Ich war kürzlich bei einem Kunden, einer Sparkasse, und erfuhr von meiner Ansprechpartnerin, dass es seit kurzem für einige männliche Mitarbeiter erlaubt ist, die Krawatte wegzulassen, also nur noch im Anzug zu kommen. Das ist doch schon mal ein Fortschritt! Ich bin der Meinung, dass sich die strenge Kleiderordnung gerade in Banken überlebt hat und es ausreichen sollte, wenn die Mitarbeiter in gepflegter Kleidung erscheinen, sofern keine Kundentermine anstehen, die ein Outfit im Anzug erfordern. Vielleicht muss man es nur mal wagen und als Erster die Initiative ergreifen. Sie glauben gar nicht, wie schnell andere nachziehen, die immer schon denselben Gedanken hatten, sich aber nie getraut haben.

Aber nicht nur durch eine gänderte Kleidungsordnung kommt mehr Freiheit auf, was unser freies Kind mag. Es gibt viele weitere Ideen, um den Arbeitsalltag aufzulockern. Eine andere Kundin von mir hängte sich einfach einen Mini-Basketball-Korb über ihre Bürotür und hatte dafür einen kleinen Schaumstoffball. Solche Kleinigkeiten lockern nicht nur ihren eigenen Arbeitsalltag etwas auf. Auch ihre Kollegen kommen gerne kurz vorbei, um ein paar Bälle zu werfen. Im Spiel geben wir übrigens nicht nur unserem freien Kind Raum, es hat auch soziale Aspekte. Spiel und Sport verbinden. Der Kicker-Tisch beim Start-up ist inzwischen schon ein Klischee. Es gibt längst auch etablierte Unternehmen, die richtig viel dafür tun, dass mehr Leichtigkeit in den Arbeitsalltag kommt und die Angestellten zwischendurch immer wieder Spaß haben dürfen, um aufzutanken. Der eine Mittelständler hat eine eigene Kletterwand, bei dem anderen können die Mitarbeiter sich Fahrräder leihen und eine Runde drehen. Es gibt Firmen, in denen die Mitarbeiter mittags gemeinsam kochen, und solche, in denen es regelmäßige Ausflugs- und Event-Tage gibt. Oder das klassische Garten-Office. Soll doch ein Mitarbeiter raus aufs Firmengelände gehen dürfen, um in der Sonne an seiner Präsentation zu arbeiten!

In erster Linie sind es die Führungskräfte im Unternehmen, die die Arbeitswelt – in Zusammenarbeit mit dem Top-Management und der Personalabteilung – angenehm und motivierend gestalten können, mit dem Ziel, dass Mitarbeiter langfristig Freude im Job haben und leistungsfähig bleiben. New Work-Konzepte oder das Betriebliche Gesundheitsmanagement (BGM) greifen diese Themen der Arbeitsplatzgestaltung heute bereits auf. Aber auch ohne diese Konzepte kann jede Führungskraft dafür sorgen, dass es in ihrer Abteilung angenehm zugeht. Das hängt von dem freien Kind, vom Mut und von der Entscheidungsfreudigkeit der jeweiligen Führungskraft ab. Es sind die Menschen, die Charaktere, die so etwas möglich machen. Manche Unternehmen beschäftigen heute sogar sogenannte Feelgood Manager. Diese Mitarbeiter sorgen dafür, dass mein SELF-Prinzip – Spielen, Erleben, Leichtigkeit, Freude – im Berufsalltag nicht zu kurz kommt. Dafür denken sie sich immer wieder neue Sachen aus. Sie sorgen zum Beispiel dafür, dass die Mitarbeiter sich durch Betriebsfeiern untereinander besser kennenlernen und sich niemand ausgeschlossen fühlt. Oder sie organisieren in Zusammenarbeit mit den Fachabteilungen andere Events. Oftmals ist ein Feelgood Manager ein wichtiges Bindeglied zwischen Management und Mitarbeitern.

Zurück zum freien Kind in uns. Selbstbestimmt zu leben, also das zu tun, was man möchte, ist auch in anderen Bereichen des Berufslebens möglich. Es ist immer seltener nötig, von früh morgens bis spätabends an seinem Arbeitsplatz zu sitzen, um dort seine Arbeit zu verrichten. Dafür bieten viele Unternehmen schließlich flexible Arbeitszeitmodelle. Nach meiner Beobachtung hat die physische Anwesenheit jedoch immer noch bei vielen Mitarbeitern und Führungskräften die höhere Priorität. Manche Führungskräfte glauben, die ersten und die letzten sein zu müssen und fühlen sich dabei sogar noch als Vorbild. Manche Mitarbeiter sind sogar davon überzeugt, ihr Chef erwarte das von ihnen – obwohl sie ihn nie gefragt haben!

Auch als Angestellte können Sie oft einen Teil Ihrer Arbeit außerhalb des Büros erledigen. Gehen Sie einfach mit dem Laptop in die Sonne oder bleiben Sie mal einen Vormittag zu Hause. Natürlich sollten Sie das – je nach Ihrer Position – mit Ihrem Vorgesetzten abstimmen. Ich kenne genügend Unternehmen, in denen das reibungslos klappt. Wenn es in der Führung oder in Unternehmen um Mitarbeitermotivation, das Halten und Recruiting von Mitarbeitern geht, sollte also berücksichtigt werden, dass unser freies Kind sich im Alltag entfalten kann. Denn nicht nur die Begeisterung und Freude, sondern auch die Kreativität und die Gestaltungslust kommen aus dem freien Kind in unserer Persönlichkeit!

Angst oder Liebe?

In dem Dokumentarfilm *alphabet* (2011) porträtiert der Filmemacher Erwin Wagenhofer den französischen Pädagogen Arno Stern, der 1924 in Kassel geboren wurde. Sofort fällt einem als Zuschauer auf, wie wach, lebendig und geistig frisch dieser

Mann daherkommt. Er wirkt mindestens 20 Jahre jünger. Vielleicht ist das kein Wunder, denn er hatte in den letzten Jahrzehnten an fast jedem Tag seines Lebens mit begeisterten und fröhlichen Kindern zu tun: Arno Stern ist Begründer und Leiter des „Malorts", einer Einrichtung in der Nähe von Paris, in der Kinder sich mit einem Blatt Papier und Farbe frei entfalten dürfen. Der Malort besteht aus kaum mehr als einem großen Raum mit bezogenen Wänden zum Aufbringen der Blätter und einem Palettentisch mit 18 Wasserfarben in der Mitte. Der Film zeigt, wie Arno Stern den Kleinsten liebevoll dabei hilft, ihre Pinsel ins Wasser zu tauchen und dann die gewünschte Farbe aufzunehmen. Bei Arno Stern sollen die Kinder nichts lernen. Schon gar nicht sollen sie Malen oder Zeichnen lernen. Sie sollen *spielen*. Das ist der ganze Sinn des Malorts: das „Malspiel", wie Arno Stern es nennt.

Seit Jahrzehnten hebt Arno Stern jedes Bild auf, das ein Kind im Malort gemalt hat. Mittlerweile enthält sein Archiv mehr als eine halbe Millionen Blätter. Stern hat diese Blätter über die Jahre auch immer wieder wissenschaftlich ausgewertet. Dabei ist er zu einem ziemlich erschreckenden Ergebnis gekommen: Früher waren Kinderbilder noch wirkliche Kinderbilder. Heute sind sie das oft nicht mehr. Der große Einschnitt kam um das Jahr 1980. Im Film ist das deutlich zu sehen. Die Kinder der Sechziger- und Siebzigerjahre spielten noch richtig mit den Farben, so wie es ja die Idee des Malorts ist. Zitat aus dem Begleitbuch zum Film: „Ein Blatt war damals für die Kinder eine ganze Welt." Und heute? „Heute malen Kinder angelernte geometrische Farbmuster und fragen gelangweilt, was sie malen sollen. Lustlose Pflichterfüller eben." Die Kinder spielen nicht mehr mit den Farben, sondern fragen sich, was die Erwachsenen von ihnen erwarten. Sie versuchen – ohne viel Lust, Spaß und Begeisterung –, diese Erwartungen zu erfüllen. Ein Spiegel der Gesellschaft. Denn selbstverständlich haben sich in 40 Jahren nicht die Kinder verändert, sondern das, was Erwachsene den Kindern vorleben.

Die traurige Beobachtung von Arno Stern, dass Kinder heute kaum noch richtig Kind sein dürfen, teilt der Hirnforscher Gerald Hüther, der in dem Film *alphabet* ausführlich zu Wort kommt. Laut Gerald Hüther wird jeder Mensch mit einem Gehirn geboren, in dem Neugier, Begeisterungsfähigkeit und Gestaltungslust angelegt sind. In der heutigen Zeit jedoch haben Jugendliche im Alter von 15 Jahren den größten Teil ihrer Begeisterung und Freude schon wieder verloren. Sie sind darauf getrimmt, zu funktionieren und den Erwartungen anderer zu entsprechen. Die beiden Grunderfahrungen des Menschen sind für Gerald Hüther „Verbundenheit" und „Entwicklung": „Ich bin verbunden und ich möchte auch weiter verbunden bleiben." Und: „Ich bin bisher immer über mich hinausgewachsen, und deshalb hat man die Erwartung, dass es … weiter funktioniert, dass man über sich hinauswachsen kann." Beides unter einen Hut zu bekommen sei in unserer Gesellschaft aber zunehmend schwer, so der Wissenschaftler. Es fehle an Liebe: „Denn, um weiter verbunden sein zu dürfen und weiter über sich hinauswachsen zu dürfen, gibt es nur ein Prinzip, wie das verwirklichbar ist, und dieses Prinzip heißt Liebe!"

Der Untertitel des Dokumentarfilms *alphabet* lautet nicht ohne Grund: *Angst oder Liebe*. Es ist ein Zitat des spanischen Pädagogen und Psychologen Pablo Pineda, der ebenfalls in dem Film vorkommt. Pablo Pineda ist der erste Europäer mit Down-Syndrom (Trisomie 21), der einen Hochschulabschluss erworben hat. Nicht weil er „schlauer" wäre als viele andere Menschen mit Down-Syndrom. Sondern weil er seit seiner Kindheit ein Umfeld aus liebevollen Unterstützern hatte, die nicht wahrhaben wollten, dass man als Erwachsener mit Down-Syndrom höchstens in einer Behindertenwerkstatt sitzen und Wäscheklammern zusammenstecken kann. Pablo Pinedas hat Liebe erfahren. Deshalb brauchte er keine Angst zu haben.

Die Alternative „Angst oder Liebe" lässt sich einfach erklären: Wenn wir von klein auf Liebe erfahren, spielen dürfen und von Vorbildern ermutigt werden, dann können wir uns ein Leben lang entfalten, uns entwickeln und dabei Freude haben. Wir entwickeln dadurch einen großen Selbstwert, also auch die Selbstliebe. So wird das Leben leicht und so macht der Alltag Spaß. Wenn uns Eltern, Schule und Gesellschaft jedoch systematisch Angst einjagen und wir lernen, dass es im Leben hauptsächlich darauf ankommt, zu funktionieren und den Erwartungen anderer zu entsprechen, ist es mit der Neugier, Kreativität und Entwicklung schnell vorbei. Freude ist das Gegenteil von Angst. Wenn die Freude aus unserem Alltag verschwindet, regiert die Angst. Und dann ist das in Gefahr, was uns laut Gerald Hüther als Menschen wirklich ausmacht: Verbundenheit mit anderen und die Fähigkeit, uns stets entfalten und weiterentwickeln zu wollen. Es ist höchste Zeit, dass mehr Menschen ihr inneres Kind wieder freilassen. Als Erwachsene haben wir immer die Chance zu korrigieren, was bei uns aus dem Gleichgewicht geraten ist. Nutzen wir diese Chance!

Lehmousinen-Service

Es war ein heißer Sommertag in Hamburg, der Asphalt glühte. Ich saß mit einer Apfelsaftschorle in einem Café in Hamburg-Winterhude. Dort arbeitete ich noch ein wenig, weil ich gegen Mittag den nächsten Termin in der Stadt hatte. Ich war zu dem Zeitpunkt Produktmanagerin und wollte einigen Vorträgen auf einem Fachkongress aus der Medizintechnik-Industrie lauschen. Einer der Opinion-Leader – Meinungsbildner – des Unternehmens, für das ich arbeitete – ich nenne ihn hier mal Professor Müller –, nahm auch als Besucher an diesem Fachkongress teil. Mit ihm war ich am Telefon so richtig ins Schnacken gekommen und es hatte sich herausgestellt, dass er in einem 5-Sterne-Hotel an der Alster untergebracht war. Ich hatte spontan gesagt:

„Herr Professor Müller, da komme ich doch sowieso mit dem Auto vorbei, wenn ich zum Kongress fahre! Wenn Sie wollen, nehme ich Sie mit."

Er sagte darauf nur: „Gute Idee. Gerne."

Da hatte ich aber nicht mit solch einer Hitze gerechnet! Ist ja auch eher selten in Hamburg.

Bei dem Gedanken, in dieser Hitze mit dem Auto ewig durch die Stadt zu gurken, dachte ich jetzt nur: Oh, neeee!

Klar hat mein Wagen eine Klimaanlage. So etwas gehörte damals schon zur Serienaasstattung. Aber wissen Sie, wie viel eine Klimaanlage im Stadtverkehr bringt, wenn ein Auto stundenlang in der prallen Sonne gestanden hat? Das ist ungefähr so, als wenn Sie im Death Valley bei 50 Grad Celsius in der Sonne säßen und jemand legte Ihnen einen Eiswürfel in den Nacken. So etwas macht es ja eher schlimmer als besser.

Ich wollte das nicht.

Plötzlich hatte ich die Idee: Ich nehme einfach mein Spaßauto. Meinen Suzuki Samurai SJ 413!

Ein Jahr zuvor hatte ich bei einem Bauern diesen ollen, weißen Suzuki-Jeep entdeckt, der zu verkaufen war. Mit sichtbaren Gebrauchsspuren vom Einsatz im Feld und einem kleinen Loch im vorderen linken Kotflügel. Und noch voller Lehm und Dreck. Die Dinger rosten extrem schnell am Radlauf und überhaupt überall.

Aber nicht nur, dass er „benutzt" aussah, er war auch offen. Richtig offen! Man konnte die außen angeschlagenen Türen ganz leicht abschrauben und sogar die Windschutzscheibe nach vorn klappen. Wie cool war das bitte! Dieses Auto hatte ich unbedingt haben wollen – und hatte dem Bauern 1.000 Euro hingeblättert. Seither war „Suzi" mein Spaßauto mit Saisonkennzeichen.

Und jetzt dachte ich: Ich nehme einfach die Suzi zum Kongress! Ich lasse mir den Fahrtwind um die Ohren wehen und genieße den Sommer.

Und Professor Müller? Ach, dem wird das auch gefallen! Mein innerer Kritiker war schnell überstimmt.

Ich versuchte, den Wagen noch einigermaßen zu putzen und auszusaugen, von innen war er besser sauber zu halten als von außen. Eine gute Stunde später fuhr ich also mit meinem lehmverzierten Geländewagen bei der Edelherberge an der Alster vor. Der Doorman streckte schon gewohnheitsmäßig die rechte Hand aus, um mir die Tür zu öffnen – griff aber ins Leere, denn die Türen waren ja abgeschraubt.

Der Doorman war Profi und blieb ganz cool. Ich sagte ihm, dass ich nur einen Gast, Herrn Professor Müller, abholen wollte. Da kam dieser auch schon strahlend durch die Drehtür und war ganz begeistert, bei dem heißen Wetter in so einer Karre zu fahren.

Ich fegte mit einem Handtuch noch mal kurz über das Kunstleder des Beifahrersitzes und dann ging es los. Die Fahrt zum Kongresshotel machte uns beiden richtig Spaß. Wir führten keine gewichtigen Business-Gespräche, sondern plauderten locker und lachten viel. Und Professor Müller schien den Fahrtwind genauso zu genießen wie ich.

Mit Leichtigkeit durchs Leben

Wie oft denken wir im Alltag: Darauf habe ich jetzt eigentlich keine Lust! Dabei ist vieles letztlich gar nicht soooo nervig oder soooo anstrengend, wie wir zunächst glauben. Jedenfalls nicht zwangsläufig. Wir nehmen die Situationen bloß zu schwer. Oder umgekehrt betrachtet: Wir verpassen die Chance, etwas Leichtigkeit in die Situation zu bringen. Klar würde nicht jeder mit einer alten, dreckigen Karre bei einem 5-Sterne-Hotel vorfahren, bloß weil er gerade Lust auf frische Luft hat. Das wäre vielleicht für einen „Bert-Typen" zu extrem. Trotzdem dürfen wir alle in dem Rahmen, in dem wir uns wohlfühlen, überlegen, wie wir jeden Tag für mehr Leichtigkeit und Freude sorgen können. Ich habe Ihnen die Suzuki-Geschichte nicht erzählt, um mich hier als wahnsinnig cool und unkonventionell zu präsentieren. Nein, der Kern der Geschichte ist das sinnliche Erlebnis! Darum geht es mir. Sich den Wind durch die Haare wehen zu lassen und dabei die Sonne auf der Haut zu spüren – das tat gut an diesem Sommertag. Und das gefiel auch Professor Müller. Wir hatten gemeinsam viel Spaß auf dem Weg zum Kongress und genossen beide den Fahrtwind und das tolle Wetter. In der Kongresshallte sollte es noch warm genug werden.

Unser freies Kind interessiert sich nicht dafür, wie vorzeigbar ein Auto im Businessumfeld ist. Sondern nur dafür, wie viel Spaß es macht, damit zu fahren. Dem freien Kind ist es auch egal, ob beim Führungskräftetraining der Pausenkuchen schon bereitsteht, wenn draußen auf der Straße gerade ein Eiswagen vorfährt. Das freie Kind kann außerdem auch gut mal Arbeit liegen lassen, wenn am frühen Abend noch die Sonne scheint und es draußen einfach herrlich ist. Man kann ja später, nachts noch arbeiten, wenn die Sonne untergegangen ist. Aber man kann dann eben nicht mehr raus in die Sonne gehen! Das freie Kind ist spontan, impulsiv und denkt nicht groß über die Folgen nach oder was andere darüber denken. Das ist auch okay, denn wir haben ja noch weitere Persönlichkeitsanteile, zum Beispiel das Erwachsenen-Ich, das sich laut Transaktionsanalyse darum kümmert, dass unser Handeln verantwortlich ist. Das Erwachsenen-Ich ist quasi unser Manager und wägt ab.

Im Modus unseres freien Kind-Ich wollen wir auch als Erwachsene spielen und genießen. Etwas zu genießen heißt im Englischen *to enjoy* – und da steckt das Wort *joy*, Freude, schon drin. Im Spiel wollen wir uns frei entfalten, kreativ sein, unsere eigene Welt erschaffen, Dinge ausprobieren, Spannung erleben. Und dieses Spielen sorgt für angenehme und schöne Gefühle. Im freien Kind sitzen die positiven Gefühle. Die Transaktionsanalyse sagt, dass wir diesen Drang zum Spielen als Erwachsene nie verlieren und dass uns etwas fehlt, wenn wir zu wenig spielen und genießen. Die Ausübung kreativer Berufe ist sogar ohne die Fähigkeit, spielerisch Dinge auszuprobieren, gar nicht möglich.

Auch immer mehr Unternehmen müssen in der heutigen Zeit kreativ sein und immer schneller Innovationen hervorbringen. Methoden wie Design Thinking werden eingesetzt, um die Kreativität der Mitarbeiter zu stimulieren. Dem freien Kind Raum zu geben, bedeutet eben auch Experimentierfreude und Unternehmungslust zu fördern und dann auch auszuleben. In jedem Erfinder, Erneuerer und innovativen Unternehmer steckt immer ein spielerischer Kind-Anteil. Gleichzeitig ist es wichtig, dass Spiel und Spaß nicht zu schnell auf bestimmte Ziele hin ausgerichtet werden. Auch Führungskräfte sollten ihren Anteil des freien Kindes bewahren, denn wer mit Begeisterung führt, hat schon einiges richtig gemacht. Wer mit seinem freien Kind gut verbunden ist, der macht sich eben nicht ständig Gedanken, was als Nächstes kommt. Er ist unbekümmert, unbeschwert, also leicht. Vieles im Leben darf sich auch einfach ergeben.

Für mich hat Leichtigkeit im Leben sehr viel damit zu tun, dass ich auch mental frei bin, mir nicht ständig Sorgen mache und mein negatives Kopfkino nicht kontinuierlich läuft. Ich habe mal den Spruch aufgeschnappt: „Sorgen sind energetische Umweltverschmutzung." Das stimmt insofern, als ich mir mit Grübelei und Sorgen nicht nur meinen eigenen Alltag unnötig schwermache, sondern auch meine Mitmenschen mit dieser negativen Energie anstecke. Oft kommen die Dinge doch anders, als wir denken. Und Probleme löst man am besten erst dann, wenn sie auftauchen. Abends um 23.00 Uhr ist es meistens sowieso zu spät, um groß etwas zu ändern, also können wir auch erst mal gut schlafen. Wenn ich gut schlafen kann, ist das ein Zeichen, dass ich auch gut mit meinem freien Kind verbunden bin. Denn das freie Kind lebt im Hier und Jetzt und malt sich nicht ständig in Gedanken aus, was morgen alles Schlimmes passieren könnte. Im Gegenteil, es freut sich eigentlich immer nur auf das Morgen. Selbstbestimmung heißt somit auch, selbst zu bestimmen, welcher Kinostreifen in meinem Kopf auf dem Programm steht. Ich selbst mag es am liebsten, wenn ich möglichst viele schöne, lustige und positive Filme auf meiner inneren Leinwand sehe.

ZEIT FÜR DEINE LEICHTIGKEIT: WEISST DU, WORAN DU FREUDE HAST?

- Wie groß ist Ihr freies Kind-Ich auf einer Skala von 1 (sehr klein) bis 10 (sehr groß)?
- Erstellen Sie eine Liste mit Situationen, in denen Sie Freude pur erleben. Zehn Punkte sollte die Liste im Minimum enthalten. Und Sie dürfen sie gerne kontinuierlich erweitern.
- Wann haben Sie sich das letzte Mal richtig über etwas gefreut?
- Wie war es damals als Kind? Erinnern Sie sich, worauf Sie sich als Kind gefreut haben und worüber Sie sich freuen konnten?
- Gab es einen Zeitpunkt in Ihrem Leben, wo die Freude weniger geworden oder gar ganz verschwunden ist?
- Wenn Sie an die Liebe denken, was empfinden Sie dabei?
- Was hält Sie davon ab, sich richtig freuen zu können? Gibt es Hindernisse, die immer wieder auftauchen und sich als Muster abzeichnen? Wie können Sie diese Hindernisse aus dem Weg räumen?

9

ZEIT FÜR SCHWERES:

WEISST DU, WIE DU MIT DEN SCHATTENSEITEN DES LEBENS UMGEHST?

Was bedeutet Selbstbestimmtheit in schwierigen Situationen? Wenn wir Fehler machen oder Rückschläge erleiden? Wenn wir mit Krankheiten, Krisen oder Unfällen konfrontiert sind? Wenn uns jemand enttäuscht? Oder wenn wir uns von einem Partner trennen? Auch solchen Schattenseiten des Lebens müssen wir uns stellen und können nicht die Augen davor verschließen oder uns hinter einer passiven Opferhaltung verbarrikadieren. Wir sollten Verantwortung für unser eigenes Leben übernehmen – gerade wenn es mal brenzlig wird.

Mein erstes großes Budgetmeeting.

Ich war gerade einmal sechs Monate Marketingleiterin bei einem Konzern, als ich meine erste bedeutende Präsentation halten sollte.

Es waren die Top-Shots der Firma anwesend: Mein Chef, sein Chef, alle Vertriebsleiter Deutschlands – also die versammelte Führungsmannschaft. Insgesamt waren wir zwölf Personen, darunter zwei Frauen. Eine davon war ich. Ich war bestens vorbereitet und sollte als dritte Person präsentieren.

Natürlich war ich aufgeregt, schließlich war das mein erster Auftritt vor diesem Gremium. Und es ist schon etwas Besonderes, wenn der eigene Vorgesetzte anwesend ist und einen erlebt. Andererseits kannte ich ein gesundes Lampenfieber von den Länderspielen beim Handball und konnte gut damit umgehen.

Endlich kam ich an die Reihe. Die Präsentation lief wie am Schnürchen, ich konnte mit meinen Inhalten punkten. An einer Stelle meiner Präsentation sagte ich:

„Ja, das war bisher wirklich eine spannende Zeit im Marketing. Das war eine echte Syphilis-Arbeit."

Plötzlich herrschte Stille im Raum.

Eine besondere Stille. Keiner sagte mehr einen Mucks, es raschelte kein Papier, keiner bewegte sich auf seinem Stuhl. Es atmete auch keiner mehr, jedenfalls kam es mir so vor. Atmete ich eigentlich noch? Ich schaute in die Runde, guckte meinen Chef an, er guckte mich an. Ich schaute zu seinem Chef, der schaute mich auch an. Und dann wurde es mir bewusst.

Ich hatte Syphilis gesagt.

Syphilis!

Ich hatte nur noch einen Wunsch: dass sich der Boden auftut und ich darin versinke.

Ich bekam eine Gänsehaut an der linken Wade. Dann schoss mir diese Gänsehaut am Bein hoch. Anschließend kroch sie zügig hoch ins Becken. Dann wurde mein Bauch zunächst warm, danach heiß. Als nächstes wurde das linke Ohr heiß, aber nur das linke.

Mein Bewusstsein hatte komplett die Kontrolle verloren, mein Unterbewusstes hatte das Ruder übernommen. Ich hörte es förmlich zu mir sprechen: „Reiß das jetzt hier raus! Los, beeil dich!"

Wo war meine sonst so präsente und gut funktionierende Spontaneität? Ich wusste nur, dass in der nächsten Sekunde etwas passieren musste.

Die Stille im Raum war immer noch da und hielt an. Und dann endlich reagierte mein Bewusstsein wieder. Gott sei Dank! Ich war wieder bei Sinnen. Da war sie wieder, die Topmanagerin Ilka. Auf meine Spontaneität und Schlagfertigkeit war eben Verlass. Wäre ja auch schlimm, wenn nicht. Als Marketingleiterin von Deutschland und als Führungskraft muss das funktionieren, da muss man mit solch kleinen Fauxpas umgehen können. Ich war also wieder da. Stand fest auf beiden Beinen, sicher wie bei der Nationalhymne vor einem Handball-Länderspiel. Mit erhobenem Haupt, selbstbewusst. „Haha, mich kriegt so leicht nichts und keiner unter", dachte ich.

„Oh Entschuldigung! Das ist ja wirklich mega peinlich." Sagte ich spontan in die Runde, während ich mir die Hand vor den Mund hielt:

Schließlich soll man zu den Fehlern stehen, die man macht. Also, raus damit. Und den Versprecher mit Syphilis wollte ich natürlich nicht einfach so überspielen. Und so sagte ich weiter: „Welch peinlicher Versprecher!" Denn Fehler soll man beim Namen nennen, das macht sympathisch. Und ich fühlte, dass ich endlich die Kurve kriegte und das Syphillis-Desaster in den Griff bekam. Und so sagte ich voller Power und Überzeugung „Also, ich meinte, das war echte Sy..., äh, Sy... ähm, ähm, ich meinte Sy..."

Blackout.

Ich hatte einen totalen Blackout! Ich bekam kein Wort mehr heraus. Und auch keiner der elf Kollegen sagte etwas und schon gar nicht das Wort, das ich so händeringend und verzweifelt suchte: Sisyphus. Keiner sagte auch nur ein Wort. Und ich hatte nur noch Syphilis im Kopf.

Syphilis, Syphilis, Syphilis. Als hätte ich die Krankheit selbst gehabt! Es war der peinlichste Tag meines gesamten bisherigen Businesslebens.

Plötzlich einsam

Auf der Schattenseite des Lebens kann es sein, dass wir uns plötzlich einsam und allein fühlen. Je dunkler die Erfahrung, desto tiefer geht möglicherweise das Gefühl des Verlassenseins. Wenn jemand zum Beispiel unvorbereitet die Diagnose einer schweren Krankheit bekommt, kann es sein, dass andere sich zunächst überfordert fühlen und nicht wissen, wie sie reagieren sollen. Deshalb ziehen sie sich zurück. Sogar manche Ärzte fühlen sich mit der Übermittlung von Diagnosen, die dem Patienten nur noch wenig Hoffnung lassen, überfordert. Wenn sich Paare nach vielen gemeinsamen Jahren trennen, geht der Freundeskreis zunächst ebenfalls häufig auf Abstand. Und wer im Business in Turbulenzen gerät, seinen Chefsessel oder Arbeitsplatz räumen oder plötzlich Insolvenz anmelden muss, der kann auch das Gefühl bekommen, von einem Tag auf den anderen keine Freunde mehr zu haben. Oder zumindest nur noch wenige Freunde. Diese Rückzugstendenz des sozialen Umfelds in schwierigen Situationen ist menschlich verständlich. Niemand sollte dafür verurteilt werden. Leider ist für die Betroffenen das Gefühl, mit einer schwierigen Situation allein zu sein, oft schlimmer als die Situation selbst.

Über meinen „Syphilis"-Versprecher kann ich heute lachen. Das war jetzt auch nicht wirklich ein Schicksalsschlag. Aber die Situation war unsäglich peinlich und für mich als frisch gebackene Marketingleitern bei meinem ersten Auftritt sehr unangenehm. Nicht zuletzt, weil der Versprecher und das Blackout aus heiterem Himmel kamen und meine Präsentation bis dahin wie am Schnürchen gelaufen war. Übrigens wäre nicht einmal das, was ich eigentlich sagen wollte, nämlich dass es eine Sisyphusarbeit gewesen war, so richtig treffend gewesen. Eine Sisyphusarbeit ist nämlich streng genommen nicht nur anstrengend, sondern auch sinnlos und vergeblich. Das war mir in dem Moment gar nicht bewusst. Ich wollte eigentlich nur sagen, dass es auch ab und zu mühselig war und verband das mit Sisyphusarbeit. Auf jeden Fall lässt sich an dieser Situation sehr gut zeigen, dass Rückschläge, Fehltritte, Krisen und Unfälle für ein selbstbestimmtes Leben Herausforderungen darstellen. Selbst wenn es dabei selten um Leben und Tod geht.

Ich war von einer Sekunde zur nächsten auf mich selbst zurückgeworfen und mit mir allein. Heute noch kann ich mich genau an die Szene erinnern, vor all den Top-Shots der Firma zu sitzen, zu stottern, nach dem einen verdammten Wort zu suchen und dabei nur in eingefrorene Gesichter zu blicken. Wie sehr hätte ich mir gewünscht, dass jemand gesagt hätte: „Sie meinen sicher ‚Sisyphusarbeit', Frau Piechowiak." Oder dass jemand einfach nur „Sisyphus" in den Raum gerufen hätte! Aber da kam gar nichts. Und das fühlte sich „echt bescheiden" an.

Wie kann ich in einer solchen Situation – und danach – bei mir selbst bleiben? Erst einmal muss ich der Versuchung widerstehen, in eine Opferhaltung zu verfallen und zu projizieren. Tatsache ist, dass mir niemand geholfen hat. Die Gründe dafür kenne ich nicht. Wenn ich also zum Beispiel sage: „Die haben mich im Regen stehen lassen" oder „Das war total unkollegial, dass mir niemand geholfen hat", zeigt das bereits die sogenannte Opferhaltung. Ich gebe den anderen die Schuld und mache mich selbst zu deren Opfer. Klar war das Schweigen der anderen für mich schlimmer als der eigentliche Versprecher. Aber das darf für mich kein Grund sein, den Fehler am Ende nur bei den anderen zu suchen. Denn unbestreitbar ist: *Mir* ist ein Fehler unterlaufen, *ich* hatte einen Blackout – und nicht die anderen. Warum die anderen mit Schweigen reagiert haben, weiß ich nicht und werde ich nie erfahren. Vielleicht hatten sie ihre Gründe.

Wenn ich der Verlockung widerstehe, die Schuld bei anderen zu suchen und mich zum Opfer zu machen, nehme ich im nächsten Schritt die Situation so an, wie sie nun mal ist. Es ist passiert, was passiert ist, und nicht mehr zu ändern. Ich schließe damit Frieden. Im dritten und letzten Schritt übernehme ich schließlich selbst die volle Verantwortung für die Situation. Das ist die eigentliche Prüfung für meine Selbstbestimmung: Was immer auch passiert ist, es ist in *meinem* Leben passiert. Deshalb sollte ich es annehmen und mich damit auseinandersetzen. Vielleicht steckt in der schwierigen Situation sogar eine Botschaft oder eine Entwicklungschance, die ich im ersten Moment noch nicht sehe. In der Tat hatte der Syphilis-Versprecher einen Lerneffekt auf mich, nämlich dass ich schwierige Begriffe nun immer auf meinen Notizen vermerke. Denn hätte ich damals einfach auf die Notizen gucken können, wäre nichts passiert. Also: Ich habe etwas daraus gelernt.

„Das Leben kann nur rückwärts verstanden werden, aber es muss vorwärts gelebt werden", schrieb einst der dänische Philosoph Søren Kierkegaard (1813–1855). Wohl wahr! Die Kunst dabei ist, nicht ständig wehmütig und reuevoll zurückzublicken und sich Herausforderungen und schwierigen Situationen aktiv zu stellen. Statt jammerndes Mimimi, einfach mal Ärmel hochkrempeln. So wachsen Menschen auch in dunklen Stunden des Lebens über sich hinaus.

Zwischen Reiz und Reaktion

„Die größte menschliche Freiheit besteht darin, die Einstellung zu den Dingen zu wählen." – Diese Erkenntnis stammt von einem Mann, der die Hölle erlebt – und überlebt – hat. Viktor Frankl arbeitete seit 1933 als Neurologe und Psychiater in einer Wiener Klinik und war dort spezialisiert auf die Behandlung von Suizidgefährdeten. Als Österreich 1938 unter die Herrschaft der Nationalsozialisten fiel, erhielt er aufgrund seiner jüdischen Herkunft ein weitgehendes Berufsverbot. Ab 1940 konnte er jedoch in der Neurologie des einzigen Wiener Krankenhauses arbeiten, in dem noch jüdische Patienten behandelt wurden. Frankl hätte ein Jahr später die Möglichkeit gehabt, in die USA auszureisen. Er verzichtete jedoch auf das rettende Visum des US-Konsulats, das ihm angeboten worden war, weil er seine Eltern nicht allein in Wien zurücklassen wollte.

Im September 1942 wurden Viktor Frankl und praktisch seine gesamte Familie wegen ihrer jüdischen Herkunft von den Nazis verhaftet und in ein Konzentrationslager deportiert. Frankl erlebte unterschiedliche Lager, darunter auch das KZ Auschwitz. Als einziger Überlebender seiner Familie wurde er 1945 von der US-Armee aus der Lagerhaft befreit. Bereits ein Jahr später veröffentlichte Viktor Frankl das Buch ... *trotzdem Ja zum Leben sagen: Ein Psychologe erlebt das Konzentrationslager*, das in etliche Sprachen übersetzt wurde und ihn weltweit bekannt machte. Mit der Logotherapie und der Existenzanalyse begründete er später zwei wichtige psychologische Richtungen. Viktor Frankl starb 1997 im Alter von 92 Jahren als lebensfroher Mensch. Der begeisterte Bergsteiger hatte mit knapp 70 Jahren noch den Pilotenschein gemacht. Seit 2015 gibt es in Wien ein Viktor-Frankl-Museum.

Als Viktor Frankl der Hölle der Konzentrationslager entkommen war, bewegte ihn vor allem eine Frage: Warum geben die einen Menschen sich sogar unter den unbeschreiblichen Umständen eines Konzentrationslagers nicht auf – während die anderen innerlich zerbrechen und sterben? In seinen Büchern findet Frankl darauf unterschiedliche Antworten. Die Basis des Überlebens ist für ihn jedoch immer eine bestimmte Fähigkeit der Steuerung des eigenen Erlebens und Verhaltens, unabhängig von äußeren Bedingungen. Dafür prägte Viktor Frankl 1946 den Begriff „Proaktivität". Beim proaktiven Handeln geht es darum, den Automatismus zwischen Reiz und Reaktion zu unterbrechen und dazwischen einen Raum der Freiheit entstehen zu lassen. Frankl wörtlich: „Zwischen Reiz und Reaktion liegt ein Raum. In diesem Raum liegt unsere Macht zur Wahl unserer Reaktion. In unserer Reaktion liegen unsere Entwicklung und unsere Freiheit."

Mit anderen Worten: Wir können uns nicht immer aussuchen, in welche Situationen wir geraten, aber wir können uns immer entscheiden, wie wir eine Situation bewerten und wie wir auf sie reagieren. Im Konzentrationslager stellte Viktor Frankl sich bildlich vor, wie er Jahre später Vorträge über seine KZ-Erlebnisse halten würde und wie dadurch Menschen aus diesen dunklen Jahren der Geschichte etwas lernen könnten. Frankl sah einen Sinn darin, durchzuhalten und sich nicht aufzugeben. Obwohl er faktisch gesehen das Opfer der verbrecherischen Willkür der Nazis war, sah er sich selbst nicht als Opfer. Zu seiner Haltung passt, dass Viktor Frankl schon kurz nach seiner Befreiung aus der Lagerhaft die Ansicht vertrat, dass nur Versöhnung ein sinnvoller Ausweg aus der Dunkelheit des 20. Jahrhunderts sein könne. Er selbst empfand niemals Wut auf die Nazis, trotz allem, was diese ihm angetan hatten.

Viktor Frankls Konzept der Proaktivität ist heute sehr bekannt und anerkannt. Dazu trug wesentlich der US-Autor Stephen R. Covey bei, der es 1989 in seinem Weltbestseller *Die 7 Wege zur Effektivität* aufgriff. Proaktiv zu handeln bedeutet, dass Sie sich nie zum Opfer der Umstände erklären und sich auch in den dunkelsten Stunden Ihres Lebens die Freiheit bewahren, selbst zu entscheiden, wie Sie Ihre

Situation bewerten und mit ihr umgehen wollen. Das ist Selbstbestimmung pur! Auf die einfachste Formel gebracht, heißt das: Sie sind nie dazu verurteilt, bloß zu reagieren, abzuwarten und die Dinge geschehen zu lassen. Sie können immer aktiv sein und Einfluss nehmen. Im Extremfall, wenn jemand etwa solcher Gewalt ausgesetzt ist wie Viktor Frankl es war, kann man zumindest noch auf seine Gedanken und seine inneren Bilder Einfluss nehmen. In den meisten Fällen können Sie selbst schwierige Situationen positiv beeinflussen, indem Sie aktiv entscheiden und ins Handeln kommen.

Durch den Schatten ins Licht

Wegsehen, weghören, wegducken – das sind häufig unsere Reflexe, wenn wir mit Schwerem oder Unangenehmen im Leben konfrontiert sind. Das gilt sowohl im Hinblick auf andere als auch in Bezug auf uns selbst. So wie die Kollegen bei meiner Präsentation nicht reagierten, als ich einen Blackout hatte, versäumen wir es manchmal, gut mit uns selbst umzugehen, wenn wir in eine schwierige Situation geraten. Wir wollen nicht wahrhaben, was passiert ist und wie es gerade um uns steht. Unbewusst hoffen wir vielleicht, durch Totstellen – also Wegsehen und Weghören, Vermeiden – könnten wir dem Schicksal entgehen und alles würde von selbst wieder gut. Doch wir können nur dann aus dem Schatten heraustreten, wenn wir uns aktiv zurück in die Sonne bewegen. Hinsehen und Annehmen sind der einzige Weg. Erst auf dem Weg durch den Schatten sehen wir die mögliche Entwicklungschance. Mehr noch: Nur wenn ich den Schatten gesehen habe, weiß ich, wie schön das Licht ist. Nicht umsonst heißt es: „Kein Licht ohne Schatten." Wenn wir die Dunkelheit nicht kennen, wissen wir die Helligkeit nicht zu schätzen. Deshalb gehört das Dunkle zum Leben dazu. Sich dies bewusst zu machen, kann einem auch in schwierigen Situationen viel Kraft geben.

Während meiner Handballkarriere hatte ich mehrere schwere Verletzungen. Darunter waren ein Achillessehnenriss und ein Kreuzbandriss. Ich kann mich noch gut erinnern, wie ich mit dem Kreuzbandriss einen Tag nach der Verletzung ins Krankenhaus fuhr, weil das Knie so dick geworden war. Da wollte ich noch nicht wahrhaben, dass etwas Schlimmes passiert war. Ich stellte mir vor, wie der Arzt sagen würde: „Da haben wir aber noch mal Glück gehabt, junge Frau!" Als ich dann die Diagnose Kreuzbandriss bekam, heulte ich sofort hemmungslos los. Im nächsten Moment setzte das Kopfkino ein: Karriereaus für Ilka Piechowiak! Eine traurige

Randnotiz in der Presse. „Ich werde nie wieder Handball spielen", schluchzte ich. Handball war mein Leben und dieses Leben sah ich vor mir in Trümmern liegen. Doch dann gab ich mir einige Tage später einen Ruck. Ich sagte innerlich: Stopp! Schluss jetzt mit dem Drama! Dann redete ich mir selbst gut zu: Es ist nur das Kreuzband. Sonst bist du fit. Du schaffst das! Du wirst zurückkommen – und wie!

Als ich mich einige Tage nach der OP mit der Verletzung abgefunden hatte, traf ich eine Entscheidung: Ich beschloss, mir so lange eine Auszeit zu nehmen, wie ich brauchte, um mich vollständig zu erholen. Mein Arzt sagte mir, dass ein gerissenes Kreuzband erst nach zehn Monaten wieder so fest angewachsen ist wie ein gesundes Kreuzband. Okay, sagte ich mir: Dann packe ich zur Sicherheit noch einen Monat drauf und mache elf Monate Handball-Pause. Fast ein Jahr kein Leistungssport also – eine gefühlte Ewigkeit, vor allem in jungen Jahren. In meinem sportlichen Umfeld stießen schon die zehn Monate, die der Arzt ins Spiel gebracht hatte, auf Unverständnis: „Wieso denn so lange?", hörte ich oft. „Andere spielen doch viel schneller wieder!" Was andere machten, war mir aber egal. Ich wollte, wenn überhaupt, dann mit einer sehr guten körperlichen Grundlage wieder Handball spielen.

Demut war das erste, was ich im Krankenhaus lernte. Die Tage und Wochen zogen sich hin. Ich las viel und schrieb Tagebuch. Meine Familie, mein Freund und meine Freunde besuchten mich regelmäßig. Damals gab es noch keine Smartphones, mit denen ich mit der Welt hätte in Verbindung bleiben, gar chatten können. Ein Krankenhausaufenthalt warf einen Menschen noch mehr auf sich selbst zurück. Es dauerte insgesamt fast zwei Monate, bis ich meine Situation vollständig angenommen und alle Widerstände abgelegt hatte. Ich hatte eine Riesenschiene am Bein und konnte es kaum bewegen. Sechs Wochen keine Beugung, keine Belastung. Als ich eines Tages in die Badewanne stieg und die Schiene dazu abnahm, sah ich, dass mein Bein richtig dünn geworden war. Ich sah mich mit einem normalen Bein und einem Streichholzbein und glaubte, ich bekäme an dem dürren Bein nie wieder Muskeln. Wieder überfiel mich eine Heulattacke. Dann bekam ich endgültig die Kurve. Ich begann, mich mit Anatomie zu beschäftigen. Ich wollte mitentscheiden, was für mich das beste Aufbauprogramm und das optimale Krafttraining war. Beim Krafttraining war ich sehr konsequent und vor allem diszipliniert. Ich machte mich widerstandsfähiger gegen einen erneuten Kreuzbandriss, indem ich insbesondere die hintere Oberschenkelmuskulatur extrem stärkte und viele Stabilitätsübungen machte.

Als ich nach elf Monaten wieder ins Handballtraining einstieg, sprang ich über das Spielfeld wie ein Flummi. Ich war so fit wie noch nie. Keine Frage, ich hatte im Krankenhaus einen guten Operateur und später in der Rehabilitationsklinik exzellente Krankengymnasten gehabt. Aber ich hatte an dem positiven Verlauf auch selbst *meinen Anteil: Wenn ich nicht so eine positive Einstellung, nicht ständig das Ziel vor dem inneren Auge gehabt hätte und ich nicht so konsequent trainiert hätte, wären die Rehabilitation und der Wiedereinstieg in das Handballspielen eventuell anders verlaufen.*

So konnte ich aus der Niederlage Kraft schöpfen und war am Ende stärker als zuvor. Dabei lernte ich auch: Es ist okay, durch ein Tal der Tränen zu gehen. Tränen bedeuten Heilung. Wir müssen selbst aus unserem Schmerz herausfinden – aber nicht über Nacht. Es ist okay, wenn das seine Zeit dauert. Wir müssen keine Helden sein. Wichtig ist, dass wir uns irgendwann innerlich stabilisieren. Wenn wir merken, wir schaffen das nicht allein, sind wir gut beraten, uns professionelle Hilfe zu holen. Ein Coach oder Therapeut kann allerdings nur Hilfe zur Selbsthilfe leisten. Die Verantwortung dafür, uns wieder aufwärts zu bewegen, bleibt immer bei uns.

Lost in Nature

„Schau mal, wie das da blüht!" Julia ist begeistert. „Martin, schau doch mal!"

„Ja, ich sehe es doch." So schnell lässt sich Martin von Euphorie nicht anstecken. „Wir wandern jetzt schon seit Stunden durch dieses blühende Kraut."

„Aber dort blüht es besonders schön. Komm, lass uns da mal langgehen."

„Sollten wir nicht lieber auf dem Hauptweg bleiben? Das ist der Rundwanderweg, wie er auch ausgeschildert ist."

„Ach, komm jetzt! Da ist auch ein Weg durch das Gestrüpp, und der ist viel schöner. Vielleicht entdecken wir da noch etwas."

Nach einer zweitägigen Fortbildung auf einem Gutshof südlich von Hamburg hat Julia das Wochenende drangehängt, um sich gemeinsam mit ihrem Freund Martin in der Lüneburger Heide zu erholen. Seit drei Stunden wandern die beiden durch ein ausgedehntes Naturschutzgebiet, als sie den Hauptweg verlassen. Martin will einen ausgeschilderten Rundwanderweg gehen. Aber Julia hat jetzt mehr Lust auf die kleinen Wege.

Eine Stunde später.

Aus dem kleinen Weg ist längst ein Trampelpfad geworden. Doch langsam wird auch dieser Pfad immer enger. Heidekraut und Gestrüpp liegen wie ein dichter Teppich über dem sandigen Boden. Es gibt dazwischen immer wieder Lücken. Doch welche Lücke ist der Weg?

„Julia, wir kommen hier nirgendwo hin." Martins Stimme wirkt gepresst. Er atmet flach. „Wir sollten jetzt am besten umkehren."

„Ach was, irgendwo kommen wir schon raus." Julia hat kein bisschen von ihrer guten Laune eingebüßt. „Ist ja schließlich nicht die Wüste Gobi hier. Da kommen immer wieder mal breitere Wege."

„Lass uns einfach denselben Weg zurückgehen, den wir gekommen sind. Wir sind jetzt schon einige Stunden unterwegs und wir wissen nicht, wie es hier weitergeht."

„Wir gehen weiter geradeaus. Hier sind ja sicher schon andere gegangen. Sonst wäre da am Anfang kein Weg gewesen."

„Vielleicht sind wir vom Weg abgekommen und haben es nicht gemerkt? Dieser Sandboden sieht doch überall gleich aus."

„Einfach mal weiter geradeaus."

„Julia, Stopp! Bitte! *Ich will jetzt umkehren."*

Julia dreht sich zu Martin um und schaut ihn an. Ist das Angst in seinem Gesicht? Martin sieht aus, als würde es ihm gar nicht gut gehen und als würde er es wirklich ernst meinen mit dem Umkehren.

„Okay, okay, wenn es dir damit besser geht, dann gehen wir denselben Weg zurück."

Eine halbe Stunde später. Martin ist sehr nervös und spricht mehr mit sich selbst als mit Julia.

„Müssen wir jetzt rechts oder links? Von wo sind wir gekommen? Verdammter Mist!"

„Ich würde mal links probieren", sagt Julia.

„Sind wir von da gekommen oder nicht?"

„Ich weiß es nicht. Hier war doch vorhin irgendwo eine Schafherde in der Nähe", sagt Julia vergnügt.

„Du bist vielleicht gut! An Schafen kann man sich super orientieren, die sind nämlich fest am Boden verankert und bewegen sich nie!"

„Nach einer Stunde werden die schon nicht ganz woanders sein."

„Julia, mir reicht das jetzt!" Martin holt sein Smartphone aus der Tasche. „Wir lassen uns von Google Maps orten, geben unser Hotel als Ziel ein und dann folgen wir genau den Anweisungen."

„Wenn du meinst."

„Oh nein! Das gibt es doch gar nicht!" Panik in Martins Stimme. „Ich habe keinen Empfang. In dieser Einöde hier ist kein Netz! Guck mal bitte auf deinem Handy, ob du Empfang hast."

„Mein Handy ist im Hotel."

„Wie kommen wir hier wieder raus?" Martins Stimme wird schrill. „Wir haben überhaupt keine Orientierung mehr, wir wissen nicht, wo der Weg ist. Wir sind jetzt schon Stunden unterwegs, ich weiß nicht, wie lange ich noch kann. Und hast du die

dunklen Wolken da hinten gesehen? Was, wenn es auch noch anfängt zu regnen? Wir haben gar keine Schirme und keine Regensachen mit."

„Jetzt beruhige dich mal. Wir finden schon den Weg zurück. Die grobe Richtung stimmt doch. Wir müssen einfach ein bisschen suchen."

Martin ist wie gelähmt. Schließlich setzt er sich schleppend in Bewegung.

Julia und Martin durchqueren ein dichtes Gebüsch. Plötzlich stehen sie wieder auf dem Hauptwanderweg. Keine 30 Meter von der Stelle entfernt, an der sie ihn verlassen hatten.

Die Angst, verloren zu sein

Wir Menschen werden immer wieder von Ängsten eingeholt, auch in Situationen, die für andere Menschen gar nicht so furchterregend sind. Julia und Martin zum Beispiel sind nach Julias Ansicht nicht wirklich in Gefahr. Sie haben sich nur verlaufen. Julia empfindet die Situation eher als Abenteuer, bei dem es neue Dinge zu entdecken gibt. Doch Martin ist dabei nicht mehr wohl, er hat Angst, den Weg nicht mehr zurückzufinden. In Julias Augen ist seine Angst übertrieben. Martin dagegen wird von seiner Angst übermannt. In der Psychologie werden bestimmte Ängste als „Ur-Ängste" bezeichnet. Damit sind starke Angstgefühle gemeint, die seit frühester Kindheit tief in uns sitzen und in bestimmten Situationen an die Oberfläche dringen können. Eine dieser Ur-Ängste ist die Angst, verloren und verlassen zu sein. Eine andere Angst ist, die Kontrolle zu verlieren, keine Sicherheit zu verspüren. Angst ist – laut dem Neurowissenschaftler Gerald Hüther – immer dort, wo wir etwas nicht kennen oder nicht können. Wenn wir als Kind nicht gelernt haben, mit unseren Ängsten umzugehen und diese zu überwinden, leben diese Ängste in unserem Erwachsenenleben fort.

Das Gegenteil von Ur-Angst ist Ur-Vertrauen. Dieses Vertrauen erlernen wir in den ersten Jahren unserer Kindheit. Es ist nicht nur das Vertrauen gegenüber den Eltern oder anderen nahen Bezugspersonen. Es ist ein Vertrauen in den Prozess des Lebens und die eigene Stärke. Ur-Vertrauen lässt uns zuversichtlich sein, dass schwierige Momente vorübergehen und es in diesen Situationen eine Lösung gibt, selbst wenn wir diese noch nicht sehen. Aus diesem Ur-Vertrauen kann der unerschütterliche Glaube an uns selbst wachsen. Er verleiht uns die Fähigkeit, sämtliche Herausforderungen des Lebens zu meistern. Vertrauen in das Leben und in uns selbst entwickeln wir auch schon in der Kindheit, sofern unsere Eltern eine positive Grundhaltung haben und uns lieben, wie wir sind, viel positives Feedback geben, dass wir dies oder jenes schaffen. Loben, Bestärken und Zutrauen stärkt Kinder in ihrem Selbstvertrauen.

Ein Mensch mit einem starken Ur- und Selbstvertrauen und einer „+/+"-Grundhaltung (Ich bin ok, du bist ok) ist jemand, der sich in schwierigen Situationen sagt: Das wird schon. Alles wird gut. Ich schaffe das! Wer hingegen wie Martin diese Situation einfach anders bewertet und deshalb wahrscheinlich Angst empfindet, fühlt sich in dem Moment außer Kontrolle und hat eben nicht das Vertrauen, dass alles gut ausgehen werde. Es wäre sinnlos, wenn Julia jetzt mit ihm diskutieren wollte, was der Grund für seine Angst ist. Angst ist eine subjektive Wahrnehmung und ein Gefühl, was wir niemandem nehmen können. Noch schlimmer wären Vorwürfe nach dem Muster: Stell dich nicht so an! Oder: Was bist du denn für ein Weichei? Was Julia jedoch tun kann, ist, Zuversicht auszustrahlen und Martin zu zeigen, dass sie sicher mit der Situation umgehen kann und alles unter Kontrolle hat. Beide müssen akzeptieren, dass da plötzlich eine Angst bei Martin übermächtig geworden ist.

Es gibt viele Ängste im Alltag, die uns verunsichern und dazu bringen, Dinge zu tun oder zu lassen. Doch was kann jemand tun, um weniger Angst zu haben? In Panik zu geraten oder große Angst zu spüren, wenn man gerade nicht weiß, wie es weitergeht, ist ja ziemlich unangenehm für diese Menschen. Zunächst stehen Ur-Vertrauen und Selbstwert in einem engen Zusammenhang. Alles, was das Selbstwertgefühl stärkt, führt automatisch zu mehr Vertrauen in das Leben, zu mehr Vertrauen in sich selbst, zu mehr Selbstsicherheit und damit zu weniger Angst. Kinder, deren Selbstwert durch die Eltern ständig erschüttert wird, die zu wenig positiven Zuspruch erhalten, tun sich schwer, genügend Selbstvertrauen und damit Selbstsicherheit zu entwickeln. Wir können aber auch noch als Erwachsene unser Selbstvertrauen stärken und unsere Ängste überwinden, selbst wenn uns das in unserer frühen Kindheit – aus welchen Gründen auch immer – nicht so gut gelungen ist wie anderen.

Eine hilfreiche mentale Technik zur Überwindung von Ängsten und zur Stärkung Ihres Selbstvertrauens ist es, sich vor Augen zu führen, was Sie im Leben alles schon geschafft haben. Ich meine jetzt nicht das gut gefüllte Bankkonto oder irgendwelche Pokale in der Vitrine. Sondern ich meine die schwierigen Situationen, die Sie gemeistert haben. Jeder Mensch hat schon unzählige Probleme gelöst, Rückschläge verdaut und aus Krisen den Ausweg gefunden. Wir neigen nur dazu, das schnell wieder zu vergessen, weil wir uns an die unangenehmen Gefühle nicht gerne erinnern. Wenn wir uns aber einmal vor Augen führen, was wir schon alles geschafft haben und wie uns das gelungen ist, kann das eine große Kraftquelle sein. Vielleicht schreiben Sie einmal auf, was die großen und kleinen Herausforderungen Ihres Lebens waren und wie Sie diese gemeistert haben?

Wer ein selbstbestimmtes und vor allem tief innerlich zufriedenes Leben führen möchte, der benötigt viel freies Kind-Ich und muss dafür den Gegenpol der Angst, die aus dem angepassten Kind-Ich kommt, überwinden lernen. Wenn Sie diesen Schritt weitergehen wollen, schaffen Sie sich im Alltag hin und wieder gezielt kleine Herausforderungen, um Ihre Ängste zu überwinden. Verlassen Sie Ihre Komfortzone! Begeben Sie sich in Situationen, die Sie nicht vollständig kontrollieren können oder die Ihnen Angst machen. So stärken Sie das Vertrauen in sich selbst und den Glauben daran, dass sich der richtige Weg schon findet.

TIPP

Beginnen Sie mit Kleinigkeiten: Mal das Navi im Auto ausgeschaltet lassen und stattdessen nach dem Weg fragen. Ins Wochenende fahren, ohne vorher online ein Hotel gebucht zu haben und lieber spontan eines suchen. Sich als freiwilliger Helfer bei der Essensausgabe für Bedürftige melden und mit Menschen in Kontakt kommen, mit denen Sie sonst wahrscheinlich nie zu tun haben. Endlich dem Vorgesetzten mal sagen, was Ihnen nicht gefällt. Oder vielleicht mit dem Partner darüber sprechen, was Ihnen in der Beziehung nicht guttut.

Es gibt unendlich viele Möglichkeiten, sich selbst kleinere oder größere Herausforderungen zu verschaffen. Sie werden mit Sicherheit aus jeder Erfahrung etwas lernen und gestärkt daraus hervorgehen. Sollte doch mal etwas nicht so gelingen, wie geplant, starten Sie einfach den nächsten Versuch und behalten im Hinterkopf, dass es immer besser ist, eine negative Erfahrung zu machen als gar keine Erfahrung. Weil wir uns ohne Erfahrungen nicht weiterentwickeln können.

Aus langen Schatten heraustreten

„Per aspera ad astra. – Auf rauen Pfaden gelangt man zu den Sternen", sagte schon der römische Schriftsteller und Philosoph Seneca. Es ist eine alte Erkenntnis der Menschheit, dass das Leben uns nicht nur eitel Sonnenschein bereithält, sondern auch schattige Täler auf uns warten. Ebenso lange wissen Menschen, dass es sich lohnt, diese Täler zu durchschreiten, weil sie am Ende gestärkt aus dieser Erfahrung hervorgehen. Kein Tal, aus dem es nicht wieder bergauf ginge, und keine Nacht, nach der es nicht wieder hell würde. Doch was ist, wenn wir feststecken? Wenn das Tal immer tiefer zu werden scheint und die Nacht nicht enden will? Manche Menschen trauern so sehr um den Verlust eines geliebten Menschen, hadern so sehr mit einer Krankheit, Verletzung oder Behinderung oder sind so voller Wut, weil sie eine Chance verpasst haben oder sich um ein großes Glück betrogen fühlen, dass sie aus dem Schatten nicht mehr herauskommen.

Nichts liegt mir ferner, als über diese Menschen und ihre schweren Schicksale zu urteilen. Manchmal kann es fast unmenschlich viel Kraft kosten, einen Ausweg aus der Not zu finden und sich neu auf das Leben einzulassen. Und dennoch gibt es etwas, das selbstbestimmt lebende Menschen immer tun können, wenn sie das Gefühl haben, festzustecken und dem Schatten nicht mehr entfliehen können: Sie können sich selbst und anderen aus ganzem Herzen verzeihen, das Vergangene loslassen und nach vorne blicken. Das klingt leicht und profan, wenn man es so in Worte fasst. Es ist es nicht!

Wie schwierig solch ein Prozess sein kann, habe ich selbst schmerzhaft erfahren, als mein Vater nach langer Krankheit starb. Nach der Scheidung meiner Eltern habe ich nie viel Zeit mit ihm verbracht. Dennoch war es eine schwierige Zeit für mich. Zwar hatten wir bis zum Schluss viel miteinander gelacht und seine „Beerdigungs-Testfahrt" mit der Kutsche hatte mich nicht nur traurig, sondern auch stolz auf ihn gemacht. Trotzdem fiel mir der Abschied verdammt schwer. Zumal sich in meine Trauer auch noch Wut mischte. Ich war wütend auf meinen Vater, weil ich mich von ihm um ein ziemlich großes Vermögen betrogen fühlte. Das ganze Ausmaß des finanziellen Schadens kam erst nach seinem Tod ans Licht.

Vor über dreißig Jahren hatte ein lieber, alter Freund der Familie meiner Schwester und mir ein großes Vermögen in Form einer Immobilie, einem Mehrfamilien-Haus, in Hamburg-Winterhude vermacht. Dieses Haus sollte Teil unserer Altersversorgung sein. Wer die Gegend kennt, weiß, dass solche Immobilien heute einen Wert von mehreren Millionen Euro haben können. Dieser, wir nennen ihn mal Onkel, hatte meinen Vater nun als sogenannten Vorerben eingesetzt, das heißt, die Erbschaft ging erst nach dem Tod meines Vaters auf meine Schwester und mich über. Ein Vorerbe ist gesetzlich verpflichtet, die Substanz des Erbes zu erhalten, was ja auch logisch ist, wenn die eigentlichen Erben am Ende noch etwas von dem Erbe haben sollen. Um es kurz zu machen: Mein Vater konnte den Erhalt des Hauses nicht stemmen und musste die Immobilie einige Jahre nach der Erbschaft des Onkels in der Not mit unserer Zustimmung verkaufen. Den Erlös legte er über Jahre leider sehr ungünstig an. Als der Bankberater mir nach der Beerdigung erzählte, was genau mein Vater mit dem Geld gemacht hatte, stieg unbändige Wut in mir auf. Mein Vater hatte nicht nur weitere Immobilien gekauft und mit Verlust wieder verkauft, sondern unter anderem einige Jahre vor seinem Tod in einem sechsstelligen Euro-Bereich eine einzige Aktie gekauft, die kurze Zeit später total an Wert verlor. Es stand ein Verlust von über 250.000 Euro auf dem Papier.

Von dem potenziellen Millionenerbe dieses Onkels war am Ende also nicht mehr viel übrig. Doch um das Geld an sich ging es mir letztlich gar nicht. Ich war fassungslos und wütend darüber, wie mein Vater mit einem Vermögen umgegangen war, das er als Vorerbe gut verwalten sollte. Diese Wut ließ mich nicht mehr los. Immer wieder versuchte ich, die Kurve zu kriegen. Ich sagte mir: Es ist nur Geld. Es ist nichts Schlimmes passiert. Ich bin gesund und meine Schwester auch. Wir haben unser eigenes Einkommen und unsere Ersparnisse. Es geht uns gut. Aber ich schaffte es einfach nicht, es innerlich zu verarbeiten. Die Wut kam immer wieder hoch, in den unglaublichsten Momenten im Alltag. Ich lief am Strand entlang und fing plötzlich an, vor Wut mit meinem Vater „da oben" zu schimpfen und ihn anzuschreien. Ich steckte über mehrere Monate förmlich fest in meiner Wut. Und diese Wut machte sich auch körperlich bemerkbar – wie immer, wenn Gefühle nicht verarbeitet werden. Nicht umsonst gibt es psycho-somatische Beschwerden.

Es war ein langer und schwieriger Prozess, aus dieser Wut herauszufinden und das Geschehene loszulassen. Vielleicht war es die Mischung aus Trauer und Wut, die das Ganze so hartnäckig machte: Nicht richtig trauern können wegen der Wut – und sich nicht erlauben, richtig wütend zu sein, wegen der Trauer und des Schmerzes. Letztlich habe ich sehr viel geweint. Der Spruch „Tränen sind Heilung" passte zu meiner Situation. Und ich musste lernen zu verzeihen: meinem Vater und auch mir. Ich musste meinem Vater wegen seines Anlageverhaltens verzeihen. Und ich musste mir verzeihen, dass ich meinem Vater sein Verhalten so übel genommen und ihn so sehr verurteilt hatte, obwohl ich ihn doch eigentlich liebte und die Verstorbenen ihre Ruhe haben sollen.

Zorn, Wut und Ärger sind – neben Angst – unangenehme Gefühle, die wir in schweren Zeiten erleben und mit denen wir lernen sollten umzugehen. Bevor ich verzeihen und loslassen konnte, musste ich meine Wut aber erstmal spüren können und sie dann auch rauslassen. Ich pöbelte während diverser Autofahrten, bei denen mich keiner hörte, meinen Vater „da oben" regelrecht an. Ich beschimpfte ihn, aber ich redete auch mit ihm und stellte ihm Fragen. So legte sich meine Wut nach und nach. Sehr hilfreich fand ich außerdem die Methode der Familienaufstellung bzw. systemischen Aufstellungsarbeit, um schwierige Themen im Leben besser verstehen zu können und auch Lösungen zu finden, damit besser umzugehen. Am Ende half mir auch die Gewissheit, dass mir der Reichtum im Herzen der wichtigste ist und schnöder Mammon auf diesen Reichtum in gar keiner Weise einzahlt. So konnte ich schließlich auch aus diesem langen Schatten heraustreten und innerlich wieder frei sein.

ZEIT FÜR SCHWERES: WEISST DU, WIE DU MIT DEN SCHATTENSEITEN DEINES LEBENS UMGEHST?

- Erinnern Sie sich an Ihre letzte schwierige Situation im Job. Wie haben Sie sie gelöst? Wie sind Sie damit umgegangen?
- Welche Fähigkeiten haben Sie, die Ihnen in den „Tälern" des Lebens wieder auf den Berg helfen? Benennen Sie mindestens fünf Eigenschaften.
- Welche Ängste verspüren Sie in für Sie bedrohlichen Situationen? Wie verhalten Sie sich? Flüchten Sie, verkriechen Sie sich oder stellen Sie sich der Angst?
- Denken Sie an einen Fauxpas, der Ihnen unterlaufen ist: Wie haben Sie die Situation gerettet? Und was haben Sie daraus gelernt?
- Was kann man Ihrer Meinung nach generell aus schwierigen Zeiten lernen?

10

ZEIT FÜR FREUNDE:

WEISST DU, WER DEINE FREUNDE SIND?

Freundschaft ist wahrer Reichtum. Doch auch dieser Schatz fällt nicht vom Himmel. Deshalb ist es so wichtig, sich immer wieder Zeit für die eigenen Freunde zu nehmen und auch offen zu sein, um neue Freundschaften zu knüpfen. Freundschaft ist etwas Gegenseitiges – und dennoch bestimme ich selbst, was für mich eine gute Freundschaft ausmacht, was ich von Freunden erwarte und wen ich als Freund in meinem Leben haben möchte.

Beinahe ehrfürchtig las ich den Firmennamen: Institut für Weiterbildung Markus Wiedemeyer.

Wow, dachte ich, dieser Mann leitet sein eigenes Institut. Das ist cool!

Ich hatte Markus Wiedemeyer beim Stöbern auf Xing, dem „Facebook für Berufs-tätige", entdeckt. (Bitte nicht nach ihm suchen, ich habe den Namen hier selbstver-ständlich geändert.)

Auf seiner Profilseite hatte mich das Porträtfoto sofort angesprochen: Top seriös und dabei sehr sympathisch wirkte Markus Wiedemeyer. Alles in seinem Xing-Profil sah professionell und nach Erfolg aus, war nett formuliert und vor allem ging von dem Xing-Profil eine angenehme Aura aus. Das gefiel mir.

Von einem solch professionellen Profil war ich als Neueinsteigerin in der Trainer-branche noch weit entfernt. Mein Motto zu dieser Zeit lautete: Ich habe null Erfah-rung als Trainerin, gehe offen damit um und möchte bei einem renommierten Insti-tut viel dazulernen.

Es war Sommer 2010. Ende März hatte ich dem Angestelltendasein für immer den Rücken gekehrt. Bis Oktober gab ich mir nun Zeit, um meine Selbstständigkeit gut vorzubereiten. Ich bewarb mich bei unglaublich vielen Weiterbildungsinstituten, die es in Deutschland wie Sand am Meer gibt, und machte keinen Hehl daraus, dass ich als Trainerin ein unbeschriebenes Blatt war. Meine Markteintrittsstrategie hieß EEP: entwaffnende Ehrlichkeit zu einem niedrigen Preis. Mir ging es darum, überhaupt erstmal reinzukommen in den Markt. Ich sagte meinen Gesprächspartnern also ganz offen, dass ich gerne Erfahrung sammeln würde.

Das schrieb ich auch Markus Wiedemeyer, dem Inhaber und Geschäftsführer des gleichnamigen Weiterbildungsinstituts. Ich verspürte große Lust, in einem solchen Institut zum Team zu gehören. Wir schrieben zwei-, dreimal hin und her – schon war ich für die folgende Woche zu einem Kennenlerngespräch mit dem Chef persönlich verabredet.

Der Tag unseres Termins entpuppte sich als einer der heißesten des Jahres. Wir wollten in einem Restaurant zu Mittag essen, das nur fünf Minuten zu Fuß von mei-ner Wohnung in Hamburg-Winterhude entfernt lag. Ich war total aufgeregt. Was sollte ich bloß anziehen? Die Dresscodes im Trainergeschäft kannte ich noch nicht. Und dann diese Hitze! Ich entschied mich, besser over- als underdressed zu sein –

sicher ist sicher. So zog ich eine kurzärmelige weiße Bluse an, die mir als Managerin im Konzern schon gute Dienste geleistet hatte. Dazu kombinierte ich die schwarze Hose eines Hosenanzugs. Ich kam mir etwas spießig vor, aber der erste Eindruck zählt ja bekanntermaßen. Und obwohl ich den dazugehörigen Blazer gar nicht erst anzog, schwitzte ich bereits beim Umziehen. Auf dem Weg zum Treffpunkt fühlte ich mich wie in der Sauna nach dem zweiten Aufguss. Der Gedanke, dass Ilki-Newbie sich gleich bei einem Weiterbildungs-Institut bewerben würde, kühlte auch nicht gerade von innen. Der Termin war schließlich eine Art Bewerbungsgespräch.

Als ich in den Außenbereich des Restaurants trat, erkannte ich Markus Wiedemeyer sofort. Nett sah er aus – und genauso wie auf seinem Foto. Erster Pluspunkt! Er saß an einem Bistrotisch mit Hochstühlen. Trotz der Hitze trug er einen dunkelblauen Anzug mit weißem Hemd. Das Jackett hatte er noch an und die Manschetten seines Hemdes ragten korrekt bis zur Daumenwurzel unter dem Sakkoärmel hervor. Silberfarbene Manschettenknöpfe glitzerten darunter hervor, kaum sichtbar. Dieser Mann war entweder südlich des 23. Breitengrads groß geworden oder ein Wunder an Selbstdisziplin und professionellem Auftreten. Genau für so jemanden wollte ich arbeiten.

Wir begrüßten uns freundlich, ja fast schon herzlich. Kaum hatte ich auf einem der Hochstühle Platz genommen, fragte mich Markus Wiedemeyer, ob er das Jackett vielleicht ausziehen dürfe.

„Mir ist unbeschreiblich warm", sagte er.

„Oh, Mensch, mir auch!", antwortete ich. „Deshalb habe ich meinen Blazer gleich zu Hause gelassen. Ich hatte gehofft, dass das für Sie okay ist."

Mit diesem kurzen Wortwechsel war das Eis gebrochen. Wir lachten uns erleichtert an. Markus Wiedemeyer zog sein Jackett aus und hängte es über einen der freien Hochstühle. Dann nahm er seine Manschettenknöpfe gekonnt ab und krempelte die Ärmel seines Hemds hoch. Aber diesmal, ohne vorher um Erlaubnis zu bitten.

Wir kamen locker ins Gespräch, Smalltalk eben, wie er bei Geschäftsessen erst mal angesagt ist. Dieses Quatschen mit beruflichen Absichten im Hinterkopf war mir nie schwergefallen. Aber bisher musste ich Kunden bequatschen – pardon, überzeugen –, Waschmaschinen und Wäschetrockner für den gewerblichen Einsatz zu kaufen. Jetzt sollte ich mich selbst verkaufen. Sollte? Oder durfte? Ich wusste es in dem Moment nicht.

Nachdem das naheliegende Thema Wetter abgehakt war, erzählte mir Herr Wiedemeyer, er wohne mit seiner Freundin im „Speckgürtel" von Hamburg. Wer hat dieses Wort eigentlich erfunden? Ich fand es jedenfalls eklig, mir sein Zuhause als glänzende Speckschwarte vorzustellen.

Als Businessprofi wollte ich dann erst mal den Zeitrahmen klären. Es war 12.15 Uhr. Bis 14.30 Uhr, maximal 15.00 Uhr hätte ich Zeit, sagte ich. Das stimmte zwar nicht, aber ich dachte, dass es meinen Marktwert erhöhte, wenn ich etwas beschäftigt tat. Herr Wiedemeyer meinte, das träfe sich gut. Um 15.00 Uhr hätte er den nächsten Termin. Mich wunderte ehrlich gesagt, dass er doch so lange Zeit für mich eingeplant hatte.

Nach weiteren 20 Minuten Parlando meinte Herr Wiedemeyer, als Trainerkollegen könnten wir uns doch eigentlich duzen. Er heiße Markus.

Ganz wohl war mir nicht dabei, meinen zukünftigen Chef gleich zu duzen. Aber ich war einverstanden. Sicherheitshalber schwärmte ich etwas mehr als nötig von meinem damaligen Freund. Wer sich glücklich anhört, wenn er von seinem Partner spricht, wird so schnell nicht angebaggert.

Da sagte Markus: „Ilka, ich muss dir was gestehen."

Ich war irritiert. Wollte er etwa doch etwas von mir? Hatte er das Treffen nur zugesagt, um mich privat kennenzulernen? Oh, nee. In meinem Kopf herrschte Alarmstufe Rot.

„Ich kann im Moment niemanden einstellen", sagte Markus. „Ich habe mich gerade erst selbstständig gemacht, genau wie du. Noch habe ich keinen einzigen Mitarbeiter. Das mit dem ‚Institut' ist eher ein … na ja … ich meine … es klingt doch gut, oder? Ich dachte, wir könnten uns trotzdem mal treffen und schauen, wo wir uns vielleicht ergänzen."

Paff! Da platzte er, der Traum vom ersten Step meiner Trainerkarriere. Markus war ein Existenzgründer wie ich! Später stellte sich heraus, dass er immerhin bereits Berufserfahrung als Trainer hatte. Viel besser machte es das aber nicht.

Komischerweise war mir sein Geständnis dann aber doch egal. Wir plauderten einfach weiter. Ich fand es zumindest ehrlich, dass er direkt zu Beginn mit der Wahrheit herausgerückt war, bevor wir in die detaillierten Trainingsthemen einstiegen.

Nachdem wir uns unsere jeweiligen Leben vor der Selbstständigkeit erzählt hatten, gackerten wir gemeinsam über sein Xing-Profil ab. Was waren Markus da beeindruckende Formulierungen eingefallen! In Selbstmarketing gab ich ihm eine glatte Eins.

Plötzlich war es 14.45 Uhr. Oh Schreck!

„Du", sagte ich, „ich habe eigentlich den ganzen Nachmittag Zeit."

Darauf Markus: „Das mit meinem Termin um 15.00 Uhr stimmt auch nicht. Im Moment habe ich noch so gut wie keine Termine." Kaum hatte er das ausgesprochen, schmissen wir uns wieder weg vor Lachen.

Gegen 16.00 Uhr meinte Markus, bei der Hitze sei es doch jetzt eigentlich Zeit für ein Eis. Also nichts wie auf zur nächsten Eisdiele! Beim Zahlen im Restaurant witzelten wir noch darüber, wer für dieses ausgedehnte Geschäftsessen den Bewirtungsbeleg haben durfte.

Nach dem Rausgehen sagte Markus: „Ich habe noch eine kurze Hose und ein T-Shirt im Auto. Am liebsten würde ich mich umziehen."

„Ich mich auch!", erwiderte ich prompt. „Aber du brauchst dich doch nicht auf der Straße umzuziehen."

Da ich ja nur fünf Minuten entfernt wohnte, stellte ich Markus mein Wohnzimmer als Umkleidekabine zur Verfügung. Ich befreite mich währenddessen im Schlafzimmer von meinem Outfit und wechselte ebenfalls zum Beach-Look.

Kurz darauf saßen wir mit kurzen Hosen und T-Shirt vor der Eisdiele meines Vertrauens unter einem Sonnenschirm und bestellten uns die verlockendsten Eisbecher, die wir auf der Karte fanden. Wir erzählten uns davon, was uns zu unserem Schritt in die Selbstständigkeit bewogen hatte und über unsere Vorstellungen und Erwartungen an diese neue „Karriere". Das Eis war längst aufgegessen und wir waren zwischenzeitlich zu Fuß zur Alster gegangen, um uns ein wenig zu bewegen.

Weitere zweieinhalb Stunden später fragte ich: „Nun ist der Tag eh fast rum. Wie wäre es noch mit einem gemeinsamen Abendessen?" Kaum hatte ich das ausgesprochen, waren wir auch schon Gäste in einem meiner Lieblingsrestaurants und schlürften den ersten Wein.

Es wurde bereits dunkel, als wir uns schließlich vor dem Lokal verabschiedeten. Wir umarmten uns wie Freunde aus Kindertagen, die seit 20 Jahren auf verschiedenen Kontinenten leben, sich seitdem nicht gesehen hatten und sich die nächsten zehn Jahre auch nicht mehr sehen würden.

Fast zeitgleich sagten wir: „War schön, dich kennenzulernen. Wann sehen wir uns wieder?"

Inzwischen ist Markus ein guter Freund. Wir sehen uns jetzt nicht mehr so oft, weil wir als Trainer beide viel unterwegs sind. Das ein oder andere Projekt führen wir jedoch auch mal zusammen beim Kunden durch. Und wenn wir uns sehen, haben wir immer einen beruflichen Teil und einen privaten, den wir besprechen. Unsere Freundschaft hat seit nun acht Jahren Bestand. In den schwierigen Anfängen unserer Selbstständigkeit waren wir immer füreinander da. So, wie es sich für gute Freunde gehört, die auch Kollegen sind. Oder für gute Kollegen, die auch Freunde sind.

Zeig mir deine Freunde

Bestimmt kennen Sie die Redensart: „Zeig mir deine Freunde und ich sage dir, wer du bist." Da ist einiges dran. Wobei das dahinterliegende Prinzip auch umgekehrt funktioniert: Wer wir sind und was wir ausstrahlen, zieht entsprechende Menschen in unser Leben. Das ist ein Prozess, der weitgehend unbewusst abläuft. Ständig senden wir Signale aus, die auf andere Menschen anziehend, abstoßend oder neutral wirken. Manchmal begegnen wir einem Menschen und sind mit ihm sofort auf einer Wellenlänge, ohne uns das erklären zu können. Das geschieht einfach, und wir dürfen es annehmen und genießen. So war es bei mir und Markus. Wir flirteten zu keinem Zeitpunkt miteinander und es waren auch sonst keine Schwingungen im Raum, die mit der typischen Anziehung zwischen Mann und Frau zu tun gehabt hätten. Aber auf einer anderen Ebene machte etwas klick. Wir waren sofort auf einer Wellenlänge und hatten nach kurzer Zeit das Gefühl, uns schon viel länger zu kennen. Vielleicht kennen Sie so etwas ja auch? Solche Erlebnisse sind gar nicht so selten.

Schon bei den alten Griechen gab es den berühmten Mythos von den „Kugelmenschen", den Platon in seinem Dialog *Das Gastmahl* überliefert hat. Danach sind alle Menschen jeweils nur eine Hälfte eines ursprünglichen Ganzen, eben einer Kugel, die irgendwann durch eine Laune der Götter geteilt wurde. Wenn wir im Leben durch Zufall die andere Hälfte „unserer" ursprünglichen Kugel finden, macht uns das glücklich. Das ist ein schönes Bild dafür, dass es Menschen gibt, die uns vom Wesen her sehr ähnlich sind und mit denen wir uns beinahe perfekt ergänzen. Solche Menschen sind dazu prädestiniert, beste Freunde zu werden. Manche glauben, dass jeder Mensch in seinem Leben schicksalhaft seiner anderen Hälfte begegnen muss. Aber lassen wir es beim Mythos und überlegen, ob es nicht in Wirklichkeit purer Zufall ist, wem wir begegnen und ob daraus schließlich Freundschaft entsteht.

Die Wahrheit liegt vielleicht irgendwo in der Mitte zwischen Mythos und reinem Zufall. Deshalb hat Freundschaft viel mit einem selbstbestimmten Leben zu tun: Wir können Freundschaft nicht erzwingen, denn es ist viel Zufall im Spiel und das Gegenüber muss auch mitmachen. Aber es ist auch nicht so, dass wir gar keinen Einfluss darauf hätten, ob wir Freunde haben und wie intensiv unsere Freundschaften sind.

Wenn ich an mir selbst gearbeitet habe und mit mir im Reinen bin, strahle ich das auch aus und erhöhe somit massiv die Chancen, passende Freunde zu finden. Dabei ist das Spannende, dass sich manchmal äußerlich recht unterschiedliche Menschen miteinander befreunden. Doch tief im Inneren gibt es dann etwas, das sie sehr verbindet. Die Gegensätze, die sich anziehen, sind oft nur scheinbare Gegensätze.

Weiter geht die Selbstbestimmung damit, dass ich gerade in der heutigen schnelllebigen Zeit mit offenen Augen durch die Welt gehen und Gelegenheiten, Kontakte zu knüpfen, überhaupt wahrnehmen muss. Darüber habe ich in Kapitel 7 ausführlich geschrieben. Schließlich kann ich für mich definieren, was eine gute Freundschaft ausmacht. Andere können diesbezüglich ihre eigenen Kriterien aufstellen, aber ich darf meine eigenen Maßstäbe haben. In einer guten Freundschaft kann und sollte ich darüber auch sprechen. Ich sage dann zum Beispiel, wo ich mich unterstützt und getragen gefühlt habe und bedanke mich dafür. Aber ich rede auch Tacheles, wenn ich von einer Freundin oder einem Freund enttäuscht war. In Freundschaften ist also jede Menge Raum für Selbstbestimmung. Und ich wage zu behaupten, dass Menschen, die nach eigenen Vorstellungen leben und klar kommunizieren, besonders gut darin sind, Freundschaften aufzubauen und zu pflegen, aber auch konsequent beenden, wenn es sich für sie richtig anfühlt.

In diesem letzten Kapitel werde ich nicht versuchen, Freundschaft zu definieren. Ich will auch nicht psychologisch analysieren, warum einige Freundschaften lange halten und andere nicht. Lieber möchte ich Sie zum Schluss mit einigen Geschichten und Gedanken zum Thema Freundschaft inspirieren. Ich möchte Sie ermutigen, die richtigen Menschen für Ihr Leben zu erkennen und sich diesen auch zu öffnen und einer aufkeimenden Freundschaft den nötigen Raum zu geben. Freundschaft kann man sich nicht backen, aber man kann sie mit dem nähren, was sie braucht, um sich zu entfalten. Dazu zählen vor allem Zeit, Offenheit, Ehrlichkeit, Verständnis und wohlwollende Unterstützung. Wenn Sie ohne Wenn und Aber für Ihre Freunde da sind, sind Ihre Freunde auch für Sie da – und Sie sind mit dem alltäglichen „Schiet" (wie wir im Norden sagen) des Lebens nie allein.

Das Verhältnis zu unseren Mitmenschen ist heute oft von zweierlei geprägt: Viele Menschen urteilen schnell anhand von Äußerlichkeiten und befinden sich häufig – vermeintlich oder tatsächlich – in Konkurrenzsituationen. Sie konkurrieren um die Aufmerksamkeit des Chefs, um eine bessere berufliche Position oder um eine Traumwohnung, die viele gerne hätten. Gerade wo sich Menschen als Konkurrenten sehen, be-urteilen und ver-urteilen sie sich auch besonders gern. So schließt sich ein Kreis.

Wenn Sie Freundschaften aufbauen wollen, sollten Sie sich von vorschnellen Urteilen über Menschen und vom Konkurrenzdenken lösen. Werden Sie offen dafür, wer der andere Mensch ist und was ihn ausmacht. Davon handelt auch die folgende Geschichte.

Die Grande Dame

Der Makler lud zu Wohnungsbesichtigungen immer nur zwei bis drei Mietinteressenten ein.

Welche Wohltat!

Das übliche Spektakel bei Wohnungsbesichtigungen in den Hamburger Stadtteilen Winterhude, Eppendorf, Harvestehude und Eimsbüttel kannte ich nämlich schon zur Genüge: Um die 100 Leute rotten sich erst draußen vor der Haustür zusammen, fluten nach dem Eintreffen des Maklers das Treppenhaus und drängeln dann mit ausgefahrenen Ellenbogen in die Wohnung, als wäre Black Friday bei Media-Saturn. Zum Schluss bestürmen sie den Makler mit Aussagen wie: „Mein Mann ist Beamter", „Wir haben keine Kinder und wollen auch keine", „Ich erbe demnächst", „Hunde oder Katzen kämen mir niemals in die Wohnung", „Mein Vater ist Bankvorstand" oder „Ich reise sehr viel geschäftlich, bin also kaum da".

Ah, widerlich!

Aber diesmal stand ich glücklicherweise alleine vor einem Hauseingang und wartete nur auf den Makler und eine weitere Interessentin, die der Makler angekündigt hatte. Es war September 2003. Nach dem Ende einer Beziehung wollte ich weg aus dem Hamburger Vorort Norderstedt und mitten rein in die Großstadt. Von einem urbanen Umfeld versprach ich mir eine neue Richtung für mein Leben.

Plötzlich hörte ich ein Knattern wie von einem alten Käfer. Dieses Geräusch vergisst man nie, wenn man als Kind mal in einem gesessen hat. Sofort hatte ich dieses Auto vor meinem inneren Auge und fühlte mich 30 Jahre zurückversetzt in meine Kindheit.

Das Knattern kam näher und näher und dann bog tatsächlich ein dunkelblaues Käfer-Cabrio um die Ecke. Der Lack sah aus wie neu, das dunkle Stoffdach hatte nicht eine einzige abgewetzte Stelle und die Chromteile funkelten nur so. Wie cool, dachte ich!

Ich sah noch kurz eine blonde Frau mit Sonnenbrille am Steuer, die irgendwie unnahbar wirkte. Vrrrrrrrumm! Schon war sie samt Käfer an mir vorbeigesaust.

Wo blieb bloß der Makler? Wir waren schon zehn Minuten über der Zeit. Da hörte ich forsche Schritte näherkommen. Ah, endlich! Der Makler, dachte ich. Aber es war die Frau aus dem Käfer. Ich sah sie und im selben Moment war sie für mich die „Grande Dame". Kennen Sie diese Frauen, die so elegant gehen, dass sie fast schweben? Die auf Stühlen ihre Beine so vollendet verschränken wie die Promis in den Talkshows? Genau so eine war das. Eben eine Grande Dame.

Die Grande Dame schritt ebenso energisch wie elegant auf mich zu. Zum ersten Mal nach langer Zeit fühlte ich mich klein. Das war ich tatsächlich auch. Ich meine, ich war kleiner als sie. Die Grande Dame war auf ihren hohen Absätzen mindestens 1,90 m. Ich bin 1,68 m und meine Pumps machten mich zu 1,72 m. Aber die Grande Dame kam nicht wirklich auf mich zu, sondern schwebte graziös an mir vorbei, ohne mich eines Blickes zu würdigen. Sie musterte den Hauseingang im Vorübergehen, ging ein Stück weiter, machte kehrt und kam wieder zurück.

Ich hätte schwören können, dass diese Dame nur mit anderen Frauen aus ihrem Damenuniversum sprach und nicht mit einer sportlichen 1,68 m-Frau wie mir. Da ich sie aber interessant fand, sprach ich sie an: „Sind Sie auch zur Besichtigung hier und warten auf den Makler?"

Entgegen meiner Erwartung (so viel zu Vorurteilen) schaute sie mich freundlich an und antwortete in einem herzlichen Ton: „Ja, ich bin etwas spät dran. Das ist mir sehr unangenehm. Ist der Makler denn schon da?"

Just in dem Moment eilte der Makler von der anderen Straßenseite zu uns herüber und entschuldigte sich wortreich für seine Verspätung.

Mir war klar, dass ich die Wohnung nicht bekommen würde. Die Grande Dame musste durch die Brille eines Maklers aussehen wie ein Schweizer Kontoauszug auf zwei Beinen. Trotzdem wollte ich die Wohnung sehen, wo ich schon mal hier war.

Oben angekommen bemerkte ich direkt beim Betreten der Wohnung einen komischen Geruch. Der Makler redete wie ein Wasserfall und pries die Hütte in den höchsten Tönen. Die Grande Dame ging mal rechts ins erste Zimmer, dann wieder links ins zweite Zimmer. Ich machte es ähnlich und so kamen wir uns ständig entgegen. Während ich die Wände abklopfte und alle Ecken akribisch untersuchte, so wie es mir mein Vater – seines Zeichens Handwerker – für Wohnungsbesichtigungen geraten hatte, schwebte die Grande Dame mehr durch die beiden Zimmer, als dass sie umherging. Ich stellte dem Makler ein paar Fragen, die bewusst fachlich klingen sollten. Die Grande Dame schwieg.

Plötzlich standen die Grande Dame und ich uns direkt gegenüber. Wir schauten uns in die Augen. Einen Wimpernschlag später zeichnete sich in unseren beiden Gesichtern genau das gleiche Grinsen ab. Wir mussten kein Wort sagen, denn wir wussten, dass wir exakt dasselbe dachten:

Was für eine schreckliche Wohnung!

Beim Rausgehen zündete sich der Makler noch in der leeren Wohnung eine Zigarette an.

Wieder schauten die Grande Dame und ich uns an. Wieder brauchten wir nichts zu sagen, um zu wissen, dass wir dasselbe dachten:

Das geht ja gar nicht!

Im Treppenhaus bedankten wir uns beide höflich bei dem Makler und gaben ihm zu verstehen, dass keine von uns Interesse an der Wohnung hatte. Der Makler zog erst lange an seiner Zigarette und verabschiedete sich dann wortreich und eingehüllt in seinen Qualm. Dann verschwand er im Treppenhaus.

„Mit brennender Zigarette durchs Treppenhaus gehen ...", sagte ich.

„... ist wirklich unterstes Niveau", ergänzte die Grande Dame. Da lachten wir beide.

Draußen war inzwischen bestes Hamburger Wetter: Es regnete. Wir beschlossen, uns an der Hauswand unter einen Balkon zu stellen und dort den Regenschauer abzuwarten.

Sofort kamen wir ins Plaudern. Wir erzählten uns, wie lange wir jeweils eine Wohnung suchten, was wir schon alles erlebt hatten und was für eine Wohnung wir uns wünschten. Kurz darauf duzten wir uns. Sie hieß Inge. Inge und Ilka auf Wohnungssuche!

Da platzte es plötzlich aus mir heraus. Dass ich wegwollte aus Norderstedt, um meinem Leben eine andere Richtung zu geben. Und – peng! – gestand Inge, dass auch sie raus aus ihrem alten Leben und rein in ein neues wollte. Wenig später waren wir bei den Themen Job, Männer, Beziehung und allem, was das Leben noch so ausmachte.

Nach einer guten Stunde standen wir immer noch unter dem Balkon. Längst hatte es aufgehört zu regnen. Wir tauschten Handynummern aus und versprachen, uns anzurufen, sobald wir eine Wohnung gefunden hätten.

Ein knappes halbes Jahr später wohnte ich immer noch in Norderstedt und war weiter auf Wohnungssuche in Hamburg. Ich plante gerade meine Geburtstagsfeier und hätte Inge nur allzu gerne eingeladen. Dummerweise konnte ich den Zettel mit ihrer Handynummer nicht mehr finden.

Am Tag vor meinem Geburtstag klingelte mein Handy – und wer war dran? Inge! Ich konnte es kaum glauben. Es fühlte sich an, als hätte eine alte Freundin sich nach Jahren wieder bei mir gemeldet. Ich war überglücklich. Nachdem ich ihr von dem verlorenen Zettel erzählt hatte, fragte ich sie, ob sie am nächsten Tag spontan Zeit hätte, zu meiner Geburtstagsfeier zu kommen. Inge kam und seitdem hat sich eine tolle Freundschaft zwischen uns entwickelt.

Darum heißt es Freundschaft

„Es heißt Freundschaft, weil man mit Freunden alles schafft." Noch so eine Redensart. Was Freundschaft bedeutet, kann – wie gesagt – jeder nur für sich selbst entscheiden. Dass man im Leben Freunde braucht, steht dabei für mich außer Frage. Doch Ausnahmen bestätigen wie immer die Regel. Der Partner meiner Mutter ist jetzt über 80 und sagt von sich, er hätte im Leben nie wirklich enge Freunde gehabt und auch nie welche vermisst. Ich nehme ihm das ab. Wenn also auch nicht ausnahmslos jeder Freunde braucht, so können Freundschaften das eigene Leben doch enorm bereichern. Es geht bei Freundschaften schließlich nicht nur um das gemeinsame Erleben und Teilen von Themen oder um Unterstützung, sondern um den Spiegel, den uns Freunde vorhalten. Ehrliches Feedback von Freunden ist ein großes Geschenk und eine Chance, sich persönlich weiterzuentwickeln. Und ich spreche ganz bewusst nicht von den „Freunden" bei Facebook.

Ich möchte Sie einladen, sich selbst Gedanken darüber zu machen, was Ihnen Freundschaft bedeutet und was Ihnen bei Ihren Freunden wichtig ist. Selbstverständlich brauchen Sie Freundschaft gegenüber Ihren Freunden nicht ständig zu thematisieren. Das wäre sogar ziemlich komisch. Aber Sie sollten bei Freundschaften auch nicht alles für selbstverständlich halten. Es lohnt sich, zumindest ab und zu einmal darüber nachzudenken, wer Ihre Freunde sind, welchen Reichtum diese Freundschaften für Sie bedeuten und was Sie vielleicht auch vermissen oder sich für zukünftige oder andere Freundschaften noch wünschen würden. Als Inspiration möchte ich ein paar Gedanken zum Thema Freundschaft mit Ihnen teilen, die das widerspiegeln, was ich für mich über Freunde und Freundschaften gelernt habe. Dazu gehört auch, was Freundschaft für mich nicht ist und wie ich damit umgehe, wenn eine Freundschaft endet oder man sich einfach aus den Augen verliert.

Mein Freundeskreis war in meiner Jugend stark durch den Handball geprägt. Fast alle meine Freundinnen spielten damals Handball. Die Mitschülerinnen, die es nicht taten, hatten auf Dauer kein Verständnis dafür, dass ich montags, dienstags, mittwochs und donnerstags wegen des Handballtrainings keine Zeit hatte. Später kam auch noch der Freitag dazu. Und am Wochenende fanden die Punktspiele statt, meist Samstagabend oder Sonntagvormittag. Also fiel der Samstagabend zum Weggehen auch meistens weg. So wenig Kontakt reichte daher nicht für echte Freundschaften. Also war ich eben nur mit Handballerinnen befreundet. Auch die Jungs, mit denen wir uns später trafen und die für einen Großteil des Gesprächsstoffs mit meinen Freundinnen sorgten, spielten Handball. Häufig denken wir, unbedingt Freunde aus der Schulzeit, dem Studium oder der Ausbildung haben zu müssen. Ich habe viele meiner Freundinnen auf ganz andere Art und Weise kennengelernt. Inge zum Beispiel bei der Wohnungsbesichtigung in Hamburg. Ich habe gelernt, dass es egal ist, wie viel oder wenig Freizeit man hat und in welchen Kreisen man sich bewegt. Potenziellen Freunden kann man überall im Leben begegnen.

Inge oder Andrea – von der Sie gleich noch lesen werden – oder meine anderen Freunde sind immer für mich da, wenn ich sie brauche – ob zum In-den-Arm-nehmen, zum Zuhören oder um mir einen Gefallen zu tun. Ich könnte sie buchstäblich mitten in der Nacht anrufen. Genauso wichtig ist es für mich, dass Freundschaften ein kontinuierliches Wiedersehen mit dem freien Kind ermöglichen. Abgackern, albern sein, fünf gerade sein lassen, aber auch seine Wut zeigen, seine Trauer, nichts verbergen müssen, keine Rolle einnehmen müssen – alles das ermöglichen mir meine Freundinnen und Freunde. Aber auch tiefe Themen sind mir zum Beispiel wichtig. Und es ist oftmals so, dass man mit bestimmten Freunden auch nur bestimmte Themen abdecken kann. Kennen Sie das? Mit dem einen Freund sprechen Sie eher über berufliche Themen, Politik oder Kultur, dafür teilt der andere wiederum Ihr Hobby.

Schwierig finde ich es, wenn jemand seine Mutter oder seinen Vater als beste Freundin bzw. besten Freund bezeichnet. Es gibt Energien in jedem „Familiensystem", die mit der Offenheit und der Augenhöhe in einer Freundschaft nicht vereinbar sind. Und trotzdem kann man einen tollen Draht zu seinen Eltern haben und ihnen viel von sich erzählen, aber eben nicht alles, was man einem Freund oder einer Freundin erzählen würde.

Manche Freundschaften begleiten einen durchs ganze Leben, überdauern oft Beziehungen, Ehen und den Tod der Eltern oder eines Elternteils. Und doch gehen Freundschaften auch auseinander, weil man sich in unterschiedliche Richtungen entwickelt oder weil einfach die äußeren Umstände so sind, dass es irgendwann zu anstrengend wäre, die Freundschaft noch weiter zu pflegen. Ich habe gelernt, Freundschaften zu pflegen, ohne daran krampfhaft festzuhalten. Die Häufigkeit, wie oft man sich sieht oder hört, entscheidet für mich ohnehin nicht über die Qualität einer Freundschaft. Sicher braucht es den Kontakt, sonst schläft eine Freundschaft ein. Doch was mir eine Freundschaft wirklich bedeutet, sagt mir mein Herz und nicht mein Terminkalender. Wenn ich eine Freundin immer seltener sehe und auch immer weniger Verbundenheit zu ihr spüre, wenn unsere Haltung zu unserer Freundschaft und unsere Erwartungen aneinander sich immer stärker unterscheiden, dann ist es Zeit loszulassen. Umso wertvoller sind für mich die wenigen Freundschaften, die viele Jahre, ja manchmal sogar Jahrzehnte überdauern. Das sind die wahren Schätze meines Lebens. So geht es mir mit Andrea.

30 Jahre Freundschaft

Ich lag auf dem Sofa, Andrea hatte es sich auf der Luftmatratze gemütlich gemacht. Wir übernachteten im Gästezimmer bei einem der Jungen aus der Handball-B-Jugend.

Es war kurz vor Mitternacht, das Licht war aus und wir hätten längst schlafen sollen.

Wir erzählten uns aber viel lieber spannende Geschichten aus unserem bewegten Leben. Immerhin blickte ich bereits auf 15 ½ Jahre Lebenserfahrung zurück und Andrea auf 13 Jahre. Da gab es jede Menge zu berichten!

Andrea und ich spielten gemeinsam Handball und waren seit Kurzem Freundinnen.

Am Anfang hatten wir uns kaum richtig wahrgenommen, zumal wir noch in unterschiedlichen Vereinen spielten. Das änderte sich an einem Mittwoch beim Training der „Hamburger Auswahl" in der Alsterdorfer Sporthalle.

Zwei Tage zuvor war mein Stiefvater gestorben.

Ich war sehr ruhig beim Training und Andrea war das aufgefallen. Sie fragte mich auf dem Spielfeld, was los sei. Ich flüsterte es ihr ins Ohr.

Andrea umarmte mich kurz und beließ es dabei. Damit machte sie alles richtig. Die Umarmung tat mir unheimlich gut. Hätte sie noch etwas gesagt, hätte ich sofort losgeheult.

Am Ende des Trainings saßen wir, wie meistens, zur Besprechung im Kreis auf dem Hallenboden. Ich wollte mir weiterhin nichts anmerken lassen. Und, na ja, wie das eben so ist: Wer sich nichts anmerken lassen will, der fällt erst recht auf.

Es dauerte nicht lange, da raunzte mich unser Trainer an: „Ilkaaaa! Hallo, guten Morgeeeen! Schon wach? Sonst wird's aber langsam Zeit. Das Training ist nämlich schon zu Ende. Warst du überhaupt dabei? Ich hatte nicht den Eindruck!"

Sofort fing ich an zu weinen.

Ich weinte nicht deshalb, weil der Trainer mich anmachte. Sowas konnte ich gut wegstecken. Aber in mir herrschte ein totales Gefühlschaos. Ich war natürlich traurig, weil mein Stiefvater nicht mehr da war. Gleichzeitig war ich auch erleichtert, denn er hatte mir das Leben mehr schwer als leicht gemacht, obwohl er finanziell für uns gesorgt hatte. Aber das ist als Jugendliche nicht das, was einem im Herzen haften bleibt.

Der Trainer schimpfte trotz der Tränen weiter mit mir. Ist ja auch klar, dass ein Jugendtrainer sich nicht von Teenie-Tränen den Stecker ziehen lässt, sonst hätte er bald keine Autorität mehr.

Ich saß nur weinend da und sagte nichts.

Plötzlich brüllte Andrea den Trainer an: „Jetzt lass sie mal in Ruhe! Ihr Vater ist vor zwei Tagen gestorben." Ok, er war zwar nur mein Stiefvater, aber das spielte in dem Moment keine Rolle.

Schlagartig war es mucksmäuschenstill in der ganzen Halle – und die Alsterdorfer Sporthalle umfasst 7000 Zuschauerplätze, ist also eine ziemlich große Halle.

Das war der Beginn meiner Freundschaft mit Andrea.

Während der nächsten Monate freundeten wir uns immer mehr an. Dann wechselte ich sogar in den Verein, in dem sie bereits spielte, den TuS Alstertal. Von da an spielten wir gemeinsam in der B-Jugend, der A-Jugend und mit dem sogenannten Doppelspielrecht auch bei den Damen. Mehrmals gewannen wir in der Jugend gemeinsam die Hamburger Meisterschaft. Auch auf dem Spielfeld waren wir ein Dream-Team.

Die Nacht im Gästezimmer des Elternhauses eines Jungen aus der B-Jugend war kurz nach meinem Wechsel zum TuS Alstertal.

Wir hatten uns vorher mit ihm und etlichen anderen Jungs aus der B-Jugend getroffen. Zu der Zeit waren wir alle eine tolle Clique. Irgendwie fand jedes Mädchen jeden Jungen toll und im Lauf der nächsten zwei Jahre war auch jedes Mädchen einmal mit einem der Jungen zusammen. Wobei man wissen muss, was wir 13- bis 16-Jährigen vor 30 Jahren so unter Zusammensein verstanden. Das blieb alles sehr, sehr sittlich. Ein wenig Rumgeknutsche und das war es auch schon. Jedenfalls fanden wir Mädchen immer wieder einen der Jungen toll, mit dem wir gerade nicht zusammen waren.

Je weiter es nach Mitternacht wurde, desto mehr erzählten wir uns von unseren ersten Lieben – oder eben dem, was wir damals darunter verstanden.

Bald wurde Andrea meine engste und beste Freundin. Zum Training holte ich sie immer mit dem Rad in Hamburg-Langenhorn ab. Ich brauchte eine halbe Stunde zu ihr und bis zur Sporthalle waren es dann noch mal 15 Minuten. Wir verbrachten die Wochenenden gemeinsam und ernährten uns von Croque mit Knoblauchsoße, Schokorosinen und Frosties in Buttermilch. Gemeinsame Handballfahrten führten uns nach Dänemark und Schweden, wo wir Chris de Burgh bei Dünenspaziergängen hörten, über verflossene Liebschaften sprachen und viel miteinander lachten.

Als ich 17 war und Andrea 15 ½, flogen wir zum ersten Mal gemeinsam in den Urlaub. Es ging nach Mallorca. Das Geld hatten wir uns als Packerinnen verdient. Wir bekamen sogenannte Mutti-Zettel mit, damit wir als Minderjährige überhaupt alleine unterwegs sein durften. Es war eine witzige Zeit. Jedes Jahr folgten weitere gemeinsame Urlaube: Gran Canaria, Fuerteventura. Immer zwei bis drei Wochen, immer mit selbst verdientem Geld.

Als wir alt genug waren, liehen wir uns Mofas und machten Fotosessions auf den Landstraßen der Inseln. Von einer Tour habe ich heute noch eine Narbe an der rechten Wade. Die stammt vom Auspuff des Mofas, das mir auf Schotter weggerutscht war.

Nach meinem USA-Aufenthalt als Au-pair stand Andrea am Hamburger Flughafen und alles war wie immer. Während unserer Ausbildungen wohnten wir dann sogar in einer WG zusammen. Zu Hause ausziehen? Ja, unbedingt! Ohne Andrea sein? Auf gar keinen Fall!

Doch dann, mit Mitte 20, als jede von uns mit einem Partner zusammengezogen war, trennten sich schleichend unsere Wege. Ich wechselte nochmals den Verein und ging zurück in meinen Heimatverein. So sahen wir uns immer seltener. Ich besuchte Andrea noch ein letztes Mal, nachdem sie ihr erstes Kind bekommen hatte. Dann brach der Kontakt ab. Kennen Sie das, wenn man sich plötzlich selbst nicht mehr meldet und dann der andere auch nicht oder umgekehrt? Und irgendwie erscheint einem die Zeit dazwischen, in der man sich nicht sieht, immer schwieriger zu überwinden.

Mehr als zehn Jahre vergingen. In dieser Zeit dachte ich mehrmals im Jahr an unsere tolle Freundschaft, ich fragte im Copyshop, der damals ihren Eltern gehörte, wie es Andrea ging, aber ich überwand mich nicht, sie einfach mal zu kontaktieren.

*Eines Tages bekam ich eine Mail von einer unbekannten Mailadresse. In der Be-
treffzeile stand:*

Schorschi, bist du es? Ist das deine Mailadresse?

*Mir stockte der Atem. Schorschi war der Spitzname, den Andrea mir als Jugendli-
che gegeben hatte, weil wir die Happy Hippos aus den Überraschungseiern sammel-
ten. Einer der Happy Hippos hieß Schorschi. Ich antwortete prompt.*

*Es dauerte nur wenige Wochen, da trafen wir uns. Das erste Mal nach zehn Jah-
ren. Wir wälzten Fotoalben von unseren Urlauben und quatschten bis tief in die
Nacht. Sicher hatten wir uns äußerlich verändert, waren reifer geworden und hatten
neue Erfahrungen gesammelt. Aber unser Lachen war immer noch dasselbe, unsere
Geschichten waren so witzig wie immer und die Ernährung während unserer Treffen
war – leider – auch nicht viel gesünder als früher.*

*Ich bin mir sicher: Wenn mich heute jemand blöd anmachen würde und Andrea
wäre dabei, würde sie sofort wieder brüllen „Jetzt lass Ilka in Ruhe!“. Und ich würde
das Gleiche für sie tun.*

*So begann unsere wunderbare Freundschaft ein zweites Mal. Und sie hält bis
heute. Ich fühle mich von dieser Freundschaft unglaublich reich beschenkt. Auch
wenn wir uns heute nur zwei- bis dreimal im Jahr sehen. Aber ich weiß, wie auch bei
vielen anderen guten und engen Freundinnen, dass sie immer für mich da wäre.*

30 Jahre Freundschaft mit Andrea haben mir gezeigt, dass Freundschaften der wahre
Reichtum sind. Wenn wir ein Leben nach unseren eigenen Vorstellungen leben, können wir sehr zufrieden sein. Wenn wir auch noch echte Freunde haben, dann sollten
wir aus tiefstem Herzen dankbar sein.

Klar lässt sich nicht an jede alte Freundschaft anknüpfen. Es ist okay, wenn man
sich nichts mehr zu sagen hat. So ist das Leben. Menschen entwickeln sich in unterschiedliche Richtungen. Und es gibt auch manchmal sogenannte Einbahnstraßen-
Freundschaften, wo das Geben und Nehmen nicht ausgewogen ist. Wenn Sie jedoch
spüren, dass Sie mit einem Menschen, den Sie seit Jahrzehnten kennen, immer noch
auf einer Wellenlänge sind, machen Sie eine der schönsten Erfahrungen, die das
Leben uns schenkt.

Hüten Sie deshalb Freundschaften wie einen Schatz. Nutzen Sie jede Gelegenheit,
sich Menschen zu öffnen und Kontakte zu knüpfen. Sie können vorher nie wissen,
was daraus entstehen kann. Und haben Sie den Mut, auf alte Freunde noch einmal
zuzugehen, selbst wenn sie lange nichts von ihnen gehört oder sich auch selbst lange
nicht gemeldet haben, solange Sie an dieser Freundschaft wirklich festhalten möchten. Das ist eine der schönsten und lohnenswertesten Arten von Selbstbestimmtheit,
die es gibt.

ZEIT FÜR DEINE FREUNDE:
WEISST DU, WER DEINE FREUNDE SIND?

- Wie definieren Sie für sich Freundschaft und was sind Ihre Erwartungen an eine Freundschaft? Was würde einer Freundschaft nicht standhalten?
- Wen bezeichnen Sie als Ihre Freunde?
- Wie ist Ihr Verhältnis zu diesen Menschen und wo haben Sie sie kennengelernt?
- Gibt es alte Freunde, die Sie lange nicht gesehen haben und gerne wiedersehen würden, sich das aber nicht so recht trauen? Was hält Sie davon ab, diese Freunde zu kontaktieren?
- Sind Sie schon einmal Menschen begegnet und haben sofort gedacht, dass sich aus diesem Kontakt eine Freundschaft entwickeln könnte? Was müssten Sie tun, um das zu schaffen?

MACHEN SIE ES GUT!

Wie ist es Ihnen beim Lesen dieses Buches ergangen? Und beim Reflektieren mithilfe der Fragen am Ende der Kapitel? Vielleicht wurden Sie ja in dem bestätigt, was Sie eigentlich immer schon von sich selbst wussten. Oder Sie haben neue Impulse erhalten, die Ihnen nun mehr Klarheit über sich selbst verschaffen. Vielleicht denken Sie nach dem Lesen über manche Aspekte Ihres Lebens anders und differenzierter als vorher.

Manchmal sind kleine Veränderungen im Leben von heute auf morgen möglich. Ich wünsche Ihnen sehr, dass Sie sofort mehr Selbstbestimmung und mehr Zufriedenheit oder Gelassenheit in Ihr Leben bringen können. Drehen Sie an der einen oder anderen Stellschraube in Ihrem Leben. Seien Sie mutig, Dinge zu tun, die gut für Sie sind, und Dinge zu lassen, die Sie nicht mehr möchten.

Als ich mich 2011 als Führungskräftetrainerin, Coach und Rednerin selbstständig machte, sahen mein Alltag und meine Terminplanung deutlich anders aus als heute. Ich hatte einen vergleichsweise geringen Tagessatz und viel mehr Trainingsthemen als heute. Zwar hatte ich ein klares Ziel vor Augen, aber ich wusste auch, dass man den Mount Everest nicht an einem Tag besteigt, dass es also Zeit und Erfahrung braucht, um als Trainer richtig ins Geschäft zu kommen. Es war nicht immer ein leichter Weg, um ehrlich zu sein. Heute, sieben Jahre später, trainiere ich nur noch meine Lieblingsthemen im Bereich Führung, meine Herzensthemen.

Die Sommermonate halte ich mir bewusst frei und führe nur sehr wenige Trainings durch. Diese Zeit ist reserviert für besondere Projekte und viel selbstbestimmte Zeit. Im Sommer 2018 habe ich zum Beispiel dieses Buch zu Ende geschrieben und ansonsten das Leben genossen. Im Sommer davor hatte ich freie Zeit, um meinen neuen Hund Cupido nach seiner Ankunft bei mir zu Hause in Ruhe kennenzulernen. Ich nehme mir heute viel mehr Freiräume, als es in den Anfängen meiner Selbstständigkeit möglich war. Dafür arbeite ich in den übrigen Monaten umso zielstrebiger und gebe richtig Gas.

Ich bin ziemlich konsequent darin, mich nur noch mit dem zu umgeben, was ich wirklich von Herzen möchte. Dazu gehören auch Menschen und Freunde. Gewiss, das ist nicht immer leicht. Manchmal benötigt man Jahre, um zu erkennen, was einem guttut und was nicht. Bei mir hat es zum Beispiel vier Jahre gedauert, um zu erkennen, dass der Job als Angestellte nicht wirklich meins ist. Erst als ich genügend Klarheit darüber hatte, was ich *nicht* mehr wollte, konnten in meinem Kopf neue Bilder und neue Wünsche entstehen, was ich *wirklich* wollte.

Warum erzähle ich Ihnen das? Weil es darum geht, nicht aufzuhören zu träumen. Nicht aufzuhören, sich Dinge vorzustellen und daran zu glauben, dass sie Wirklichkeit werden können. Gleichzeitig bedeutet ein selbstbestimmter Weg auch, sich von Dingen oder Menschen zu verabschieden. Und das kann schmerzhaft sein. Wenn ich jedoch immer mich selbst, mein eigenes Leben und meine eigene Gesundheit als höchstes Gut ansehe, kann sich nie die Frage stellen, *ob* ich mich um mich und meine Zufriedenheit kümmere, sondern nur *wann* und *wie*. Nur wenn es mir gut geht, kann ich anderen etwas geben, Neues erschaffen und mein Leben für mich in die richtige Richtung bringen.

Wagen Sie es, zum Regisseur Ihres eigenen Lebensfilms zu werden. Das macht Sie nicht nur zufrieden und glücklich. Es führt auch dazu, dass dann auch alles andere so kommt, wie es kommen soll und gut ist. Denn ich bin überzeugt, die Dinge fügen sich im Leben so, wie sie sollen, wenn man an seinen Wünschen und Zielen dranbleibt.

Machen Sie es gut! Und denken Sie daran: Es ist nie zu spät, so zu werden, wie Sie gerne sein möchten. Seien Sie ruhig ein bisschen mehr Pippi statt Annika oder etwas mehr Ernie als Bert!

DANKE

Ein Buch entsteht niemals ohne die Unterstützung vieler lieber Menschen. Das Vorhaben, mein erstes Buch zu schreiben, ist schon vor langer Zeit entstanden, da war ich noch angestellt und lebte mit meinem damaligen Partner Andreas zusammen. Ich möchte mich auf diesem Wege insbesondere bei ihm bedanken, weil er mich immer wieder motiviert hat, dranzubleiben und mich auf einer großen Strecke meines Weges zur Autorin auf liebevolle Weise begleitet hat. Er hat meine Ziele und Träume mental und emotional immer sehr unterstützt. Danke dafür, lieber Andreas!

Natürlich gilt mein Dank auch meiner lieben Mutter, genannt Miesch, und ihrem Freund Ralfi – meinem selbstgewählten Ersatzpapa. Beide haben immer so viel Interesse an allem, was ich tue, somit auch an diesem Buchprojekt, und sagen und zeigen stets, wie stolz sie auf mich sind. Ohne meine Mutter wäre ich nie so erfolgreich geworden, denn sie hat mir von Kind an alle Freiheiten gelassen und gleichzeitig auch alle Grenzen gezeigt, die für mein Leben und meinen beruflichen Weg gut waren und mich zu der gemacht haben, die ich heute bin. Danke Miesch und Ralfi, dicken Tüschie! Ihr seid die besten Eltern!

Mein großer Dank geht auch an meine liebe Schwester Brischie, die alles nur aus der fernen Schweiz miterleben kann, aber mir immer alles gönnt. Das ist als Schwester nicht selbstverständlich. Danke, Brischie!

Und Dank auch an alle meine lieben und engen Freunde in Hamburg und ganz Deutschland, die ich hier leider nicht alle aufzählen kann. Zum Teil begleiten sie mich schon mein Leben lang und sind mir stets wichtige Feedbackgeber und Wegbegleiter. Insbesondere Petra, Ingrid, Dani, Alex, Vera, Nathalie, Wolfgang, Bill, Barbara und Thomas, Julia, Jörg und mein Cousinchen Katja, die mich übrigens zu der Bezeichnung „Ernie und Bert" für die Charakter-Beschreibung inspiriert hat. Danke euch allen!

Bedanken möchte ich mich auch bei Ute Flockenhaus, die mir als Autorencoach von Anfang bis Ende dieses Projektes mit professionellem Rat und vor allem mit ihrer ausgesprochen angenehmen Art vermittelt hat, daran zu glauben, dass ich doch schreiben kann und alles in mir steckt. Sie hat – mit einigen anderen stillen Begleitern – dafür gesorgt, dass meine Stories, mein Niedergeschriebenes, mein Gesprochenes und Gemeintes am Ende sprachlich korrekt sind.

Falls ich jemanden vergessen haben sollte, der auch gern einen Dank gehabt hätte – bitte seht es mir nach. Ich darf auch hier mal wieder nicht so viel schreiben, wie ich gern gesagt hätte. Aber sicher gilt der Dank auch dir und euch!

ANHANG

In diesem Buch erwähne ich einige Modelle, wie das Riemann-Thomann-Modell oder die OK-Positionen und die ICH-Zustände aus der Transaktionsanalyse, die ich während meiner psychologischen Ausbildungen bei Prof. Friedemann Schulz von Thun und der Firma SL Consult GmbH in Hamburg kennengelernt habe. Alle drei Modelle sind in Anlehnung an die oben genannten Quellen beschrieben und mit meinen eigenen Abbildungen dargestellt.

Die Ich-Zustände aus der Transaktionsanalyse

Die Transaktionsanalyse (Kurzform: TA) wurde von Eric Berne entwickelt und ist unter anderem
- ein Persönlichkeitskonzept, mit dessen Hilfe innere Prozesse und lebensgeschichtliche Entwicklungen von Menschen verständlich gemacht werden können und
- ein Kommunikationskonzept, auf dessen Basis wir die Möglichkeit haben, die Art und Weise zwischenmenschlicher Interaktion zu beschreiben und zu erklären.

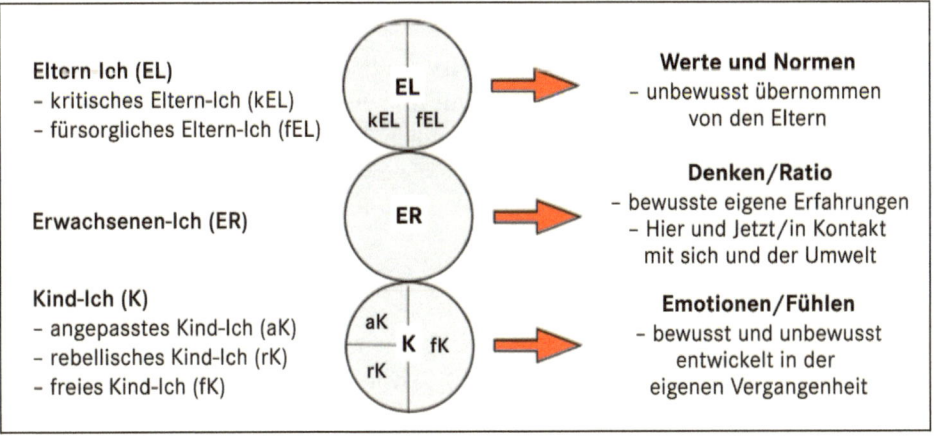

In Anlehnung an die SL Consult GmbH, Hamburg

Funktionsmodell der Ich-Zustände

Funktion bedeutet, welche Verhaltensweisen mit dem jeweiligen Ich-Zustand verbunden sind:

Eltern-Ich

Das Eltern-Ich unterscheidet sich in:

- fürsorgliches Eltern-Ich (fEL)
  zeigt Verhaltensweisen und Eigenschaften wie zum Beispiel Fürsorge, Schutz, Unterstützung, Lob, Hilfe, Ermutigung etc.

- kritisches Eltern-Ich (kEL)
  zeigt Verhaltensweisen und Eigenschaften wie zum Beispiel Kontrolle, Bewerten und Anweisungen geben.

Beide Eltern-Ich-Anteile können gemäß der OK-Position aus der „+/+"-Haltung („Ich bin ok, du bist ok") oder der „+/–"-Haltung („Ich bin ok, du bist nicht ok") kommen. Das ist insofern wichtig, weil beide Seiten im Leben dazugehören. Unangenehm wird es erst, wenn diese beiden Eltern-Ich-Anteile „bevormundend und/oder abwertend" agieren.

Erwachsenen-Ich

Kennzeichnend für das Erwachsenen-Ich ist die Wahrnehmung in der Gegenwart: Das Denken, Abwägen, Prüfen, Vergleichen, Informationen aufnehmen und verarbeiten sowie Zusammenhänge erkennen, sachlich, logisch und konsequent denkend.

Kind-Ich

Das Kind-Ich unterscheidet sich in:

- freies Kind-Ich
  Dieses Ich ist der ursprünglichste, natürlichste Teil eines Menschen. Im freien Kind-Ich sind wir in Kontakt mit unseren Gefühlen und unmittelbaren Bedürfnissen, folgen unseren Impulsen und richten uns nicht nach den Erwartungen an-

derer. Den Zugang zum freien Kind zu haben und zu erhalten, ist eine wesentliche Grundlage für unsere innere Zufriedenheit. Die sogenannte OK-Position ist beim Kind-Ich immer die „+/+"-Haltung („Ich bin ok, du bist ok"). Frei von Bewertung.

- angepasstes Kind-Ich
  Dieser Ich-Zustand ist entstanden durch Forderungen, Kontrolle, Ge- und Verboten durch die Eltern/Autoritätspersonen, durch die wir haben lernen (müssen). Das Verhalten des angepassten Kinds orientiert sich an den Erwartungen anderer. Typisch ist das Zurückstellen der eigenen Erwartungen und Wünsche.
  Wenn wir den Blick auf die OK-Positionen werfen, sehen wir, dass das angepasste Kind-Ich immer aus der „–/+"-Haltung („Ich bin nicht ok, du bist ok") agiert.

- rebellisches Kind-Ich
  Hier orientieren wir uns vorwiegend an den (tatsächlichen und vermeintlichen) Erwartungen anderer, nur tun wir dann das genaue Gegenteil dessen, was von uns erwartet wird. Wir streben in diesem Modus dennoch unbewusst nach Anerkennung und Aufmerksamkeit.

Bitte zögern Sie nicht, mir unter backoffice@heart-worker.com zu mailen, um weitere Informationen zu diesem Modell in Form eines PDF-Dokuments zu erhalten.

Das Riemann-Thomann-Modell

Das Modell von Riemann und Thomann beschreibt vier Grundausrichtungen der menschlichen Persönlichkeit:

- Dauer- und Wechsel-Typ
- Distanz- und Nähe-Typ

Im Folgenden werden nach dem jeweiligen Typus

- Grundprinzipien (in schwarz dargestellt)
- Beziehungsmotto (das heißt der Umgang mit anderen, in blau dargestellt)
- Grundängste (in rot dargestellt)

beschrieben.

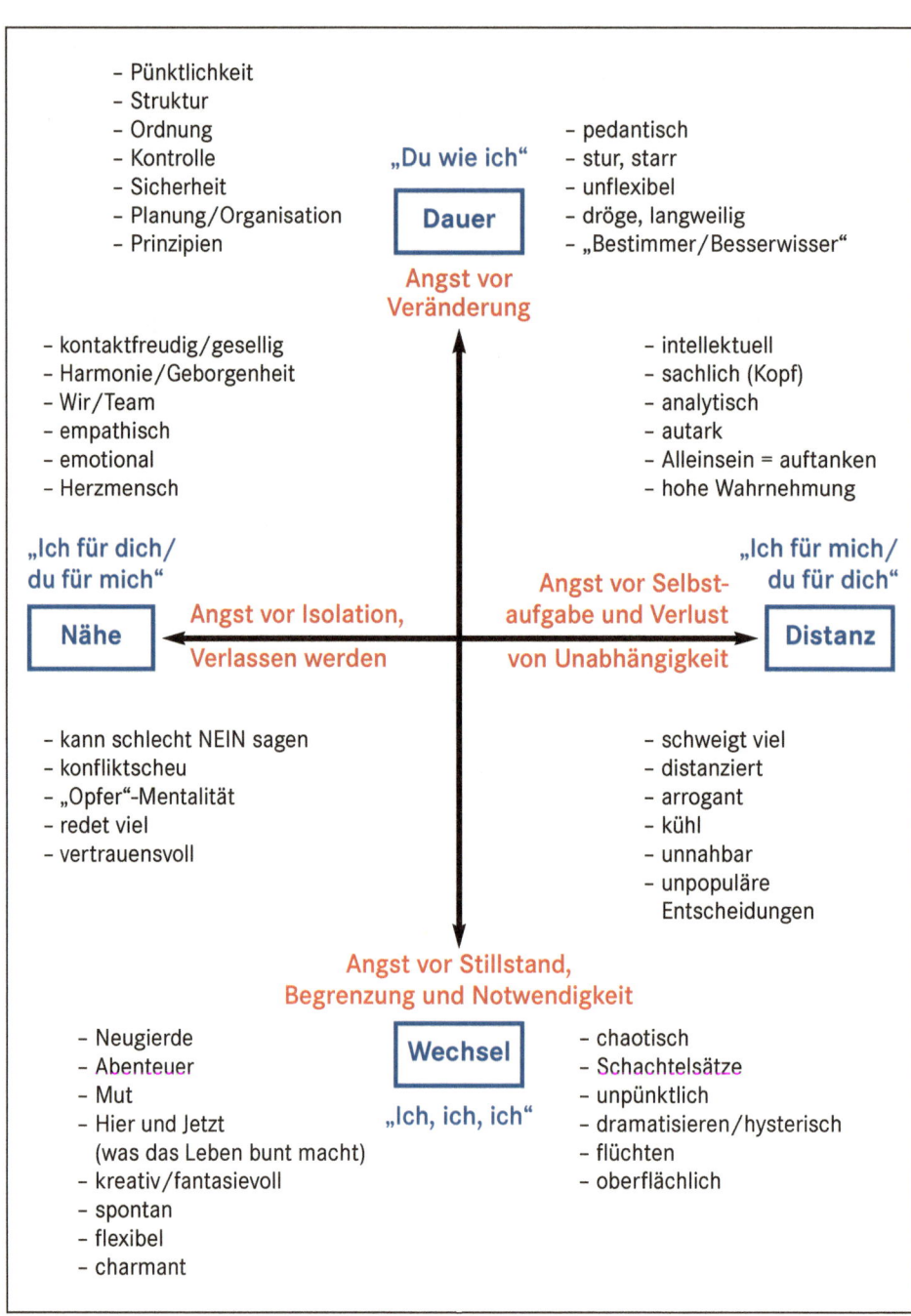

- Pünktlichkeit
- Struktur
- Ordnung
- Kontrolle
- Sicherheit
- Planung/Organisation
- Prinzipien

„Du wie ich"

Dauer

Angst vor Veränderung

- pedantisch
- stur, starr
- unflexibel
- dröge, langweilig
- „Bestimmer/Besserwisser"

- kontaktfreudig/gesellig
- Harmonie/Geborgenheit
- Wir/Team
- empathisch
- emotional
- Herzmensch

- intellektuell
- sachlich (Kopf)
- analytisch
- autark
- Alleinsein = auftanken
- hohe Wahrnehmung

„Ich für dich/ du für mich"

Nähe

Angst vor Isolation, Verlassen werden

Angst vor Selbstaufgabe und Verlust von Unabhängigkeit

„Ich für mich/ du für dich"

Distanz

- kann schlecht NEIN sagen
- konfliktscheu
- „Opfer"-Mentalität
- redet viel
- vertrauensvoll

- schweigt viel
- distanziert
- arrogant
- kühl
- unnahbar
- unpopuläre Entscheidungen

Angst vor Stillstand, Begrenzung und Notwendigkeit

- Neugierde
- Abenteuer
- Mut
- Hier und Jetzt (was das Leben bunt macht)
- kreativ/fantasievoll
- spontan
- flexibel
- charmant

Wechsel

„Ich, ich, ich"

- chaotisch
- Schachtelsätze
- unpünktlich
- dramatisieren/hysterisch
- flüchten
- oberflächlich

In Anlehnung an Riemann/Thomann

Die OK-Positionen aus der Transaktionsanalyse (unsere Grundhaltung im Leben)

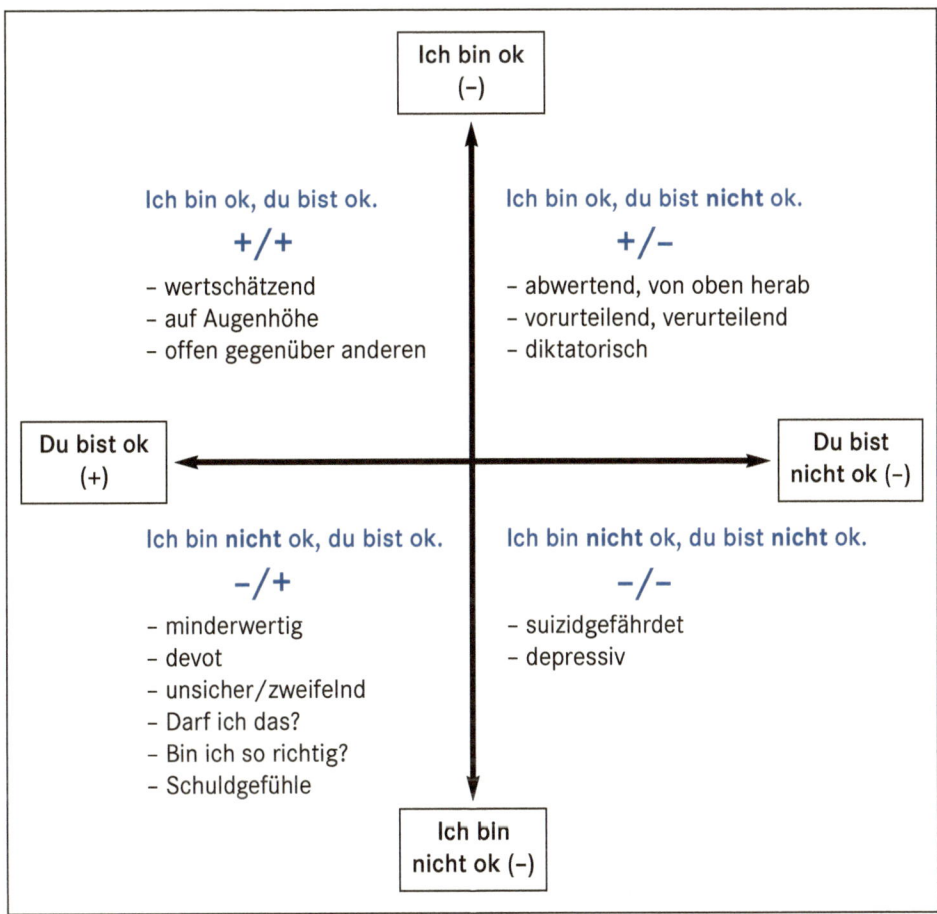

Ich bin ok (–)

Ich bin ok, du bist ok.

+/+

- wertschätzend
- auf Augenhöhe
- offen gegenüber anderen

Ich bin ok, du bist **nicht** ok.

+/–

- abwertend, von oben herab
- vorurteilend, verurteilend
- diktatorisch

Du bist ok (+)

Du bist nicht ok (–)

Ich bin **nicht** ok, du bist ok.

–/+

- minderwertig
- devot
- unsicher/zweifelnd
- Darf ich das?
- Bin ich so richtig?
- Schuldgefühle

Ich bin **nicht** ok, du bist **nicht** ok.

–/–

- suizidgefährdet
- depressiv

Ich bin nicht ok (–)

In Anlehnung an Eric Berne

195

BUCHEMPFEHLUNGEN

In diesem Buch erwähne ich einige Autoren, die mich mit ihrem Wissen und ihren Modellen inspiriert haben. Falls Sie mehr über diese Modelle erfahren wollen oder auch spannende Bücher anderer Autoren lesen möchten, finden Sie hier eine kleine Auswahl:

Bücher, um sich selbst besser zu verstehen

- *Bartens, Werner:* Empathie. Droemer, München 2017
- *Bauer, Joachim:* Selbststeuerung. Blessing, München 2015
- *Berne, Eric:* Spiele der Erwachsenen. Rowohlt, Reinbek 2002
- *Fischer-Epe, Maren/Epe, Claus:* Selbstcoaching. Rowohlt, Reinbek 2010
- *Harris, Thomas A.:* Ich bin o.k. Du bist o.k. Rowohlt, Reinbek 1976
- *Hüther, Gerald:* Biologie der Angst. Vandenhoeck & Ruprecht, Göttingen 2012
- *Hüther, Gerald:* Was wir sind und was wir sein könnten. S. Fischer, Frankfurt am Main 2017
- *Levine, Amir/Heller, Rachel S. F.:* Wer bist du, wenn du liebst? Goldmann, München 2015
- *Riemann, Fritz:* Grundformen der Angst. Reinhardt, München 2017
- *Röhr, Heinz-Peter:* Die Kunst, sich wertzuschätzen. Patmos, Ostfildern 2018
- *Stahl, Stefanie:* Das Kind in dir muss Heimat finden. Kailash, München 2015

Bücher zum Thema Führung und (Selbst-)Motivation

- *Csikszentmihalyi, Mihaly:* Flow im Beruf. Klett-Cotta, Stuttgart 2014
- *Csikszentmihalyi, Mihaly:* Lebe gut! Klett-Cotta, Stuttgart 2000
- *Frankl, Viktor E.:* Der Mensch vor der Frage nach dem Sinn. Piper, München 1985
- *Frankl, Viktor E.:* Das Leiden am sinnlosen Leben. Herder, Freiburg i. Breisgau 2013
- *Goleman, Daniel:* Emotionale Führung. Ullstein, Berlin 2010
- *Mack, Bernhard:* Führungsfaktor Menschenkenntnis. Verlag Moderne Industrie, München 2000
- *Wielens, Hans (Hrsg.):* Führen mit Herz und Verstand. Kamphausen, Bielefeld 2006

ANGEBOTE FÜR SIE

Vielleicht haben Sie nach dem Lesen dieses Buches den Impuls, privat oder in Ihrem Unternehmen etwas für sich oder Ihre Führungskräfte zu tun. Gerne unterstütze ich Sie bei Ihrem Wunsch!

Impulsvortrag für Unternehmen

Wenn Sie im Rahmen Ihres Unternehmens eine Jahresveranstaltung oder ein anderes Event planen, halte ich gerne einen Vortrag zu dem Thema dieses Buches oder zu den Themen Mitarbeiterführung, -motivation, Selbstmanagement, Erfolg und Teamarbeit, Life-Balance, Authentizität oder Souveränität. Die Vorträge halte ich in deutscher und englischer Sprache.

Weiterentwicklung von Führungskräften und/oder der unternehmensinternen Führungskultur

Bei allen Fragen rund um das Thema Führung und Führungskultur unterstütze ich Sie gerne als Führungskräftetrainerin, Beraterin oder Coach.

Persönliche Fragestellungen und Weiterentwicklung im privaten Bereich

Sollten Sie etwas in Ihrem Leben verändern oder sich selbst besser verstehen wollen, begleitete ich Sie gerne als Coach.

Lassen Sie uns gerne ins Gespräch kommen!

E-Mail: backoffice@heart-worker.com

© Meeke Voges

Ilka Piechowiak

(geb. 1971) lebt in Trittau bei Hamburg. Sie ist mit dem Leistungssport groß geworden und hat früh gelernt, wie man mit Begeisterung und Leidenschaft an einer Sache dranbleibt. Als Nichte eines ehemaligen HSV-Fußballprofis stieg sie als Teenager in die Fußstapfen ihres Onkels und spielte viele Jahre in der Handball-Nationalmannschaft und -Bundesliga. Als Leistungssportlerin lernte sie, was es bedeutet, mit Freude und Begeisterung nach Erfolg zu streben, und übertrug diese Lebensphilosophie auf ihr weiteres Leben.

Ilka Piechowiak verfügt über 20 Jahre Erfahrung im internationalen Management, davon 15 Jahre als Führungskraft. Als ehemalige Managerin und Ex-Handball-Nationalspielerin weiß sie, wie man im Berufsalltag trotz Ergebnis- und Leistungsdruck selbstbestimmt lebt und wie man auch privat sein Leben nach den eigenen Wünschen und Zielen ausrichtet. Ihr Credo: Nur wozu das Herz Ja sagt, ist es wert, gelebt zu werden.

Nach fast 20 Jahren kehrte sie dem Angestelltendasein den Rücken zu und machte sich mit Ende 30 als Rednerin, Führungskräftetrainerin und Coach selbstständig. Sie lebt das, worüber sie in ihren Vorträgen spricht, und woran sie als Führungskräftetrainerin glaubt: Wer mit sich selbst im Reinen und mental gut aufgestellt ist, hat alle Möglichkeiten, das eigene Leben selbstbestimmt zu leben, und verfügt über eine Ausstrahlung, die andere Menschen anzieht und motiviert.

Als Rednerin und Trainerin sind Unternehmen, Manager und Mitarbeiter heute ihre Kunden, wenn es in Organisationen und im Berufsalltag um folgende Themen geht: Führung, Motivation, Selbstmanagement/Selbstbestimmung, Life-Balance, Authentzität und Souveränität sowie Veränderung der Führungskultur.

Als Coach begleitet sie Führungskräfte von der Vorstandsebene bis zum Teamleiter sowohl bei privaten als auch beruflichen Fragestellungen.

Ilka Piechowiak vermittelt, wie man sein Leben in die Hand nimmt und seine Richtung – beruflich wie privat – selbstverantwortlich bestimmt.

Kontakt: www.heart-worker.com oder www.ilka-piechowiak.de